M&A
労務
デューデリジェンス
標準手順書

特定社会保険労務士 **野中健次** 編

人事労務デューデリジェンス研究会 著

片岡正美／小山健二／佐藤和之／髙野安子
髙山英哲／竹森　誠／濱田京子／本澤賢一
牧野恵子／森　大輔／遊佐圭介

日本法令

～はしがき～

　大廃業時代の足音。2017年10月6日の日本経済新聞の朝刊の見出しは衝撃的なものでした。経済産業省の分析によると、2015年に6割以上の経営者が70歳を超え、中小企業380万社のうちの127万社が後継者不在の状態であるということです。つまり、このまま後継者が現れなければ、黒字でも廃業するしかなく、経済産業省の試算では、それを放置すると2025年までの累計で約650万人の雇用と約22兆円に上る国内総生産（GDP）が失われるおそれがあるとされています。

　これに対して中小企業庁では、事業承継の1つの方法として、M&A（合併、買収）を推奨しています。つまり、後継者がいない会社の株式を他社等に売却し、社長を派遣してもらい、廃業を回避する手法です。しかし、オーナー経営者が後継者不在による廃業を回避するため、いざ株式譲渡による事業承継を決断しても、M&A取引が成立する過程で、残業代の未払いや社会保険の加入漏れ等の膨大な潜在債務が判明すると、M&A取引がブレイクしてしまうこともあります。

　廃業に伴う雇用の喪失を回避するため、私たち社会保険労務士には何ができるのでしょう。その答えの一つに、迅速なM&A取引に寄与することが考えられます。つまり、私たち社会保険労務士が、M&A取引成立過程のデューデリジェンスの場面において、労働に由来する潜在債務の有無および労働法制の遵守度合等を適切に評価・調査することで、買主を増やし、それによって廃業による雇用喪失を縮小することに貢献できるのではないでしょうか。

　そのような問題意識のもと、2016年4月に「労務デューデリジェンス研究会」（通称「野中ゼミ」）が発足しました。これは、日本法令様から、私が世話人となり「労務デューデリジェンス」をテーマとした研究会を毎月1回のペースで開き、議論を重ねてみてはどうかとお話しをいただき、実現したも

のです。

　研究会には全国から33人の社会保険労務士が参加し、労務デューデリジェンス業務契約の締結時の留意事項の確認をはじめ、基本的な調査手法や事例を12回にわたり議論し検討を重ねました。

　今回、当該研究の成果を「標準手順書」としてまとめ、主な調査事項については報告事例として紹介する機会をいただきました。本書は3章で構成し、第1章では、労務デューデリジェンスを「労務に由来する潜在債務を調査すること」と定義し、簿外債務と偶発債務に区別することからスタートし、労務デューデリジェンス業務委託契約から、標準手順書のポイントについてまで解説しています。さらに、賃金の請求消滅時効の延長（2年から5年）等、極めて労務デューデリジェンスに影響のある「民法の改正」についても詳解しました。第2章では、人に係る法定費用で会計帳簿に記帳されなければならないのに計上されていない「簿外債務」の事例を、そして、第3章では、想定外の出来事が生じることにより発生するおそれのある「偶発債務」の事例を紹介しています。社会保険労務士のみならず、弁護士、企業の人事担当者等M＆Aの実務に携わる多くの方に、本書の標準手順書を参考にして、個別案件に対応していただければ幸いです。

　研究会の運営および本書の執筆においては多くの方々の支えがありました。

　研究会の運営にもご協力いただいた日本M＆Aセンター様から分林保弘会長をお招きして、中小企業のM＆A取引の現状と社会保険労務士への期待をテーマにご登壇いただきました。三菱商事社外取締役および日立金属社外取締役の岡俊子さんからは、買主の立場から、どのようなデューデリジェンスレポートが望まれるのかについて対談形式でお話しを伺い、さらにM＆Aの分野を中心にご活躍されている土屋勝裕弁護士からは、弁護士の立場で実施する労務デューデリジェンスのポイントについてご講演いただきました。

　そして、中小企業のM＆Aの評価について事例を用いてわかりやすくご説明いただいた日本M＆Aセンターの小川洋輝さん、本書の企画の段階からサポートしてくださった日本法令の大澤有里さん。この方たちなくして本書が

公になることはなかったでしょう。この紙上をお借りし、厚く御礼申し上げます。

　なお、本書の原稿料の全額を児童養護施設等の児童の進学学費を支援する西脇基金（https://www.tcsw.tvac.or.jp/info/report/nishiwaki.html）へ寄付することにご快諾くださった著者の皆さん、素敵な仲間とともに本書を編めましたこと、社会保険労務士として誇りに思います。本当にありがとうございました。

　2019年1月
　　　　　著者を代表して
　　　　　　社会保険労務士法人野中事務所　代表社員　野中　健次

第1章　標準手順書

1　労務デューデリジェンス　*18*
　（1）　デューデリジェンスとは　*18*
　（2）　労務DDとは　*19*

2　労務DDの標準手順書　*21*
　（1）　M&A取引全体の流れ　*22*
　（2）　一般的なDDの手順　*25*
　（3）　労務DDの手順　*26*

3　労務DDの反映　*49*

4　民法改正に伴う留意事項と未払賃金の支払に伴う債務　*52*
　（1）　付加金と遅延損害金　*53*
　（2）　民法（債権法）改正（法定利率と消滅時効）について　*56*

第2章　簿外債務

Ⅰ　時間単価の算出・除外賃金・割増率の調査①（月給者）

1　事　例　*66*

2　規範・ルール等の定立　*66*
　（1）　月給者に対する時間単価の算出方法　*66*
　（2）　割増賃金の計算基礎に算入しない賃金　*70*
　（3）　割増率　*74*
　（4）　代替休暇制度　*76*

3　確認する資料および目的　*80*

4　当てはめ　*81*

5　報告書作成例　*82*

| Ⅱ　時間単価の算出・除外賃金・割増率の調査②（日給者・時給者） |

1　事　例　*87*

2　規範・ルール等の定立　*88*

　（1）　割増賃金単価の算出方法　*89*

　（2）　割増賃金の計算基礎に算入する・しない賃金　*90*

　（3）　割増率　*90*

3　確認する資料および目的　*92*

4　当てはめ　*93*

5　報告書作成例　*95*

| Ⅲ　最低賃金との比較 |

1　事　例　*100*

2　規範・ルール等の定立　*101*

　（1）　最低賃金の意義　*101*

　（2）　最低賃金の種類　*101*

　（3）　最低賃金との比較方法　*105*

　（4）　最低賃金に含めない手当等　*105*

3　確認する資料および目的　*106*

4　当てはめ　*106*

　（1）　ケース1の場合　*106*

　（2）　ケース2の場合　*107*

　（3）　ケース3の場合　*108*

5　報告書作成例　*108*

Ⅳ　1時間未満の時給の切捨て

1. 事　例　*116*
2. 規範・ルール等の定立　*117*
   - （1）　労働時間　*117*
   - （2）　時間外労働割増賃金　*119*
   - （3）　賃金計算の端数処理の取扱い　*120*
3. 確認する資料および目的　*120*
4. 当てはめ　*121*
5. 報告書作成例　*121*

Ⅴ　みなし裁量労働者および管理監督者の深夜労働

1. 事　例　*126*
2. 規範・ルール等の定立　*126*
   - （1）　大崎氏に係る問題　*127*
   - （2）　神田氏に係る問題　*129*
   - （3）　大崎氏と神田氏の双方に係る問題　*130*
3. 確認する資料および目的　*130*
4. 当てはめ　*131*
   - （1）　大崎氏の賃金債務の計算　*131*
   - （2）　神田氏の割増賃金の計算　*131*
5. 報告書作成例　*132*

Ⅵ　就業規則上の割増率を下回る割増率

1. 事　例　*136*
2. 規範・ルール等の定立　*136*
3. 確認する資料および目的　*138*
4. 当てはめ　*139*
5. 報告書作成例　*140*

VII 年俸社員

1 事　例　*143*
2 規範・ルール等の定立　*143*
　（1）年俸制　*143*
　（2）割増賃金を含む年俸制の可否　*144*
　（3）年俸制の残業代の計算　*145*
3 確認する資料および目的　*145*
4 当てはめ　*146*
5 報告書作成例　*146*

VIII 変形労働時間制における中途入退社した者

1 事　例　*150*
2 規範・ルール等の定立　*150*
　（1）変形労働時間制　*150*
　（2）割増賃金の計算　*151*
　（3）中途入社・退社をした従業員の扱い　*151*
3 確認する資料および目的　*152*
4 当てはめ　*153*
5 報告書作成例　*153*

IX 退職給付債務

1 事　例　*157*
2 規範・ルール等の定立　*159*
　（1）退職給付債務とは　*159*
　（2）退職給付債務の計算方法　*159*
　（3）退職金制度変更に伴う労働条件の変更　*160*
3 確認する資料および目的　*161*

- 4 当てはめ　*161*
    - （1）　K社のケース　*161*
    - （2）　L社のケース　*162*
- 5 報告書作成例　*162*

X　厚生年金基金

- 1 事　例　*168*
- 2 規範・ルール等の定立　*168*
    - （1）　厚生年金基金の解散　*168*
    - （2）　構造的な問題の解決　*169*
    - （3）　上乗せ給付（企業年金）の再建　*169*
    - （4）　問題点　*170*
- 3 確認する資料および目的　*170*
- 4 当てはめ　*171*
- 5 報告書作成例　*172*

XI　社会保険

【XI-1】　被保険者の範囲　*176*

- 1 事　例　*176*
- 2 規範・ルール等の定立　*176*
- 3 確認する資料および目的　*177*
- 4 当てはめ　*178*
- 5 報告書作成例　*179*

【XI-2】　特定適用事業所　*181*

- 1 事　例　*181*
- 2 規範・ルール等の成立　*181*
    - （1）　平成28（2016）年9月30日までのルール　*181*

（2）　平成28（2016）年10月1日以降のルール　*182*
1. 確認する資料および目的　*183*
2. 当てはめ　*184*
3. 報告書作成例　*185*

【XI-3】　2カ月以内の期間を定めて使用される者　*187*

1. 事　例　*187*
2. 規範・ルール等の定立　*187*
　　　（1）　ケース別で解説　*188*
3. 確認する資料および目的　*189*
4. 当てはめ　*190*
5. 報告書作成例　*190*

【XI-4】　社会保険料の基礎となる報酬に含めるもの　*192*

1. 事　例　*192*
2. 規範・ルール等の定立　*192*
　　　（1）　社会保険における「報酬」の範囲　*192*
　　　（2）　社会保険の「報酬」の対象外のもの　*193*
　　　（3）　社会保険の報酬の具体的判断　*194*
3. 確認する資料および目的　*207*
4. 当てはめ　*208*
5. 報告書作成例　*209*

XII　労働保険

1. 事　例　*214*
2. 規範・ルール等の定立　*214*
　　　（1）　労災保険料率（適用業種の適正）　*214*
　　　（2）　労災保険の加入要件　*215*

（3）　労災保険料　*216*

　　　（4）　雇用保険被保険者の範囲　*221*

　　　（5）　労働保険料の基礎となる報酬に含めるもの　*221*

　3　確認する資料および目的　*223*

　4　当てはめ　*224*

　　　（1）　労災保険　*224*

　　　（2）　雇用保険　*224*

　5　報告書作成例　*227*

XIII　年次有給休暇

　1　事　例　*231*

　2　規範・ルール等の定立　*231*

　　　（1）　労基法の規定　*231*

　　　（2）　会計上の費用計上に関する規定　*235*

　3　確認する資料および目的　*237*

　4　当てはめ　*238*

　5　報告書作成例　*239*

XIV　障害者雇用数と雇用納付金

　1　事　例　*245*

　2　規範・ルール等の定立　*245*

　　　（1）　障害者雇用促進法　*245*

　3　確認する資料および目的　*249*

　4　当てはめ　*250*

　5　報告書作成例　*250*

第3章 偶発債務

I　労基法上の労働時間

【I－1】　始業前・終業後の時間帯等　*258*

1. 事　例　*258*
2. 規範・ルール等の定立　*258*
   - （1）　始業前・終業後の時間帯　*258*
   - （2）　健康診断・医師面接時間の時間帯　*263*
   - （3）　休憩時間の確保　*266*
3. 確認する資料および目的　*267*
4. 当てはめ　*268*
5. 報告書作成例　*269*

【I－2】　裁量労働制　*273*

1. 事　例　*273*
2. 規範・ルール等の定立　*273*
   - （1）　専門業務型裁量労働制　*273*
   - （2）　企画業務型裁量労働制　*281*
3. 確認する資料および目的　*284*
4. 当てはめ　*285*
5. 報告書作成例　*286*

II　管理監督者の該当性

1. 事　例　*289*
2. 規範・ルール等の定立　*289*
   - （1）　労基法上の管理監督者　*289*
   - （2）　労組法上の管理監督者　*290*
   - （3）　行政解釈　*290*

（4）　裁判所の判断　*296*
　　　（5）　役職手当と時間外割増賃金との関係　*297*
3　確認する資料および目的　*298*
4　当てはめ　*299*
5　報告書作成例　*300*

Ⅲ　取締役の労働者性の調査

1　事　例　*305*
2　規範・ルール等の定立　*306*
　　　（1）　問題の所在　*306*
　　　（2）　労働者性の判断基準　*307*
　　　（3）　裁判例　*309*
3　確認する資料および目的　*312*
4　当てはめ　*313*
5　報告書作成例　*314*

Ⅳ　個人請負型就業者の労働者性

1　事　例　*317*
2　規範・ルール等の定立　*317*
3　「労働者性」が争われた裁判例　*319*
　　　（1）　横浜南労基署長事件　*319*
　　　（2）　中労委（ソクハイ）事件　*320*
　　　（3）　裁判例のポイント整理　*321*
4　確認する使用および目的　*321*
5　当てはめ　*322*
6　報告書作成例　*324*

V　解　雇

1. 事　例　*327*
2. 規範・ルール等の定立　*327*
    - （1）　解雇の予告　*327*
    - （2）　解雇の時期的規制　*328*
    - （3）　解雇の手続的規制　*328*
    - （4）　解雇理由の規制　*328*
    - （5）　解雇権の濫用法理　*330*
    - （6）　整理解雇の法理　*331*
    - （7）　バックペイ　*332*
3. 確認する資料および目的　*333*
4. 当てはめ　*334*
5. 報告書作成例　*335*

VI　労災民訴

1. 事　例　*338*
2. 規範・ルール等の定立　*338*
    - （1）　損害額の算定　*339*
    - （2）　損害賠償の調整　*346*
    - （3）　過失相殺と寄与度　*348*
3. 確認する資料および目的　*348*
4. 当てはめ　*349*
5. 報告書作成例　*350*

VII　年金民訴

1. 事　例　*354*
2. 規範・ルール等の定立　*354*
3. 確認する資料および目的　*363*

- **4** 当てはめ　*364*
- **5** 報告書作成例　*365*

Ⅷ　無期転換申込権

- **1** 事　例　*369*
- **2** 規範・ルール等の定立　*369*
  - （1）　無期転換申込権とは　*369*
  - （2）　無期転換申込権の金銭的評価　*371*
- **3** 確認する資料および目的　*372*
- **4** 当てはめ　*372*
- **5** 報告書作成例　*373*

Ⅸ　定年後再雇用の労働条件

- **1** 事　例　*375*
- **2** 規範・ルール等の定立　*376*
  - （1）　高年齢者雇用安定法　*376*
  - （2）　労契法20条　*378*
  - （3）　高年齢雇用継続基本給付金　*381*
- **3** 確認する資料および目的　*382*
- **4** 当てはめ　*383*
  - （1）　再雇用時に提示された労働条件の妥当性判断　*383*
  - （2）　業務変更を理由とした再雇用不成立による偶発債務の算出　*384*
  - （3）　再雇用後の賃金格差における不合理性判断　*384*
  - （4）　個別労働条件の修正と再雇用後の賃金格差による偶発債務の算出　*385*
- **5** 報告書作成例　*386*

―――― 凡　例 ――――

本書では、法令等について、本文中で以下のように省略している場合があります。

【法令等】
・労働基準法　⇒　労基法　／　労基法施行規則　⇒　労基法則
・労働契約法　⇒　労契法
・労働基準安全衛生法　⇒　安衛法
・健康保健法　⇒　健保法　／　健康保健法施行規則　⇒　健保則
・厚生年金保険法　⇒　厚年法　／　厚生年金保険法施行規則　⇒　厚年則
・労働保険の保険料の徴収等に関する法律　⇒　徴収法
・雇用保険法　⇒　雇保法
・雇用の分野における男女の均等な機会及び待遇の確保等に関する法律　⇒　男女雇用機会均等法、均等法
・雇用対策法　⇒　雇対法
・職業安定法　⇒　職安法
・労働組合法　⇒　労組法
・短時間労働者の雇用管理の改善等に関する法律　⇒　パートタイム労働法
・労働者派遣法　⇒　派遣法　／　労働者派遣法施行規則　⇒　派遣規
・育児休業、介護休業等育児又は家族介護を行う労働者の福祉に関する法律　⇒　育児介護休業法、育介法
・高年齢者等の雇用の安定等に関する法律　⇒　高年齢者雇用安定法
・出入国管理及び難民認定法　⇒　入管法
・障害者の雇用の促進等に関する法律　⇒　障害者雇用促進法

・厚生労働省令　⇒　厚労省令
・厚生労働省告示　⇒　厚労告
・都道府県労働（基準）局長あて（厚生）労働事務次官通達　⇒　発基
・都道府県労働（基準）局長あて（厚生）労働省労働基準局長通達　⇒　基発
・（厚生）労働省労働基準局長（が疑義に答えて発する）通達　⇒　基収

【判決等】
・地方裁判所判決　⇒　地判
・高等裁判所判決　⇒　高判
・最高裁判所判決　⇒　最判
・地方裁判所決定　⇒　地決

第1章

標準手順書

1 労務デューデリジェンス

（1）デューデリジェンスとは

　デューデリジェンス（Due Diligence）（以下、「ＤＤ」という）とは、Ｍ＆Ａ（合併・買収）の取引過程における一つの手続きであり、買主が自らコストを負担してターゲット会社の事業運営上のリスクや投資価値等の調査を行うことから、「買収調査」や「買収監査」等と呼ばれています。

　ＤＤには、ターゲット会社において、事業活動上の法的リスクの有無を調査する「法務ＤＤ」、税務処理に不備がないかを調査する「税務ＤＤ」、そしてターゲット会社が工場や特殊な研究開発施設の跡地などを保有している場合の土壌汚染等を調査する「環境ＤＤ」など、リスク評価の観点から行われるタイプのＤＤがあります。

　一方、Ｍ＆Ａで期待されるシナジーやキャピタルゲインが得られるかを調査する「ビジネスＤＤ」や、労働に由来する潜在債務を調査する「労務ＤＤ」など、主として企業価値の評価から行われるタイプのＤＤもあります。なお、財務会計処理の適正度や、企業価値と投資額が釣り合っているかを調査する「財務ＤＤ」は、リスク評価の観点と価値評価の観点の両方を有しています。

　このほかにも、ＩＴ／ＩＣＴのインフラの構成や運用状況を調査する「ＩＴＤＤ」や、労働法制の遵守度合、従業員属性および人事全般を調査する「人事ＤＤ」など、Ｍ＆Ａ後の統合マネジメント（Post Merger Integration）（以下、「ＰＭＩ」という）の便宜のために実施されるＤＤもあります。

　ＤＤの実施については、会社法上、当該取引過程において履行を義務付けられているわけではなく、最終的に取引が成立しないこともあるので、上場企業等の例を除き、取引が公になる前に秘密裏に行われ、一部の者にしかその事実を知らされていないのが一般的です。

したがって、投資額が少額であったり、経営判断によりリスクよりもスピードを重視したりする場合には、DDを省くこともあります。また、多額の費用を負担して、弁護士や公認会計士等の専門家を雇い、DDを行い、調査レポートで報告させることもあります。

ディールの規模にもよりますが、DDの調査期間は1～2日から、長くても1カ月程度など時間的制約があるので、調査項目が重複しないようあらかじめキックオフ・ミーティングで関係者がDDの手続きやスケジュールを共有し、調整することもあります。

(2) 労務DDとは

本書では「労務DD」を、「労働に由来する潜在債務の調査」と定義します。つまり、労務DDの実施目的は、**労働に係るターゲット会社の潜在債務の有無を探り、債務を浮き彫りにして、企業価値が買収金額に見合っているかを調査する**ことです。例えば、初期の検討段階で純資産価値をベースに算出した買収金額の見込額が5千万円のケースにおいて、労務DDを実施した結果、残業手当の未払賃金として3千万円の潜在債務が認められた場合、理論的買収額は2千万円となります。

労基法や厚年法などを遵守して法定費用を負担しているかという法の観点から行うという意味では、「法務DD」の一部ともいえますし、必ずしも「労務DD」という形で独立したDDを実施すべきということはありません。しかし、時間外労働に対する未払賃金債務、社会保険料の未加入、そして年金民訴など労働に係る潜在債務が顕在化した際の企業経営に与えるインパクトや、企業価値が買収金額に見合っているかのロジックについて株主に対し合理的に説明できるようにしておく必要があることからも、「労務DD」を実施する必要性は高まっているといえるでしょう。

先ほどのケースで、労務DDを実施したならば残業手当未払賃金の3千万円のほかに社会保険料延滞金として3千万円の潜在債務が指摘

できたにもかかわらず、労務DDを実施せず、最終的に当初見込額の5千万円の買収額で取引が成立した後、潜在債務が顕在化して会社に当該6千万円の損害を生じさせた場合、役員に対して任務懈怠により生じた損害の賠償責任を株主から問われることもあります。

このように労務DDは、潜在債務を数値化することで、投資額が適正か否かを判断することを目的として行われます。なお、本書では、調査項目に優先順位をつけ、効率的に労務DDを行うため、**潜在債務を「簿外債務」と「偶発債務」に区別**します。

簿外債務とは、法定の割増率を下回った割増率で時間外手当が算出されているために生じる未払賃金、最低賃金を下回る場合の差額賃金、および社会保険に加入しなければならない社員の加入漏れによる未払社会保険料など、**本来、費用としてターゲット会社で負担し、会計帳簿に記帳されなければならないのに計上されていない債務**です。法定費用ですから、現在は顕在化していませんが、今後支払うべきコストとして認識しておかなければならない債務です。

一方、偶発債務とは、過去に解雇権の濫用により解雇した者から解雇の無効を主張され、解雇期間中の賃金相当額を支払う（バックペイ）リスクがあるなど、**想定外の出来事が生じることにより発生するおそれのある債務**です。簿外債務と異なり、顕在化しないこともありますし、顕在化した場合に金銭賠償を求める約束をしておくことで、リスクを回避することもできます。主な簿外債務および偶発債務を整理すると次のとおりです（**図表1－1**）。

労務DDを行う場合、労務DDの実施目的から「簿外債務」の調査は必須です。「残業手当の未払金額の存在を否定することができない」など抽象的な労務DDレポートが稀に見受けられますが、このような抽象的な表現では、経営判断上、買収価格への影響を考慮するうえでの資料として参考にはなりません。したがって、簿外債務の内容をできる限り**数値化することが重要**です。

一方、「偶発債務」の有無および債務額については、判例や通達等

図表1－1　労務DD調査項目

簿外債務	偶発債務
1．未払賃金 2．退職給付債務 3．社会保険（健康保険、厚生年金保険） 4．労働保険（労災保険、雇用保険） 5．障害者雇用 6．年次有給休暇引当金（買主がITFSを採用している場合のみ）	1．労基法上の労働時間 2．労基法上の管理職 3．解雇 4．取締役・個人請負型就業者の労働者性 5．労災民訴 6．年金民訴 7．定年後再雇用 8．同一労働同一賃金ガイドライン案 9．無期雇用転換申込権

出所：社会保険労務士法人野中事務所編『M&Aの人事デューデリジェンス』（中央経済社）。

に依拠するものの、最終的には調査人の見解により異なることもあり得ます。また、遅延損害金、付加金、および解決金などは、ＤＤの時点では正確に算出することが困難であり、顕在化しないこともあり得るので、時間的、費用的に許されるのであれば、概算として調査し把握しておくというスタンスでもよいと思います。

2　労務ＤＤの標準手順書

　本書は、労務ＤＤを効率的に行うためのひとつの方法例をあげた手順書です。労務ＤＤにおいて実施すべき調査項目および調査基準を網羅的に示すものではありませんので、個別案件については、本標準手順書を参考にしつつも個別案件の特徴に応じて工夫して対応してください。

　そもそも、ＤＤの履行が法定で義務付けられているわけでありませんし、本手順書に記載のあるすべての調査事項を調査しなければ、役員が会社法上の善管注意義務違反や忠実義務違反となるなどということはありません（すべてを調査すれば取締役の義務を果たしたことに

なるとも言えませんが）。ＤＤの段階ですべてを調査して完璧に把握することは極めて困難ですし、仮に調査範囲外で問題が顕在化したとしても、ある程度の投資リスクとして買主が引き受けたり、売主に表明保証させたりしておくなど柔軟に対応することも可能です。

（1）M＆A取引全体の流れ

　M＆A取引は、大まかに**検討フェーズ**、**基本合意フェーズ**、**ＤＤフェーズ**、そして、**最終合意フェーズ**の4段階のプロセスを経て行われます**（図表1－2）**

図表1－2　買い手側から見たＭ＆Ａ取引の流れ

| ① 企業等の選定 | → | ② 秘密保持・基本合意書の締結 | → | ③ デューデリジェンスの実施 | → | ④ 最終契約書の締結 |

①　検討フェーズ

　経営戦略の一つとしてＭ＆Ａを活用することを決定し、ターゲット会社を選定します。対象となる企業は金融機関等から紹介される場合や、救済型の場合には、管財人等が主催する入札へ参加して決定することもあります。

② 基本合意フェーズ

　ターゲット会社と接触し、秘密保持契約を締結後、決算書等の基本資料の開示を受け、概ね合意が形成された場合、基本合意書が締結されます。この場面で、買主には独占交渉権が付与され、売主は他の候補先との接触を一切禁じられます。

③ DDフェーズ

　買主が費用を負担して、法務や財務等の分野ごとに買主または専門家によるDDが実施されます。外部にDD業務を委託した場合、他のDDチームと協力して行われることもあります。

④ 最終合意フェーズ

　DDの調査結果を踏まえ、DDの不完全性を補完し、かつ、DDの指摘事項に対応する契約事項を盛り込んだ最終契約を作成し、前提条件の履行を確認のうえ、取引が成立します。

　最近では、譲受企業と譲渡企業の両方から依頼を受け、最適なマッチングを検討してM&A取引を成立させる仲介会社を活用するケースも多々見られます。仲介会社を活用する場合、株式の譲渡を検討している等の情報が漏えいすると、「経営が厳しいのではないか」との噂が流れ、優秀な社員が退職したり、取引先や金融機関との決済内容が変更になったりするおそれがあるので、まずは、**仲介会社**と秘密保持契約を締結します。

　次に、提携仲介契約を締結し、仲介会社で会社情報等を収集し、株価を算定し、企業概要書を作成します（「案件化」という）。仲介会社のコンサルタントは企業概要書を譲渡会社が特定されない程度に要約した「ノンネームシート」を作成し、譲受企業に対して譲受の打診を行い、譲受企業が興味を持てば秘密保持契約を締結し、企業概要書を開

図表1-3 仲介会社を活用した場合の契約からクロージングまで

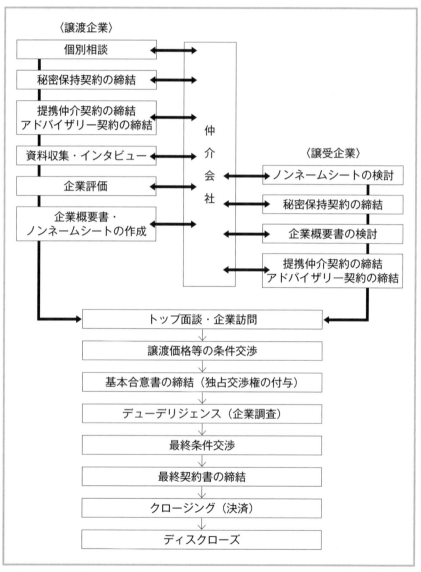

出所：梅田亜由美著『中小企業M&A実務必携　法務編』（きんざい）を著者が一部修正したもの。

示します。

　そして、譲受企業が企業概要書をもとに検討した結果、買収の意思を示すと、仲介会社と仲介契約を締結し、トップ面談や事業所見学が行われ、基本合意書を締結します。基本合意は、最終契約の締結に先立ち、その協議や交渉の過程で締結されるもので、独占交渉権以外の法的拘束力はなく、最終的に合意しなくても双方とも債務不履行による損害賠償責任を負うことはありません。

　基本合意書の締結後、譲受企業はDDを実施し、DDの結果を踏まえ、最終的な条件交渉が行われ、最終契約書を締結し、決済が行われます。原則として、決済終了後に、社員、取引先、そして金融機関等にディスクローズ（公表）されますが、上場企業の場合には、金融商品取引所の規則による適時開示制度に基づき基本合意時にディスクローズすることになります**（図表1-3）**。

（2）一般的なDDの手順

　DDの一般的な流れは、まず買主から法務、財務、税務、労務などの各分野の専門家（弁護士、公認会計士、税理士、社会保険労務士、中小企業診断士等）に対して、DDプロジェクトの参加の打診があります。買主から、M&Aの概要の説明があり、当該契約を締結する前に買主とDD業務受任者との間で**秘密保持契約**（「NDA」Non-Disclosure Agreement または、「CA」Confidential Agreement という）を締結し、調査項目等が確定した後にDD業務委託契約を締結することもあります。

　次に、ディールの目的やスキームなどの説明が行われ、調査項目等について打合せ（キックオフ・ミーティング）を行います。

　そして、案件の特徴に応じて開示を求める資料のリストを作成し、売主に対してリクエストします。開示された資料を検討し、質問事項をまとめてターゲット会社へ提出します。なお、必要に応じてターゲット会社の経営者や担当者へインタビューを実施することもありま

す。

　最後に、結果を調査レポートにまとめ、報告会で説明し、DD受任者はバイサイドからの調査報告に関する質問に回答してDDが終了します。なお、ケースにもよりますが、中間報告会を実施することもあります**（図表1－4）**。

図表1－4　一般的なDDの手順

```
┌─────────────────────────────┐
│  秘密保持契約・DD業務委託契約の締結  │
└─────────────────────────────┘
              ↓
┌─────────────────────────────┐
│      キックオフ・ミーティング        │
└─────────────────────────────┘
              ↓
┌─────────────────────────────┐
│      開示資料リストの作成・要求      │
└─────────────────────────────┘
              ↓
┌─────────────────────────────┐
│ 開示資料の検討・QAシートの作成・回答依頼 │
└─────────────────────────────┘
              ↓
┌─────────────────────────────┐
│         インタビューの実施         │
└─────────────────────────────┘
              ↓
┌─────────────────────────────┐
│       DDレポートの作成・報告       │
└─────────────────────────────┘
```

（3）労務DDの手順

　労務DDは、基本的には一般的なDDの手順と同様に行われます。社会保険労務士や労働法に明るい弁護士などの専門家に依頼する場合、まず、秘密保持契約、および労務DD業務委託契約を締結してからスタートします。次に、ターゲット会社の業種の特徴やディールのスキームに応じて、調査に係る資料の開示リストを作成し、売主に資料の開示を要求します。そして、資料の提供を受け、調査し、不明な

点などはQAシートを作成し、回答を依頼します。必要に応じて、ターゲット会社の担当者へインタビューを行い、これらを適宜の順序で勧め、最終的に潜在債務の有無とその金額を報告します。

なお、手順については必ずしもこの順番で行う必要はなく、場合によっては手順の前後が入れ替わる可能性や、前の手順に戻って繰り返すこともあります。以下、標準手順を詳解します。

① 秘密保持契約の締結

労務DD業務の遂行に際しては、ターゲット会社の秘密情報が開示されるため、委託契約の締結に先立って、買主と労務DD受任者間で秘密保持契約を締結します。締結方式には買主と労務DD受任者間が互いに秘密保持義務を負う**双務契約方式**と、誓約書の提出など専ら労務DD受任者のみ秘密保持義務を負う**差入方式**があります。

契約内容としては、秘密保持義務の対象となる情報の範囲、第三者に対する開示の禁止、目的外使用の禁止、違反時の労務DD受任者の義務、秘密保持の期間、返還または廃棄の義務などを定めることが一般的です。なお、労務DD受任者に対して、受託者の責めに帰すべき事由により、秘密情報が漏洩し、買主等に損害を与えた場合、損害賠償義務を定めることがありますが、損害賠償額が巨額になる可能性もあるので、労務DD受任者の立場では損害賠償額の上限を設定しておき、リスクを確定しておくとよいでしょう**(図表1-5)**。

図表1-5 秘密保持契約書(見本)

秘密保持契約書

株式会社□□□□(以下、「甲」という)と社会保険労務士法人○○事務所(以下、「乙」という)は、甲が企業提携の実現に向け検討(以下、「本検討」という)のために、甲

が乙に開示する情報の取扱い等について、以下のとおり秘密保持契約（以下、「本契約」という）を締結する。

(定義)
第1条　本契約における企業提携とは、株式譲渡・株式譲受を含む資本提携、株式交換、企業合併、合弁会社設立等の共同出資事業、事業譲受・事業譲渡、資産譲渡、生産・販売・技術・開発および人事提携等一切の形態を含むものとする。

2　本契約における秘密情報とは、甲および乙が、書面または口頭その他方法の如何を問わず、本検討に関連して、開示を受ける営業情報、顧客情報、会社情報、関連データ等の甲、乙または企業提携候補者の技術上または営業上その他事業上の情報、企業提携候補者の氏名または名称、ならびに甲および企業提携候補者が本検討を行っている事実およびその検討内容（以下、「秘密情報」という）をいう。ただし、次の各号のいずれかに該当する情報は、秘密情報から除かれるものとする。

(1)　相手方から開示された時点で、既に公知であった情報
(2)　相手方から開示された後、自己の責に帰し得ない事由により公知となった情報
(3)　開示された時点ですでに自ら保有していた情報
(4)　正当な権限を有する第三者から秘密保持義務を負うことなく開示された情報
(5)　法令による開示が義務付けられた情報
(6)　秘密情報から除くことを甲乙相互に確認した情報

(秘密保持)
第2条　甲および乙は、秘密情報を厳重に秘密として保持し、相手方の事前の承諾なく第三者に開示、漏洩してはならない。ただし、甲および乙は、本検討のため合理的に必要な範囲で、自己の役員および従業員、弁護士、公認会計士、税理士、司法書士、社会保険労務士ならびにその他甲または乙の委託する専門家(以下これらを総称して、「自己の役員および従業員等」という)に対し、秘密情報を開示することができる。
2　甲および乙は、秘密情報の開示を受けた自己の役員および従業員等が、本契約に基づき、自己が負担する義務と同等の義務を履行することを保証する。

(秘密情報の使用)
第3条　甲および乙は、本検討の目的のみに秘密情報を使用するものとし、営業、その他の目的に一切使用してはならない。

(秘密情報の複製および複写)
第4条　甲および乙は、相手方の事前の承諾なく、本検討のために必要な範囲を超えて、相手方の秘密情報を複製および複写してはならない。

(秘密情報の返還等)
第5条　甲および乙は、事由の如何を問わず本契約が終了したときは、本契約に基づき開示を受けた秘密情報を含む媒体およびその複写・複製物(以下、「媒体等」という)を速やかに相手方に対し返還するものとする。

2　甲および乙は、相手方からの要求があったときは、本契約に基づき開示された秘密情報のうち当該要求にかかる案件に関する一切の秘密情報を含む媒体等を速やかに相手方に対し返還するものとする。
3　前二項にかかわらず、甲および乙は、前二項に定める秘密情報の全部または一部を含む媒体等の相手方に対する返還に代えて自ら破棄することにつき、相手方の同意を得たときは、当該情報を含む媒体等の破棄をもって、当該媒体等の返還義務を免れるものとする。

（損害賠償）
第6条　乙の責めに帰すべき事由により、秘密情報が漏洩し、これにより甲に損害を与えたときは、乙は、甲に対して損害の賠償をしなければならない。ただし、損害賠償額が〇万円を上回った場合には、〇万円を上限とする。

（直接交渉禁止）
第7条　乙は、甲の事前の承諾なくして、企業提携候補者またはその代理人と、直接、間接を問わず、甲を排除して企業提携に関する接触および交渉をしてはならないものとする。

（有効期間）
第8条　本契約の有効期間は、本契約締結日より3カ月とする。ただし、期間満了の2週間前までに甲または乙いずれか一方からの書面による別段の申し出がないときは、本契約は自動的に3カ月間延長されるものとし、その後も同様とする。

2　前項の規定にかかわらず、本契約第2条（秘密保持）、第3条（秘密情報の使用）、第6条（損害賠償）および第7条（直接交渉禁止）に定める義務は、事由の如何を問わず本契約が終了した後2年間存続する。

（反社会的勢力の排除）
第9条　甲および乙は、相手方に対し、次の各号のいずれかにも該当せず、かつ将来にわたっても該当しないことを表明し、保証する。
(1)　自らまたは自らの役員もしくは自らの経営に実質的に関与している者が、暴力団、暴力団員、暴力団員でなくなった時から5年を経過しない者、暴力団準構成員、暴力団関係企業、総会屋、社会運動等標榜ゴロまたは特殊知能暴力集団等その他反社会的勢力（以下、総称して「反社会的勢力」という）であること。
(2)　反社会的勢力が経営を支配していると認められる関係を有すること。
(3)　反社会的勢力が経営に実質的に関与していると認められる関係を有すること。
(4)　自らもしくは第三者の不正の利益を図る目的または第三者に損害を加える目的をもってするなど、反社会的勢力を利用していると認められる関係を有すること。
(5)　反社会的勢力に対して資金等を提供し、または便宜を供与するなどの関与をしていると認められる関係を有すること。
(6)　自らの役員または自らの経営に実質的に関与している者が、反社会的勢力と社会的に非難されるべき関係を有すること。

2　甲および乙は、相手方に対し、自ら次の各号のいずれかに該当する行為を行わず、または第三者を利用してかかる行為を行わせないことを表明し、保証する。
　(1)　暴力的または脅迫的な言動を用いる不当な要求行為
　(2)　相手方の名誉や信用等を毀損する行為
　(3)　偽計または威力を用いて相手方の業務を妨害する行為
　(4)　その他これらに準ずる行為
3　甲または乙は、相手方が前二項のいずれかに違反し、または虚偽の申告をしたことが判明した場合、契約解除の意思を書面（電子メール等の電磁的方法を含む）で通知のうえ、直ちに本契約を解除することができる。この場合において、前二項のいずれかに違反し、または虚偽の申告をした相手方は、解除権を行使した他方当事者に対し、当該解除に基づく損害賠償を請求することはできない。
4　前項に定める解除は、解除権を行使した当事者による他方当事者に対する損害賠償の請求を妨げない。

(準拠法、管轄裁判所)
第10条　本規約の有効性、解釈および履行については、日本法に準拠し、日本法に従って解釈されるものとする。
2　当社と利用者等との間での論議・訴訟その他一切の紛争については、訴額に応じて、東京簡易裁判所または東京地方裁判所を専属的合意管轄裁判所とする。

(協議事項)
第11条　本契約に定めなき事項または本契約の条項の解釈につき疑義が生じた事項については、甲および乙は誠意をもって協議決定するものとする。

上記契約の証として本書2通を作成し甲、乙記名押印のうえ、各1通を保有する。

　　年　　月　　日

　　　甲：　　　　　　　　　　　　　　　　　　　㊞

　　　　　東京都新宿区大久保〇-〇-〇
　　　乙：社会保険労務士法人〇〇事務所
　　　　　　代　表　社　員　　〇〇〇〇　　　㊞

② 労務DD業務委託の締結

　契約は、当事者間の意思の合致があれば、口頭の契約でも原則としてそれだけで有効に成立します。特に買主が労務DD受任者の顧問先企業である場合、書面の締結なしに労務DD業務が実施されることもあるようです。しかし、調査項目や調査対象期間を明確に定めておかなければ、調査項目以外のリスクが顕在化した場合、責任の所在も曖昧になり、受任者が責任を追及されることになりかねません。したがって、ターゲット会社やその事業の特性を踏まえた調査項目、調査対象期間および報酬等、契約の成立とその内容を書面化して明確にしておく必要があります。

　また、DDに費用や時間的制約がある場合、未払賃金を調査するケースにおいて、一月のみを調査し、当該未払い賃金に賃金請求消滅時効の2年（つまり24カ月）を乗じた額を簿外債務として把握するという選択肢もあるので、労務DD業務委託契約書にその旨記載しておきます。

　なお、労務DD受任者は、調査業務の不能、遅延、調査報告書の瑕疵に起因して買主に損害を与えた場合、損害賠償義務を負うと定める

ことがありますが、損害賠償額が巨額になる可能性もあるので、NDAと同様に労務DD受任者の立場では損害賠償額の上限を設定しておくよう、リスク回避条文を規定しておくとよいでしょう。ただし、責任を制限するような予定賠償額を定めていたとしても、受任者に故意または重大な過失がある場合は、当該規定が適用されないとされるおそれがあること、および著しく低い予定賠償額を定めた場合には当該規定が無効とされるおそれがあることに留意する必要があります。

以下、参考までに労務DD業務委託契約書（見本）を掲載しますので、適宜修正してご利用ください**（図表1－6）**。

図表1－6　労務DD業務委託契約書（見本）

労務デューデリジェンス業務委託契約書

株式会社□□商事（以下「甲」という）と、○○社会保険労務士事務所（以下「乙」という）は、甲が株式会社△△商会（以下「丙」という）の買収等を検討するための調査業務の委託に関し、次のとおり契約を締結した。

第1条　（委託業務）

　甲は丙の買収のための参考資料として、乙に対し、丙の労務に関する簿外債務および偶発債務の調査業務（以下「本件業務」という）を委託し、乙はこれを受託した。

2　本件業務の調査項目は以下のとおりとし、調査の対象となる期間は○年4月1日から○年3月31日までの○年とする。ただし、未払賃金については○年○月に算出された額に24を乗じた額を簿外債務とみなす。

(1) 簿外債務

　イ）未払賃金（時間単価の算出、除外手当の算出、法定

　　　　割増率、最低賃金との比較、管理監督者の深夜労
　　　　働、年俸社員の時間外労働手当の支給）の算出
　　ロ）退職給付債務（簡便法による）の算出
　　ハ）社会保険料の適法性（健康保険・厚生年金保険被保
　　　　険者の範囲、報酬の取扱い、資格取得日）
　　ニ）労働保険料の適法性（雇用保険被保険者の範囲、賃
　　　　金の取扱い、労災保険料率）
　　ホ）年次有給休暇引当金（概算式による）
　　ヘ）障害者雇用納付金の適法性
  (2) 偶発債務
　　イ）労基法上の管理監督者の該当性
　　ロ）解雇の妥当性（バックペイ）
　　ハ）取締役の労働者性
3　乙は本件業務の結果を〇年〇月〇日までに書面にて報告する。ただし、本件業務の遂行に係る情報の開示が乙が指定する日までに甲または丙からされなかったことにより、前項の調査を行うことができない場合について、乙はその責任を負わない。
4　前項の報告書を甲以外の第三者が閲覧する場合については、乙の書面による同意を必要とする。

第2条　（調査期間）
　　本件業務の実施は〇年〇月〇日から〇年〇月〇日までの〇日間とする。

第3条　（報酬および支払い）
　　本契約に基づく報酬については、基本報酬＿＿＿＿＿＿＿円（消費税等は別途）に加え、1時間あたり社会保険労務士

1人につき＿＿＿＿＿＿＿＿円に調査時間を乗じたタイムチャージ料（消費税等は別途）とする。
2　基本報酬については、〇年〇月〇日までに、タイムチャージ料については、本件業務終了後1カ月以内に乙の指定する銀行口座に振り込むものとする（振込手数料は甲の負担）。
3　本件業務にかかる交通費等の経費は、原則として乙が負担するものとする。ただし、甲の依頼により都内以外の場所で業務を履行する場合には、甲がその全額を負担する。

第4条　（資料・情報等）
　　　甲および乙は、丙から開示された就業規則、労働者名簿、出勤簿、賃金台帳、その他人事に係る資料について、本件業務以外の用途に使用してはならず、善良なる管理者の注意義務をもって使用・保管・管理するものとする。
2　開示された資料等が不要となった場合、本契約が解除された場合、または丙からの要請があった場合、甲および乙は開示された資料等を速やかに破棄するものとする。

第5条　（機密保持）
　　　機密情報とは、有形無形を問わず、本契約に関連して甲および丙から乙へ提供された人事上その他すべての情報を意味する。
2　乙は甲および丙から提供された機密情報について善良なる管理者の注意をもってその機密を保持するものとする。
3　乙は機密情報について、本契約の目的の範囲内のみで使用できるものとし、業務遂行以外の目的で複製するときは、事前に甲および丙から書面による承諾を受けなければ

ならない。
4　本条の規程は、本契約終了後も有効に存続する。

第6条　（損害賠償責任の範囲）
　　乙の調査業務の履行不能、履行遅延、当該調査報告書の瑕疵に起因して甲に損害を生じさせた場合、乙は受け取った報酬の範囲内でその責任を負う。

第7条　（再委託）
　　乙は、甲による事前の承諾がない限り、本件業務の全部または一部を第三者に再委託できない。なお、甲の事前の承諾を得て第三者に再委託する場合には、乙は当該第三者に対し、本契約における乙の義務と同様の義務を遵守させ、その行為について一切の責任を負う。

第8条　（権利義務譲渡の禁止）
　　乙は甲の事前の書面による承諾がない限り、本契約の地位を第三者に継承させ、あるいは本契約から生じる権利義務の全部または一部を第三者に譲渡しもしくは引受けさせまたは担保に供してはならない。

第9条　（合意管轄）
　　本契約に関して訴訟の必要が生じた場合、東京地方裁判所または東京簡易裁判所を専属管轄裁判所とする。

第10条　（協議事項）
　　本契約に定めなき事項または解釈上疑義を生じた事項については、法令に従うほか、甲乙誠意をもって協議のうえ

解決をはかるものとする。

以上、本契約の成立を証すため、本書2通を作成し、甲乙記名捺印のうえ各1通を保有する。

年　月　日

甲：＿＿＿＿＿＿＿＿＿＿＿＿＿＿＿＿＿＿㊞

乙：＿＿＿＿＿＿＿＿＿＿＿＿＿＿＿＿＿＿㊞

③　開示リストの作成・開示要求

　初期の段階でターゲット会社のウェブサイト等の公開情報で入手可能なものについては、独自に入手しておき、中小企業か否か（割増率が異なるため）を確認し、調査項目の内容に当たりをつけておくとスムーズです。つまり、ターゲット会社の規模、業種およびスキームの態様を考慮して、重点的に調査すべき項目を決定し、調査に必要で開示を要求する資料のリストを作成します。

　例えば、ターゲット会社が小売業、食料品製造業、飲食店等の労基署の定期監督で毎年、最低賃金法4条違反業種として是正勧告対象となるような業種である場合（**図表1－7**）、最低賃金額未満で賃金が支払われている可能性が高く、最低賃金との差額が簿外債務となるので、賃金台帳のみならず、タイムカード、賃金規程、就業規則、雇用契約書等の資料の開示を要請することになります。

　この段階での資料要請リストは、ターゲット会社へ一覧表にまとめて提出しますが、漏れを防ぐ必要もあるため、網羅的なリストになることは避けられません。ただし、「○○に関する書類一式」などの抽象的な書きぶりになっている場合、過大な負担となり、ターゲット会

図表1－7　平成27年度最賃法4条違反業種ワースト10

(件)

順位	業　種	平成27年度
1	小売業	524
2	食料品製造業	334
3	飲食店	296
4	社会福祉施設	256
5	その他の製造業	189
6	衣服その他の繊維製品製造業	140
7	旅館業	113
8	道路旅客運送業	105
9	卸売業	102
10	その他の事業	101

出所：「平成27年労働基準監督年報」を著者が編集したもの。

社が調査との関連性の低い資料も準備し、提供されるまで時間を浪費してしまったり、十分な調査ができなくなったりするおそれがあるので、可能な限り具体的な資料名を記載するよう注意しなければなりません。

　なお、請求した資料のすべてが開示されるわけではない（そもそも存在しない場合もある）ので、「A…開示が必須」、「B…開示」、「C…できれば開示」などと必要度合に強弱をつけて明示しておくとよいでしょう。

　資料の開示方法は、通常、ターゲット会社から買主に直接に紙媒体で送られますが、最近は、ネットワーク上の専用ストレージサービス（「VDR」Virtual Data Room）経由で開示されることもあります。ただし、個人番号が労働者名簿に記載されている場合など機密性の高い資料については、DD担当者がターゲット会社に出向き、ターゲット会社の会議室などを一時的なデータルームとして確保し、そこで確認することもあります。この場合、開示期間、コピーの禁止、ディールがブレイクした際の資料の破棄・返還などの一定の制限が付される

こともあります。なお、簿外債務（**図表1－8**）と偶発債務（**図表1－9**）の主な調査項目、調査ポイントおよび調査資料例は次のとおりです。

図表1－8　簿外債務調査項目

調査項目	調査ポイント	調査資料例
未払賃金 （1）	割増賃金単価計算ミス □時間単価の算出方法 □除外賃金の手当の内容の確認 □割増率の確認	・就業規則 ・賃金規程 ・雇用契約書 ・タイムカードまたは出勤簿 ・勤務シフト表 ・賃金台帳 ・中小企業か否かが判別できる資料
未払賃金 （2）	最低賃金を下回るもの □月給を時給換算しての最低賃金との比較 □歩合給 □固定給と歩合給の併給の場合	・就業規則 ・賃金規程 ・雇用契約書 ・タイムカードまたは出勤簿 ・賃金台帳
未払賃金 （3）	その他賃金の未払いが明らかなもの □1時間未満の時給の切捨て □管理監督者の深夜労働の未払い □みなし裁量労働者の深夜労働の未払い □残業手当が基本給に含まれている年俸社員 □変形労働時間制の中途入退社した者の未清算 □フレックスタイム制の中途入退社した者の未精算 □裁量労働制採用のための手続きの不備（協定の未締結、未届） □裁量労働制の深夜労働した場合の時間外労働の計算 □裁量労働制の休日深夜労働した場合の時間外労働の計算 □企画業務型裁量労働制の対象労働者の適法性（新卒等） □振替休日の未精算	・就業規則 ・賃金規程 ・雇用契約書 ・タイムカードまたは出勤簿 ・賃金台帳 ・労働者名簿 ・裁量労働の労使協定書 ・裁量労働制に係る労使協定届控
退職給付債務 （1）	退職一時金 □退職一時金の計算（簡便法によ	・就業規則 ・退職金規程

調査項目	調査ポイント	調査資料例
	る） □平成13年前後の退職金規程の改定の有無	・退職金規程の変更の有無とその内容 ・賃金規程 ・賃金台帳 ・労働者名簿 ・雇用保険被保険者資格取得確認通知書 ・離職票
退職給付債務 （2）	存続厚生年金基金 □厚生年金基金脱退時の過去勤務債務 □代行割れ基金の解散時の負担金	・厚生年金基金規約 ・基金だより ・代議員会議事録 ・加入員資格取得届
社会保険 （1）	被保険者の範囲 □アルバイト「おおむね4分の3」 □適用拡大の5要件 （□20時間以上、□月額88,000円以上、□雇用期間の見込みが1年以上、□学生でない、□501人以上） □被保険者でない取締役の常用的使用関係の有無 （□定期的な出勤の有無、□役員会の出席の有無、□従業員に対する指示・監督の状況、□役員との連絡調整の状況、□法人に対する影響力、□報酬の実態） □2以上の事業所から報酬を受けている場合の取扱いの適法性 □2カ月以内の期間を定めて使用される者の有無	・就業規則 ・賃金規程 ・雇用契約書 ・タイムカードまたは出勤簿 ・賃金台帳 ・労働者名簿 ・取締役規程 ・委任契約書 ・算定基礎届 ・賞与支払届
社会保険 （2）	社会保険料の基礎となる報酬に含めるもの □現物給与（□食事、□住宅） □大入り袋の取扱い □貸付金の債務免除 □退職金の前払い □適年・厚生年金基金制度の廃止による一時金 □財形奨励金 □持株奨励金	・就業規則 ・賃金規程 ・退職金規程 ・福利厚生制度関連規程 ・雇用契約書 ・タイムカードまたは出勤簿 ・賃金台帳 ・労働者名簿

調査項目	調査ポイント	調査資料例
社会保険 （3）	□養老保険等の保険料 その他 　□延滞金 　□追徴金 　□判断を伴うものは年金事務所に 　　疑義照会	・社会保険料の督促状
労働保険	□労災保険料率（適用業種の適正） □雇用保険被保険者の範囲 □労働保険料の基礎となる賃金に 　含めるものの適法性	・登記簿謄本（目的欄） ・就業規則 ・雇用契約書 ・労働保険申告書控 ・雇用保険被保険者資格取得 　確認通知書
年次有給休暇 の引当金	□先入先出法アプローチ □後入先出法アプローチ □翌期首付与分も含めるアプロー 　チ □有給休暇引当金概算	・就業規則 ・年次有給休暇管理簿 ・労働者名簿
障害者雇用	□障害者雇用の適法性 □障害者雇用納付金相当額 □障害者雇用調整金の受給の有無 □除外率の適用の有無	・障害者雇用状況報告書控 ・障害者手帳等の写し ・労働保険申告書控 ・賃金台帳 ・源泉所得税の領収書 ・労働者名簿 ・タイムカードまたは出勤簿 ・雇用保険被保険者資格取得 　確認通知書

図表1－9　偶発債務調査項目

調査項目	調査ポイント	調査資料例
労基法上の 労働時間 （1）	□始業前の時間帯 □終業後の時間帯 □健康診断・医師面接時間の時間 　帯 □休憩時間の確保	・就業規則 ・タイムカードまたは出勤簿 ・会社休日カレンダー
労基法上の 労働時間 （2）	□テレワークの状況 □裁量労働制の適法性（専門業務、 　企画業務）	・就業規則 ・賃金規程 ・雇用契約書 ・タイムカードまたは出勤簿

調査項目	調査ポイント	調査資料例
		・賃金台帳 ・労働者名簿 ・組織図 ・裁量労働の労使協定書 ・裁量労働制に係る労使協定届控 ・労使委員会議事録
労基法上の管理監督者	□労働時間の裁量権の有無 □管理職手当の妥当性（昇格による手取額の減少、非管理職との賃金格差） □指揮命令体系・組織図 □職務分掌規程と職務権限規程の突合（経営者と一体的な立場か否か）	・組織図（管理職の氏名記入） ・就業規則 ・賃金規程 ・職務分掌規程 ・職務権限規程 ・雇用契約書 ・タイムカードまたは出勤簿 ・賃金台帳 ・労働者名簿
取締役の労働者性	□取締役会の開催と参加 □退職金の清算（労働者から取締役への移行） □労働時間の裁量権の有無（欠勤、遅刻、早退控除の有無） □役員報酬の中身（役員報酬、兼務役員の基本給）	・組織図 ・就任承諾書 ・商業登記簿謄本 ・取締役会議事録 ・雇用保険被保険者資格確認通知書 ・雇用保険被保険者資格喪失確認通知書
個人請負型就業者の労働者性	□仕事の依頼に対する諾否の自由の有無 □業務遂行上の指揮監督の有無 □場所および時間に対する拘束性 □その他の要素	・組織図 ・業務委託契約書 ・注文書 ・就業規則 ・賃金規程
解雇	□解雇権濫用の有無（□客観的事実、□相当性） □バックペイ □退職勧奨の態様 □雇止めの適法性	・就業規則 ・賃金規程 ・退職金規程 ・賃金台帳 ・労働者名簿 ・離職票
労災民訴	□休業損害 □後遺障害逸失利益 □死亡逸失利益 □慰謝料	・就業規則 ・賃金規程 ・賃金台帳 ・労働者名簿 ・労災給付請求書写

調査項目	調査ポイント	調査資料例
		・死傷病報告書写
年金民訴	□社会保険未加入者の有無 □得べかりし年金額の算出 □得べかりし脱退一時金の算出（外国人労働者のみ）	・就業規則 ・賃金規程 ・賃金台帳 ・タイムカードまたは出勤簿 ・雇用契約書 ・労働者名簿 ・雇用保険被保険者資格取得確認通知書
定年後再雇用	□職務の内容 □職務の内容および配置変更の範囲 □その他（□会社業績、□格差是正措置の有無、□労働組合との協議） □賃金の引下げ幅（□減額割合、□業界平均との比較） □継続雇用者基準の労使協定の有無（平成25年3月31日まで） □高年齢雇用継続基本給付金の受給の有無とその金額 □損害賠償額の算出	・就業規則（無期転換者用） ・賃金規程 ・賃金台帳（定年前後） ・再雇用契約書 ・面談記録 ・労働者名簿 ・組織図 ・労使協定 ・労働協約 ・雇用保険被保険者資格取得確認通知書 ・損益計算書（過去3年分） ・高年齢雇用継続給付支給決定通知書
パートタイム労働者	□正社員と同視すべきパートタイム労働者の有無（□職務の内容、□職務の内容および配置変更の範囲） □基本給決定の不合理性の有無 □未払手当の算出 □未払賞与の算出	・就業規則（パートタイマー用） ・賃金規程（正規社員、パートタイマーとも） ・賃金台帳 ・雇用契約書 ・労働者名簿 ・組織図 ・職務分掌規程 ・職務権限規程
契約社員	□職務の内容 □職務の内容および配置変更の範囲 □格差是正措置の有無	・就業規則（非正社員用） ・賃金規程（正規社員、非正規社員とも） ・賃金台帳 ・雇用契約書 ・労働者名簿 ・組織図

調査項目	調査ポイント	調査資料例
		・職務分掌規程 ・職務権限規程 ・労働協約
無期転換制度	□無期転換申込権の付与の有無 □無期転換申込権の評価	・就業規則 ・賃金規程 ・賃金台帳 ・雇用契約書 ・労働者名簿
未払賃金の支払に伴う債務	□遅延損害金 □付加金 □付加金に対する遅延損害金	・賃金台帳 ・雇用契約書 ・労働者名簿

④ 資料調査

　収集した資料に基づき、ターゲット会社の労働に由来する潜在債務の有無およびその債務額を調査します。簿外債務および偶発債務を基礎付ける根拠条文、裁判例、通達などを調査項目ごとに定立し、資料を当てはめてこの段階であたりをつけ、不明な点をインタビューで確認します。

　原則として、開示された資料を信用して調査しますが、入社日、保険資格取得日、退職日、保険資格喪失日の重要な情報については、それぞれ、労働者名簿、タイムカード、各保険の被保険者資格確認通知書を突合して確認しておくとよいでしょう。

　なお、リクエストした資料がそもそも存在しない場合には資料が存在しない理由をインタビューで確認しておき、調査ができない場合には調査未了である旨レポートに記載します。

⑤ QAシートの作成・回答依頼

　開示された資料をもとに資料を検討し、問題となる点を整理しておき、ターゲット会社の担当者へインタビューすることになります。ここでは、インタビューの前に、質問票（質問日、質問者、質問事項、

回答日、回答者、回答内容）を作成・送付し、書き込み・返信してもらっておくことがポイントです。返信の内容によっては追加質問が必要となることがあるので、それも考慮し、スケジューリングしておきます。

なお、資料の検討が進んだ後にインタビューすることが多いように見受けられますが、ケースによっては、早い段階で概括的なインタビューの機会を設け、全体像を把握した後、資料を検討し、詳細なインタビューを再度行うこともあります。

⑥ インタビュー

インタビューでは、詰問口調は言語道断であり、質問と異なる回答であったり、法的に問題があるような回答であったりしても、話の腰を折らず、問題を指摘するようなことは避けるべきです。

また、インタビューの回答内容については、M&A取引終了後、担当者がどのように回答していたかが重要な問題となることがあるので、できるだけ記録化し、可能であれば録音することも必要です。

⑦ DDレポートの作成・報告

労務DDの報告は、通常、他のDD報告とあわせて、依頼者への報告会で行われます。ケースによっては、中間報告会が開催され、他のDDと情報の共有化がなされ、追加する調査項目を決定し、最終報告会を行うこともあります。報告書には、特に形式はありませんが、経営者が迅速に意思決定できるよう、労務DDのレポートは、潜在債務額を提示し、その内訳として、簿外債務額および偶発債務額を報告するとよいでしょう**(図表1－10)**。報告者は、ここで示された債務額の多寡によって、当該債務額の算出根拠の説明のみならず、当該リスクの回避策に対する意見を求められることもあります。

図表1－10　報告書の例

年　月　日

労務デューデリジェンス報告書

株式会社□□□□　御中

　　　　　　　　　社会保険労務士法人　○○事務所
　　　　　　　　　　調査担当社会保険労務士　○○○○
　　　　　　　　　　調査担当社会保険労務士　○○○○

　株式会社□□□□の労務デュージェリデンス業務が完了いたしましたので、ここにご報告いたします。当該報告書は基準日における資料等をもとに作成されたものではありますが、すべての情報が開示されたわけではなく、また、調査期間も限られていたことから、対象会社の労務に由来するすべての潜在債務が網羅されているわけではありません。特に、偶発債務の有無および債務額については、最終的には調査人の見解によるものであり、当該偶発債務が顕在化した場合、偶発債務以上の金銭を支払うこともあります。
　なお、当該報告書を貴社以外の第三者に開示したり、貴社以外の第三者が依拠したりすることのないようご留意ください。

1．潜在債務

　　　　　　　　　　　　　　37,500,000円
【内訳】
　　　　　　　簿外債務　12,680,000円
　　　　　　　偶発債務　24,820,000円

簿外債務内訳

No.	調査項目	簿外債務額
1	未払賃金	○○○円
2	退職給付債務	○○○円
3	社会保険料の未払額	○○○円
4	年次有給休暇引当の算定（先入先出法アプローチ）	○○○円
5	障害者雇用納付金の未払い額	○○○円

偶発債務内訳

No.	調査項目	簿外債務額
1	労基法上の労働時間	○○○円
2	労基法上の管理監督者	○○○円
3	解雇権の濫用によるバックペイ（付加金除く）	○○○円
4	取締役の労働者性	○○○円
5	労災民訴	○○○円

2．根　拠

　使用者と労働者は労働契約や就業規則に拘束されますが、この当事者間の合意の有無・内容にかかわらず、原則として労働法および判例法理により規律・修正されます。

　例えば、労働基準法13条では「この法律で定める基準に達しない労働条件を定める労働契約は、その部分については無効とする。無効となった部分はこの法律で定める基準による」と定め、労働契約や就業規則が労働基準法を下回る労働条件で締結または規定されていた場合、これを強行的に修正する効力があります。

> （1）簿外債務
> ①　賃金未払い
> 労働基準法32条では「1週間については40時間を超えて、1日については8時間を超えて」労働させることを…。
> …略…
>
> 以上

3　労務ＤＤの反映

　労務ＤＤの結果、潜在債務が認められた場合、①ディールブレイク（取引中止）、②スキームの変更、③取引価格の減額、④実行の前提条件の設定、⑤実行前の義務の設定、⑥表明保証、⑦取引成立後の義務などの方法により対応することになります。

① 　ディールブレイク（取引中止）

　労務ＤＤの結果、取引金額を大幅に上回る巨額な潜在債務が認められ、将来的にも持続し、これを回避することが困難であったり、組織の再編に労働組合から強い反発が予想されたりする場合には取引のメリットよりもデメリットのほうが大きいので、取引自体を中止することもあります。

② 　スキームの変更

　潜在債務を縮減または排除して、リスクを回避するため当初に予定していたスキーム（取引の態様）を変更します。すなわち、労働者と使用者の関係は労働契約関係であり、スキームにより当該労働契約により権利義務は次のようになる（**図表1－11**）ため、例えば、当初は合併というスキームを予定していたところ、潜在債務が巨額になるため、会社分割や事業譲渡に変更することにより潜在債務を縮減または

排除することが可能になります。ただし、事業譲渡の場合には、対象となる労働者から個別同意を取り付ける必要があります。

図表1－11　スキーム別の労働契約上の権利義務関係の移転

スキーム	労働契約の権利義務
合　　併	包括承継（すべて承継）
会社分割	部分承継（対象となる事業に従事する労働者のみ）
事業譲渡	特定承継（原則非承継）
株式譲渡	包括承継（すべて承継）

③　取引価格の減額

　労務DDの結果、巨額な簿外債務が認められた場合には、当初の評価額の重要な前提条件が崩れ、高値掴みをするおそれがあります。このため、当初の取引見込価格から簿外債務相当額を控除して取引価格の合理性を改めて検証する必要があり、当該簿外債務額が巨額になる場合、買主は取引価格の減額を提示することになります。なお、顕在化する可能性が低い偶発債務については、買主で投資リスクとして引き取り、顕在化する可能性が高い偶発債務については、金融機関を利用して、一旦一部の金額を支払ったうえで残額は一定の条件をクリアしたことを条件に後払いする制度（エスクロー）を活用する方法もあります。

④　実行の前提条件の設定

　取引から安全に離脱する選択肢を確保するために、実行日までに潜在債務が解消されていなければ買収金額の支払義務を負わないものとする等を定め、契約成立の条件とすることがあります。

　また、取引の重要な前提条件が崩れるような事実は発見されたけれども、一定期間後に修正される余地がある場合には、修正したことを取引実行の前提条件として定めることで取引自体の中止（延期）と同

様の効果が得られます。

　例えば、社会保険に加入義務のあるアルバイトが社会保険に未加入であることが発見された場合、未払社会保険料が簿外債務として認められますが、クロージング日までに「社会保険に加入義務のあるアルバイトについては、加入義務日まで遡及して社会保険に加入すること」を前提条件の条項として設けることで、簿外債務リスクを回避することが考えられます。

⑤　**実行前の義務の設定**

　売主が潜在債務の解消に消極的であった場合、発見された潜在債務の解消を前提条件に規定するのみでは、買主は取引から撤退するしか選択肢がなくなり、ＤＤ等に費やしたコストが無駄となる場合が生じるので、これを回避するために、実行前の義務を設定することがあります。

　例えば、民主的な方法で選出されていない者との間で裁量労働に係る労使協定を締結していた場合、そもそも裁量労働制が認められないので、裁量労働の対象となっていた労働者に対して、過去２年間の時間外労働に対する賃金が簿外債務として認められます。この場合、当該未払賃金を清算するのみならず、当該簿外債務が将来に生じさせないため「労働法制に則った形で裁量労働に係る労使協定を締結し、管轄の労基署へ届け出ること」を実行日までの義務として条項に設けることで、簿外債務リスクを回避することが考えられます。

⑥　**表明保証**

　表明保証とは、売主が契約締結日や取引実行日など特定の時点において、リスクに該当する事実が存在しない旨を表明し、保証することをいいます。期間や費用上の制約で完全なＤＤが困難であった事項がある場合に、売主が労務に由来する潜在債務についてそのような事実はない旨を表明保証することがありますが、当該保証に違反して、潜

在債務があったとしても、買主の損害を補償する義務まで定めておかなければ、損害賠償を求めることはできません。

例えば、ターゲット会社において過去に解雇した者がいた場合、売主が当該解雇については就業規則に則った解雇であったことを表明し保証したとしても、実際には不当解雇である可能性がなくはありません。そのようなときでも、「当該解雇について、裁判等で解雇権の濫用により解雇が無効であると判示され、または当事者間の和解によりバックペイ等の損害、損失、費用が買主について生じた場合、売主はその全額を賠償するものとする」と条項に設けることで、偶発債務リスクを回避することが考えられます。

⑦ 取引成立後の義務

取引成立後も売主に対して義務を負わせ、履行請求や損害賠償請求を可能にする場合もあります。

例えば、労務DDで偶発債務として年金民訴の可能性が認められた場合、「当該従業員から民事訴訟により得べかりし年金額を損害として賠償請求される際には、社会保険に加入しなかった経緯や当該従業員との当時のやり取り等の調査について協力する義務を負うものとする」と条項に設け、さらに「得べかりし年金額を請求されたことにより、買主が被った損害、損失、費用について、売主は賠償するものとする」と条項に追記することで、偶発債務リスクを回避することが考えられます。

4 民法改正に伴う留意事項と未払賃金の支払に伴う債務

民法のうち債権法の分野についての全般的な見直しを行うため、第193回国会(平成29年常会)において、「民法の一部を改正する法律」(平成29年法律第44号)および「民法の一部を改正する法律の施行に伴

う関係法律の整備等に関する法律」が成立し、平成29（2017）年6月2日に公布されました。**一部の規定を除き、2020年4月1日から施行**されます（平成29年政令309号）。

そこで本節では、労務DDに関係の深い「法定利率」と「消滅時効」の改正についてご紹介します。あわせて、その**前提として未払賃金の支払に伴う「付加金」、「遅延損害金」**と現行（民法改正前）の法定利率や消滅時効についての留意点も本節で確認することとします。

（1）付加金と遅延損害金

① 付加金

裁判所は、使用者が労働者に①労基法20条（解雇予告手当）、②26条（使用者の責めに帰すべき休業の場合の手当）、③37条（割増賃金）の規定に違反し、または、④39条7項の期間（年次有給休暇における期間）の賃金を支払わなかった場合、労働者の請求により、本来使用者が支払うべき金額の未払金と同額の付加金の支払を命じることができます（労基法114条1項本文）。

付加金の制度は、刑事的制裁とは別に、未払金額と同額の金員の支払を裁判所が命ずることができることにより、その不利益を使用者に予告し、使用者の義務履行を一層確実にするとともに、労働者の権利実現を確保しようとする目的を有するもので、アメリカ公正労働基準法16条の制度趣旨を導入されたものといわれています。

付加金が請求できるのは上記①〜④の場合ですから、例えば月例給与の未払や法内残業に対する賃金は対象となりません。また、この付加金支払義務は、裁判所が支払を命じ、判決の確定によって初めて発生するものですから、使用者が未払金に相当する金額を支給し、使用者の義務違反の状況が消滅した後には、労働者はこの付加金請求の申立てをすることはできません。また、付加金請求の申立てをした後、口頭弁論終結時までに使用者が支払うべき金額に相当する金員を支

払って義務違反の状況が消滅した場合には、裁判所は支払を命じることはできませんので、結局、口頭弁論終結時点での未払金額が基準となります。

さらに、違反の事実がある場合に常に裁判所が付加金の支払を命ずるかについては、付加金の法的性質や労基法114条の文言から、裁判例の中には、使用者による違法の程度・態様、労働者の不利益の性質・内容等を勘案して、支払命令の可否や額を決定することができるとして、支払を命じないかまたは一部減額して支払を命じることができるとするものも相当数存在します。具体的には、労働基準監督署が不払の事実を認知していたにもかかわらず特段の指導をしていないこと、相当額の一部支払があること、労働者の不利益が小さいこと等が指摘されているようです。

なお、付加金の請求は、違反のあった時から2年以内にしなければなりません(労基法114条1項但書)。これは消滅時効ではなく、「**除斥期間**」と解されています。したがって中断がなく、2年以内に訴えを提起(または労働審判申立時に請求。後日、労働審判に対する適法な異議申立で訴え提起があったものとみなされる(労働審判法22条1項、24条1項、2項))しない限り、付加金の請求はできないことになります。

② 未払賃金に対する遅延損害金

金銭の給付を目的とする債務の不履行については、その損害賠償の額は法定利率によって定めるとされており(民法419条)、当事者が利息の利率に関し何らの取決めもしなかった場合に適用されます。賃金などが支払われない場合には、本来支払われるべき日の翌日から、遅延している期間の利息に相当する「遅延損害金」が発生しますので、これを簿外債務として報告することとなります。なお、遅延損害金の起算日は、就業規則に特別の定めがあればそれに従いますが、定めがなければ、期間の定めのない債務となり、催告の日の翌日からとなります。

現在の法定利率は以下のとおりです。

　（ア）　未払賃金については、使用者が会社その他の商人の場合、「商行為によって生じた債務」となりますので、原則として遅延損害金は年6％で（商法514条）、公益法人等の場合は年5％（民法404条）となります（※後述のとおり改正部分）。

　　例えば、時間外手当の未払がある場合は、各月の賃金支払日の翌日から年6％の遅延損害金が請求され得ることになります。

　（イ）　一方、退職した労働者の場合、退職の日の翌日からの遅延損害金は、年14.6％となります（賃金の支払の確保等に関する法律6条1項）。（※本条については、現時点で改正についての動向は不明）

　　ここでいう賃金には時間外手当や賞与は含まれますが、退職金は含まれません。

なお、「やむを得ない事由」として、賃金の支払の確保等に関する法律施行規則6条各号に定められている事項に該当する場合は、適用はなく、この場合には、会社であれば商法所定の6％の遅延損害金となります。特に、延滞している賃金の全部または一部の存否に係る事項に関し、合理的な理由により、裁判所または労働委員会で争っている場合には適用されない（同法6条2項、施行規則6条4号）ので、「適用をしない」とする裁判例も増えているようです。

③　付加金に対する遅延損害金

　上記①で述べた付加金に対しても、判決確定日の翌日から遅延損害金が発生します。

　ただし、付加金は労基法により使用者に課された義務に違背したことに対する制裁として裁判所に命じられて発生する労基法上の義務です。したがって、商行為性はなく、民事法定利率の年5％となります（民法404条）。※後述のとおり法改正

（2）民法（債権法）改正（法定利率と消滅時効）について

① 民法（債権法）改正の概要

　民法は、「第1編　総則」、「第2編　物権」、「第3編　債権」「第4編　親族」、「第5編　相続」で構成されますが、第3編の債権を中心とする債権関係の規定は、明治29年（1896年）に制定された後、約120年間ほとんど改正がされないまま現在に至っています。今回の改正の目的は債権関係について、その中でも取引社会を支える最も基本的な法的インフラである「契約」に関する規定を中心に、①社会・経済の変化への対応を図るため見直しを行うとともに、②国民一般にわかりやすいものとする観点から、判例や通説的見解など現在の実務で通用している基本的なルールを適切に明文化することです。

　今回の改正は、「債権法改正」とも呼ばれていますが、見直しの対象は、民法第3編（債権）の規定のみでなく、第1編（総則）の意思表示や消滅時効の規定も含まれています。また、「契約」に関する規定を中心としつつも、不法行為等の法定債権も対象となりました。具体的には、改正法案が提出された平成27年（2015年）3月時点で民法の条数は1103ヵ条でしたが、最終的に改正の対象とされたものは、形式的な用語整理等も含め257ヵ条にのぼり、新設した条数の85ヵ条を加えると合計342ヵ条もの変更が行われたことになります。

　労働法に関連するものでは、民法第3編（債権）第2章（契約）第8節「雇用」で、履行の割合に応じた報酬請求（624条の2）の新設、期間の定めのある雇用の解除（626条）改正、期間の定めのない雇用の解約の申入れ（627条）改正などがありますが、本節では説明を省略します。そして、労務DDへの影響が大きいと考えられる2つの論点「消滅時効」と「法定利率」の改正を取り上げます。

②　「法定利率」の引下げと変動制の導入

　法定利率は、利息、遅延損害金のほか、将来の逸失利益に係る損害賠償額を算定する際の中間利息の控除等に用いられています。そして、民法制定以来、法定利率は当時の市中金利を前提とした年５％のまま一度も変更されていませんでした（民法404条）。なお、この民法の法定利率５％を前提として、商行為によって生じた債務については６％とされました（商法514条）。

　しかし、昨今は超低金利のため法定利率が市中金利を上回り、債務者が支払う遅延損害金の額が不当に多額となる一方、中間利息の控除により賠償額が不当に抑えられ、当事者の公平を害する結果となります。仮に、法定金利を固定性のまま利率を変更しても、今後も市中金利は大きく変動する可能性があり、将来、法定利率と市中金利が大きく乖離するような事態が発生するということになります。また、現代社会において、商行為によって生じた債務を特別扱いする合理的理由に乏しいとの指摘もなされます。

　そこで、今回の改正では、法定利率を年３％に引き下げるとともに、市中の金利動向にあわせて法定利率が緩やかに変動する変動制（法務省令で定めるところにより、３年を「１期」として、１期ごとに変動。具体的には、貸出約定平均金利の過去５年間の平均値を指標とし、この数値に前回の変動時と比較して１％以上の変動があった場合にのみ、１％刻みの数値で法定利率が変動するので、法定利率は整数になる。）を採用しました（改正民法404条）。そして、この民法の見直しを踏まえ、年６％の商事法定利率（商法514条）は廃止され、法定利率は一本化となります。なお、１つの債権については１つの法定利率が適用され、事後的に変動はしません。

　つまり、改正により未払賃金の遅延損害金は、現状の６％（あるいは５％）から３％に下がることになります。なお、前述の賃金の支払の確保等に関する法律６条１項（14.6％）については、現時点で改正

についての動向は不明です。

〈法定利率の改正〉

【現行】	【改正】
民法404条 民事 5％ ➡	改正民法404条 変動制（3％に引下げ、3年ごとに変動）
商法514条 商事 6％ ➡	廃止

　次に、今回の改正で、中間利息の控除について判例が維持されました（改正民法417条の2）。中間利息控除とは、損害賠償額の算定にあたり、将来の逸失利益や出費を現在価値に換算するために、損害賠償額算定の基準時から将来利益を得られたであろう時までの利息相当額（中間利息）を控除することです。実務上広く行われていますが、現在、民法には中間利息の算定方法についての規定はありません。今回新たに明文化されたこの規定は、不法行為を理由とする損害賠償請求の賠償額を定める場合にも準用されます（改正民法722条1項）。

　中間利息の控除は、損害賠償請求権が発生した時点の法定利率によりますが、今回の改正で法定利率が5％から3％に引き下げられるため、労働分野への影響では、例えば、使用者の安全配慮義務違反行為により労働能力喪失の後遺障害を負った場合に逸失利益を計算する際等に、控除する利率が下がることによって、賠償額が高額になるということが考えられます。後述のライプニッツ係数も民法の法定利率を基準としているので、この改正法の影響は同様です。

　経過措置（改正法附則15条1項、17条2項）として、法定利率、中間利息控除の規定は、施行日後に発生したものに適用されます。

③　消滅時効と民法等の改正について

（ア）**消滅時効**

　　時効の中断や期間の計算方法等に関しては、民法の一般原則によります。未払賃金の債権であれば、消滅時効は権利を行使すること

ができる時から進行し(民法166条1項)、期間の初日不算入の原則により(民法140条)、結局、各賃金支払日の翌日(民法140条)から消滅時効が進行するということになります。

労務DDでは、通常、基準日時点での債務を報告します。スピード重視の観点から、時効中断(民法147条)等[1]の有無まで正確に確認することは現実的ではないので、これらは考慮せず基準日時点で労基法115条により、賃金であれば過去2年間、退職金であれば過去5年間を対象としてリポート作成することが通常でしょう。

(イ) 消滅時効に関する改正

労基法115条との関係で問題となりますので、最初に民法の改正内容を概観しましょう。

現行民法では、債権に関する消滅時効は、民法167条1項で10年とする一方で、特例として職業ごとに1年から3年の「短期消滅時効」が定められています(民法170条〜174条)。

今般の民法改正では、取引が複雑・多様化した現代社会において細かな特例が存在することによる手間や見落としの危険も生ずることや、そもそも特例の合理性自体が疑われるようになったとして、(ⅰ)短期消滅時効の特例をすべて廃止することとなりました。あわせて、商事消滅時効(5年)(商法522条)も廃止されます。一方で、大幅な時効期間の長期化を避けるため、(ⅱ)「権利を行使することができることを知った時から5年間行使しないとき」という主観的な起算点を新設し、従来からの客観的な起算点である「権利を行使することができる時から10年間(後述の例外あり)行使しないとき」とあわせて整理されました(改正民法166条1項1号、2号)。

次に、不法行為による損害賠償請求権については、原則、主観的起算点(知った時から)の3年間に変更はありませんが、不法行為

---

[1] 旧法における時効の「中断」および「停止」は、民法改正により概念が整理され、用語も時効の「完成猶予」と「更新」に改められました。

の時から20年は「除斥期間」ではなく「消滅時効」として整理されるとともに（改正民法724条）、人の生命・身体の侵害は重要な保護法益の侵害であることから、人の生命または身体を害する不法行為に特則が定められ、被害者などが損害および加害者を知った時から「5年間」に延長されました（改正民法724条の2）。なお、これにあわせて債務不履行構成（安全配慮義務違反等）の場合、人の生命または身体の侵害による損害賠償請求権は、客観的起算点（権利を行使できる時）は20年間と長くなっています（改正民法167条）。

以上により、法改正後は、例えば、労災民訴の損害賠償にも影響します。

なお、経過措置として、施行日前にされた法律行為や商行為によって生じた債権の消滅時効は従前の例によるとされています。また、時効の障害事由の整理といった改正もあり、実務上は重要です

〈消滅時効　改正の概要〉

【債権の消滅時効】
- 改正民法166条1項
　①権利を行使することができることを知った時から　5年
　　　　　　　　　　　　　　　　　　　　　……主観的起算点（新設）
　②権利を行使することができる時から　10年（※）　…………客観的起算点

- 改正民法167条（※人の生命・身体の侵害による損害賠償請求権の特則）
　　権利を行使することができる時から　20年　……客観的起算点は長期化

- 民法170条～174条　短期消滅時効　➡　廃止
- 商法522条　商事消滅時効（5年）　➡　廃止

【不法行為による損害賠償請求権の消滅時効】
- 改正民法724条（消滅時効）…期間に変更はない。
　①損害および加害者を知った時から　3年間（※）
　②不法行為の時から　20年（除斥期間ではなく、消滅時効として整理）
- 改正民法724条の2（※人の生命・身体の侵害による損害賠償請求権の特則）
　➡新設
　　損害および加害者を知った時から　5年間　…………主観的起算点は長期化

が本節では説明を省略します。

（ウ）労基法115条等との関係

ここで問題となるのが、労基法115条との関係です。現行民法では前述のとおり、一般債権の消滅時効は10年（民法167条1項）、月またはこれより短い時期によって定めた使用人の給料に係る債権については、1年の短期消滅時効が定められています。一方、労基法115条では、賃金その他の請求権は2年、退職金は5年の消滅時効が定められています。なお、この労基法115条の適用を受ける請求権は、労基法の規定による賃金、災害補償その他の請求権とされており、「その他の請求権」の具体例は**図表1－12**のとおりです。

図表1－12　労基法115条の対象となる請求権

※（　）内の条項は労基法の条文

規　定	時効期間	対象となる請求権
この法律の規定による賃金等（退職手当を除く）の請求権	2年間	金品の返還（23条）（賃金の請求に限る）、賃金の支払（24条）、非常時払（25条）、休業手当（26条）、出来高払制の保障給（27条）、時間外・休日労働に対する割増賃金（37条1項）、有給休暇期間中の賃金（39条7項）、未成年者の賃金請求権（59条）
この法律の規定による災害補償の請求権		療養補償（75条）、休業補償（76条）、障害補償（77条）、遺族補償（79条）、葬祭料（80条）、打切補償（81条）、分割補償（82条）
この法律の規定によるその他の請求権		帰郷旅費（15条3項、64条）、解雇予告手当請求権（20条）、退職時の証明（22条）、金品の返還（23条）（賃金を除く）、年次有給休暇請求権（39条）
この法律の規定による退職手当の請求権	5年間	賃金の支払（24条） ※　労働協約または就業規則によってあらかじめ支給条件が明確にされている場合

出所：第5回賃金等請求権の消滅時効の在り方に関する検討会（平成30（2018）年6月26日）参考資料

労基法115条の趣旨については、労働者保護のためとだけ記載する実務家の書いた文献もありますが、厚生労働省労働基準局編の労働法コンメンタール『労働基準法』では、以下のように記載しています。

当初、労基法115条は、工場法15条の災害扶助の請求権についての2年の短期消滅時効にならって一律2年の時効期間でした。これは、労働者にとっての重要な請求権の消滅時効が1年ではその保護に欠ける点があり、逆に10年となれば使用者に酷にすぎ取引安全に及ぼす影響も少なくないためとされています。その後、退職手当については、高額になるので資金調達等のため支払に時間がかかること、労使間で争いが生じやすいこと、退職手当の権利行使は定期賃金に比べて容易ではないこと等から、昭和63年（1988年）4月より5年に延長され現在に至ります。

　今回の民法改正の影響については、様々な見解が述べられており、労基法115条については少なくとも賃金の「2年」を「5年」に変更、または同条を削除するだろうと予測する論者もいるようです。しかし、本稿執筆担当者は以下に述べるような理由から、動向を慎重に見守る必要があると考えています。

　今般、厚生労働省は、「賃金等請求権の消滅時効の在り方に関する検討会」を設置し、平成29年（2017年）12月26日に第1回会合が開催されましたが、この検討会資料（開催要綱）によると、趣旨・目的として以下のように記載されています。

> 　現行の労働基準法（昭和22年法律第49号）においては、労働者の保護と取引の安全の観点から、この民法に定められている消滅時効の特則として賃金等請求権の消滅時効期間の特例が定められており、今般の民法改正を踏まえてその在り方を検討する必要がある。
> 　このため、「賃金等請求権の消滅時効の在り方に関する検討会」を開催し、法技術的・実務的な論点整理を行う。

　以上のように、「労働者保護」に加え「取引安全」も記載しています。今後は学識経験者の検討会で洗い出し、その後、公労使の労働政策審議会労働条件分科会にて議論を経るというプロセスとなるものと

考えられますので、今後も動向を注視していく必要があります。
　なお、年次有給休暇については、そもそも休暇を実際に取得することが重要なのであって、消滅時効をさらに延長することは労働者のためにも必ずしも望ましいとはいえないこと、取得期間の柔軟化に配慮するのであれば現在も任意に、各企業において、時効消滅した年次有給休暇の積み立てによる独自の休暇制度を設定してワーク・ライフ・バランス等に配慮している例も少なくないことから、賃金の消滅時効とは区別して整理される可能性もあり得ると考えます。

〔2018年10月時点の情報に基づき執筆〕

第1章の参考文献

- 江頭憲治郎著 『株式会社法〔第7版〕』（有斐閣）
- 荒木尚志著 『労働法〔第3版〕』（有斐閣）
- 菅野和夫著 『労働法〔第11版補正版〕』（弘文堂）
- 社会保険労務士法人野中事務所編 『M&Aの人事デューデリジェンス』（中央経済社）
- 梅田亜由美著 『中小企業M&A実務必携 法務編』（きんざい）
- 厚生労働省労働基準局編 『労働基準法（下）』（労務行政研究所）
- 北浜法律事務所編 『民法（債権関係）改正で見直す 士業者のための実は危険な委任契約・顧問契約』（清文社）
- 筒井健夫・村松秀樹編著 『一問一答 民法（債権法）改正』（商事法務）
- 鈴木拓児著 「付加金」判例タイムズ1315号（判例タイムズ社）
- 筒井健夫著 「債権法改正の経緯と概要」ジュリストNo.1511（有斐閣）
- 第137回労働政策審議会労働条件分科会資料No.2－2 「民法改正に伴う消滅時効の見直しについて」
- 第142回労働政策審議会労働条件分科会資料No.4 「賃金等請求権の消滅時効の在り方に関する検討会について」
- 法務省ホームページ 「民法の一部を改正する法律（債権法改正）について」
- 特許庁ホームページ 「知的財産デュー・デリジェンス標準手順書及び解説」

第2章

簿外債務

　本書では、労働に由来する「潜在債務」の調査を労務DDと呼びます。ただし、リスクの顕在化度合に着目し、「潜在債務」を、本来、費用として会計帳簿に記帳されなければならない「簿外債務」と、想定外の出来事が生じることにより発生する「偶発債務」に区別して考えます。前者には法定の割増率を下回った割増率で時間外手当が算出されているために生じる未払賃金、月給を時給換算した場合に最低賃金を下回る賃金、および、社会保険に加入しなければならない社員の加入漏れによる未払社会保険料などが、後者には過去に解雇権の濫用により解雇した者から解雇の無効を主張され、解雇期間中の賃金相当額を支払う（バックペイ）リスクがある場合などが該当します。

　本章では、主な簿外債務の事例をあげ、事例に係る規範・ルール等を定立し、確認する資料・目的をあげ、事例を規範等に当てはめ、そして、労務DD報告書例としてまとめています。

I　時間単価の算出・除外賃金・割増率の調査①（月給者）

1　事　例

　ターゲット会社である飲食業Ａ社の所定労働時間は１日８時間、１週40時間です。休日は土曜日、日曜日、国民の祝日、夏季休業日、年末年始休暇（年所定労働日数：365日－123日＝242日、１カ月の平均所定労働時間数：242日×８時間÷12カ月＝161時間）でした。１日の所定労働時間の８時間を超過した場合、月給制の全従業員の時間外労働単価を一律1,100円とし、超過時間数をかけて、残業手当として支給していました。

　時間外労働単価＝1,100円×超過時間数

　12月に30時間残業した赤坂氏（基本給28万円、家族手当３万円、通勤手当1.2万円）には、33,000円（1,100円×30時間）を残業手当として支給していました。他の月も12月と同様に30時間残業していました。

2　規範・ルール等の定立

　割増賃金単価を算出するにあたり、(1)月給者に対する時間単価の算出方法、(2)割増賃金の計算基礎に算入しない賃金、(3)割増率について、３つの規範・ルールに留意する必要があります。

(1) 月給者に対する時間単価の算出方法

　月給者の時間単価の算出で重要なファクターは「月における所定労働時間数」または「１カ月の平均所定労働時間数」を正確に算出することです。「１カ月の平均所定労働時間数」については、「年間所定労働時間数」を求め、労基則19条１項４号に沿った方法で算出することで、未払賃金発生要因の回避が可能となります。ここは最初に押さえ

ておく必要があります。月給者に対する時間単価は、基本給その他手当（法定の除外賃金を除く）の合計額を「月における所定労働時間数」で除して次のとおり算出します。

【毎月の所定労働時間数が同じ場合】

> 時間単価＝基本給その他手当（基本給＋法定の除外賃金を除くその他手当）÷月における所定労働時間数

一方、月によって所定労働時間が異なる場合には1年間の総所定労働時間を12カ月で除して「1カ月の平均所定労働時間数」を算出します。計算式は年間所定労働日数が決まっている場合、決まっていない場合があり、それぞれ次のとおりです。

【年間の所定労働時間数が決まっている場合】

> 1カ月の平均所定労働時間数＝年間所定労働日数×1日の所定労働時間÷12カ月
> 時間単価＝基本給その他手当（基本給＋法定の除外賃金を除くその他手当）÷1カ月の平均所定労働時間数

【年間の所定労働時間数が決まっていない場合】

> 1カ月の平均所定労働時間数＝（365－年間所定休日数）×1日の所定労働時間÷12カ月
> 時間単価＝基本給その他手当（基本給＋法定の除外賃金を除くその他手当）÷1カ月の平均所定労働時間数

1カ月の平均所定労働時間数を計算する際、「起算日」には法的規制はありません。各企業において年度、暦年等を選択することができます。年によって祝祭日が重なる場合や、年末年始休暇、創立記念日

が土曜日、日曜日となり、年間所定労働日数は変動します。したがって毎年「起算日」に基づき、時間単価を計算する必要があります。

　最初に述べたとおり、月給者の割増賃金単価の算出で重要なファクターは「月における所定労働時間数」または「1カ月の平均所定労働時間数」を正確に算出することです。事例におけるターゲット会社のケースでも就業規則から「休日」および「所定労働時間」を判別することは不可欠です。「休日」とは、「労働者が労働契約において労働義務を負わない日」です。一方「休暇」とは、「労働日（労働義務のある日のこと）についてその就労義務の免除を受けた日」です。「1カ月の平均所定労働時間数」の算出の誤りは、これらの「休日」と「休暇」の混同から発生することが少なくありません。ゆえにヒアリングのうえ、就業規則を確認する必要があります。

■休日の規定例

（会社の休日）
第○○条　会社の休日は次のとおりとする。
　(1)　日曜日
　(2)　土曜日
　(3)　国民の祝日に関する法律に定める日
　(4)　夏季休暇（日数および時季は毎年会社が定める。）
　(5)　年末年始休暇（12月29日から翌年1月4日まで）
　(6)　その他会社が指定する日
2　法定休日は日曜日とする。

（労働時間および休日）
第○○条　労働時間は、1週間については40時間、1日については8時間とする。
2　始業、終業の時刻および休憩時間は次のとおりとする。
　始業時刻　　　9時00分

第2章　簿外債務

I　時間単価の算出・除外賃金・割増率の調査①

終業時刻　　　18時00分
休憩時間　　　12時から13時まで

図表2－I－1　起算日を毎年「1月1日」にしている場合の年間休日

20XX年　　　　　　　　　　　　　　　　　　　　　　　　　株式会社□□□□

【起算日】毎年1月1日
【年間労働日数】242日
【年間休日数】123日

【1日の所定労働時間】 8時間
【1カ月の平均所定労働時間数】161.33時間（161時間20分）
※（365日－123日）×8時間÷12カ月＝161.333…、この端数については賃金の端数とは異なります。切り捨てても、少数第2位までなどとしても問題はありません。

> 例）280,000円（基本給）÷161.33（時間）＝1,735.57円
> （50銭未満端数切捨て、50銭以上端数切上げ） 1時間あたりの賃金1,736円

以上の方法で月給者の割増賃金単価を算出する必要があります。「年間所定労働時間数」を確認し、1カ月の平均所定労働時間数を労基則19条1項4号に沿って算出することで、未払賃金の発生を抑制し、簿外債務の計上を回避できます。

（2）割増賃金の計算基礎に算入しない賃金

割増賃金の計算基礎に算入しない賃金、算入する賃金の判別で重要なファクターは「名称」ではなく「実態」に則して判断することです。

割増賃金の計算に際しては「通常の労働時間又は労働日の賃金」（労基法37条1項）が基礎となります。この「通常の労働時間等の賃金」から除外できる手当は次の7つです（同法37条5項、労基則21条）。

① 家族手当
② 通勤手当
③ 別居手当
④ 子女教育手当
⑤ 住宅手当
⑥ 臨時に支払われた賃金

⑦　1カ月を超える期間ごとに支払われる賃金

　これに関連して、「実質的に割増賃金に充当する趣旨の手当」（固定残業手当等）があります。
　このような手当を割増賃金の計算基礎に算入した場合、「時間外勤務に対して重複した手当」が支給されることになります。有効な固定残業手当等は割増賃金の弁済効果を持つため、基礎賃金には含まれないと考えます。
　①～⑤の手当が除外扱いとなる理由は「労働に関係ない個人的事情に基づいて支払われることで計算の基礎に入れると割増賃金の額に不均衡が生じる」ためであり、⑥⑦の手当は「通常の労働日・労働時間の賃金に該当せず算定技術が困難」であるため除外されています。
　これら7つの手当は限定列挙、つまり原則として拡大解釈は認められないものと解されています。以下、個別に見ていきます。

①　家族手当

　割増賃金の基礎から除外できる家族手当とは、「扶養家族のある者に対しその家族数を基礎として算定されている手当」です。ここで気を付けておきたいのは、「税法上の扶養家族に限定されない」ということです。また、家族数に応じて支給される手当ならば名称は関係ありません。例えば、「扶養手当」「補助手当」等の呼称でも、実質、扶養家族数を基礎とする手当であれば家族手当に該当します。
　しかし、扶養家族数に関係なく一律支給の場合、基本給に応じて額が決まっている場合などは、ここでいう家族手当には該当しないため、割増賃金の算定基礎に算入する必要があります。さらに、家族手当が「本人分〇〇〇〇円」「扶養家族1人〇〇〇〇円」という形で支給されている場合、本人に対して支給されている部分は、割増賃金の算定基礎に算入する必要があります（昭和22年12月26日基発572号）。

② 通勤手当

　割増賃金の基礎から除外できる通勤手当とは、「通勤距離または通勤に要する実際費用に応じて支給される手当」です。通勤に要した費用や通勤距離に関係なく一律に支給される場合、その部分を割増賃金の算定基礎に算入する必要があります。例えば、実際の通勤距離にかかわらず1日500円を支給する場合などがこれに該当します。

③ 別居手当

　割増賃金の基礎から除外できる別居手当とは、「転勤命令で通勤・勤務の都合で同一世帯の扶養家族と別居を余議なくされた者に対し、世帯が二分されることにより生活費の増加を補うために支給される手当」です。具体的には、単身赴任の場合などがあげられます。手当の名称が単身赴任手当で支給されていても、実態が別居手当と同一のものであれば割増賃金の計算の基礎に算入する必要はありません。しかし、夫婦、家族関係の悪化により別居した場合に支給される手当は、名称が別居手当であっても、割増賃金の算定基礎に算入する必要があります。

④ 子女教育手当

　割増賃金の基礎から除外できる子女教育手当とは、「高騰する教育費への支援という意図から、通学する学校の種類（専門学校や6年制大学などの取扱い）や子どもの人数に応じて算定される一定期間の重点的な手当」です。当該手当も労働には関係なく、個人的な理由によって支給額が決定されます。したがって、就学する子どもの人数に関係なく、一律に支給する手当の名称が子女教育手当である場合は、割増賃金の算定基礎に算入する必要があります。

⑤　住宅手当

　割増賃金の基礎から除外できる住宅手当とは、「実質的に住宅に要する費用に応じて支給されている手当」であることが必要です。住宅に要する費用とは、持家の場合は「居住に必要な住宅の購入・管理等のために必要な費用」、賃貸住宅の場合は「居住に必要な住宅の賃貸のために必要な費用」です。「費用に応じた」算定とは、費用に定率を乗じたり、費用を段階的に区分し、これに応じたりして額を定めることをいいます。したがって「住宅に要する費用」以外の費用に応じて算定される手当、一律に支給する手当の名称が住宅手当である場合には、割増賃金の算定基礎に算入する必要があります。

⑥　臨時に支払われた賃金

　割増賃金の基礎から除外できる臨時に支払われた賃金とは、「臨時的、突発的事由にもとづいて支払われたもの、および結婚手当等支給条件は予め確定されているが、支給事由の発生が不確定であり、かつ非常に稀に発生するもの」(昭和22年9月13日発基17号。具体的には、私傷病手当)(昭和26年12月27日基収3857号)、加療見舞金(昭和27年5月10日基収6054号)、退職金(昭和22年9月13日発基17号)等です。例えば、慶弔見舞金規程などの諸規程で支給条件があらかじめ確定されている手当が該当します。

⑦　1カ月を超える期間ごとに支払われる賃金

　割増賃金の基礎から除外できる1カ月を超える期間ごとに支払われる賃金とは、「賞与、その他1カ月を超える期間の出勤成績によって支給される精勤手当、同期間の継続勤務に対して支給される勤続手当、同期間にわたる事由によって算定される奨励加給または能率手当等」です。ただし，賞与であっても、あらかじめ支給額が確定しているような場合には、「1箇月を超える期間ごとに支払われる賃金」に

は該当しないとされています（昭和22年9月13日発基第17号、平成12年3月8日基収第78号）。

　割増賃金の基礎となる賃金に算入しなければならないものが、算入されなかった場合、不当に時間単価が低く算出されます。したがって、未払賃金が生じ、簿外債務を計上することになります。

（3）割増率

　割増率は法定超の時間外労働25％以上、法定休日労働35％以上、深夜労働25％以上の割増率で計算することが義務付けられています。法定超の時間外労働については25％以上ですが、1カ月の時間外労働が60時間を超えた場合は、その超えた時間に対して50％以上となります（中小企業は2023年3月31日まで猶予措置あり）。なお法定超の時間外労働が深夜の時間帯（午後10時から午前5時まで）に及び深夜労働と重複する場合は、法定超の時間外分と深夜分の合計50％以上の割増が必要です。同様に、休日労働が深夜に及んだ場合は、合計60％以上の割増が必要です。

　ただし、法定休日労働については時間外労働の概念がありません。ゆえに法定休日労働が8時間を超えることがあっても割増は（午後10時から午前5時までの時間帯は除く）法定休日労働としての割増のみで35％以上で計算することになります（平成11年3月31日基発168号）。

割増賃金の対象	割増率
法定時間外労働（45時間まで）	25％以上
法定時間外労働（45時間超60時間まで）	25％を超える率（努力義務）
法定時間外労働（60時間超）	50％以上（中小企業を除く）
法定休日労働	35％以上
深夜労働（午後10時から午前5時まで）	25％以上
法定時間外労働＋深夜労働	50％以上（中小企業を除き、法定時間外労働が1カ月60時間を超えた場合は75％以上）
法定休日労働＋深夜労働	60％以上

なお、1カ月の時間外労働が60時間を超えた場合の算定には、法定休日に行った労働時間は含めません。したがって割増賃金の計算を簡便にする観点から、法定休日と所定休日を就業規則などで確認する必要があります。

図表2-Ⅰ-2　割増率を検証するための具体例

○ある月のカレンダー

日	月	火	水	木	金	土
1	2 5時間	3 5時間	4	5 5時間	6 5時間	7
8 5時間	9	10 5時間	11 5時間	12	13 5時間	14 5時間
15	16	17	18 5時間	19	20	21
22 5時間	23	24	25	26 5時間	27 5時間	28
29	30 5時間	31 5時間				

カレンダーの数字は「時間外労働時間数」です。

○法定超の時間外労働の起算日、割増率などの具体例

1カ月の起算日	毎月1日
休　日	土曜日、日曜日
法定休日	日曜日
法定超の時間外労働割増率	45時間以下は25% 45時間超～60時間以下は30% 60時間超は50%

○カレンダー検証した結果の割増賃金率

法定超の時間外労働時間数	法定超の時間外労働が行われた日	割増率
法定超の時間外労働：45時間以下	2・3・5・6・10・11・13・14・18日	25%
法定超の時間外労働：45時間超〜60時間以下	26・27・30日	30%
法定超の時間外労働：60時間超	31日	50%
法定休日労働	8・22日	35%

※法定超の時間外労働が45時間を超え60時間までの時間につき25％を超える率を定めることは努力義務とされています。また、1カ月の時間外労働が60時間を超えた場合の50％以上の割増率については、中小企業では2023年3月31日まで猶予されています。

（4）代替休暇制度

　労働者の健康を確保する観点から、残業代の一部を支払うかわりに休暇を与える「代替休暇制度」があります（中小企業は当面猶予とされ適用されない）。導入するためには労使協定を締結しなければなりませんが、労働基準監督署への届出の必要はありません。労使協定では、①代替休暇の時間数の具体的な算定方法、②代替休暇の単位、③代替休暇を与えることができる期間、④代替休暇の取得日および割増賃金の支払日の4つを定める必要があります。

　労使協定で定める事項および具体例は、以下のとおりです（労基則19条の2第1項）。

① 代替休暇の時間数の具体的な算定方法

　代替休暇の時間数＝（1カ月の時間外労働時間数－60時間）×換算率です。
　換算率＝代替休暇を取得しなかった場合に支払う割増賃金率（5割以上）－労働者が代替休暇を取得した場合に支払う割増賃金率

（2割5分以上）
【具体例】
1カ月の時間外労働時間数が72時間の場合で、代替休暇を取得しなかった場合に支払う割増賃金率を5割、代替休暇を取得した場合に支払う割増賃金率を2割5分とした場合に、代替休暇として与えることのできる時間数は、（72時間－60時間）×0.25＝3時間となります。

② 代替休暇の単位

代替休暇の単位は、「1日」または「半日」です。労使協定ではその一方または両方を代替休暇の単位として定める必要があります。
【具体例】
1カ月の法定超の時間外労働時間数が72時間の場合、計算上（72時間－60時間）×0.25＝3時間の代替休暇となります。代替休暇は1日または半日単位のため3時間での取得はできません。しかし1時間単位での年次有給休暇付与を設けている場合、合算し4時間（半日）の休暇を取ることが可能です。

③ 代替休暇を与えることができる期間

代替休暇の付与は、「時間外労働が1カ月について60時間を超えた当該1カ月の末日の翌日から2カ月以内とする」としています（労基則19条の2第1項3号）。
【具体例】
1日の所定労働時間が8時間で、3月に80時間、4月に72時間の時間外労働を行った場合、それぞれの代替休暇は計算上、（80時

> 間−60時間）×0.25＝5時間、（72時間−60時間）×0.25＝3時間となります。この代替休暇を合算し、5時間＋3時間＝8時間（1日）の代替休暇を5月に取得することが可能です。

④ 代替休暇の取得日および割増賃金の支払日

> 代替休暇は、賃金の支払額を早期に確定させる観点から、労使協定で下記のような事項を定めることが考えられます（平成21年5月29日基発29001号）。
> （ア）代替休暇の取得日の決定方法（意向確認の手続き）
>   例えば、月末から5日以内に労働者に代替休暇を取得するか否かを確認されるものとすること。代替休暇を取得するかどうかは労働者の判断のため、代替休暇を与える日は意向を踏まえたものとなること。
> （イ）1カ月60時間を超える時間外労働に係る割増賃金の支払日
>   代替休暇を取得した場合は、その分の割増賃金の支払いが不要となることから、労使協定で具体的な支払方法を定めておくこと。

なお、労使協定は当該事業場での代替休暇の取得を可能にするものです。労働者に取得を義務付けるものではありません。代替休暇を取得するか否かは、労働者の意思で決定されます。また、代替休暇に関する事項は労基法89条1号の「休暇」に関する絶対記載事項です。よって当該ターゲット会社が代替休暇制度を採用している場合には、就業規則に記載の有無を確認する必要があります。

代替休暇の取得意向の労働者が取得しなかった場合、その時間の労働は本来の割増賃金の支払いが必要となります。代替休暇を取得しないにもかかわらず、60時間を超えた労働に対して50％以上の割増率で

計算しなかった場合、低い割増率で算出した額との差額が未払賃金となり簿外債務となります。

中小企業主であるか否かは「資本金の額または出資の総額」または「常時使用する労働者数」で判断され、どちらか一方に該当すれば中小企業主として取り扱います。また単位は「事業場」ではなく「企業」の単位です。

図表 2 − I − 3　中小企業主の範囲

業　種	資本金の額または出資の総額		常時使用する労働者数
小売業	5,000万円以下	または	50人以下
サービス業	5,000万円以下	または	100人以下
卸売業	1億円以下	または	100人以下
上記以外	3億円以下	または	300人以下

なお「業種」の分類は「日本標準産業分類」（平成3年総務省告示第175号）に基づくものです。1つの事業主が複数の業種に該当する事業活動を行っている場合には、その主要な事業活動によって判断されます。主要な事業活動とは「過去1年間の収入額・販売額、労働者数・設備の多寡等の実態」で判断されます。

「常時使用する労働者数」は、事業主の通常の状況により判断します。臨時的に雇い入れた場合や、臨時的に欠員を生じた場合については、労働者の数に変動が生じたものとして取り扱う必要はありませんが、パート・アルバイトでも継続的に雇い入れられた場合は、常時使用する労働者数に算入する必要があります。出向労働者や派遣労働者の労働者数の算定は、労働契約関係のある労使間に算入します。在籍出向者の場合は出向元・出向先双方の労働者数に算入され、移籍出向者の場合は出向先のみの労働者数に算入されます。派遣労働者の場合は、労働契約関係は派遣元との間にあることから派遣元の労働者数に算入します。

3 確認する資料および目的

調査を実施するための資料および目的については、**図表2－Ⅰ－4**のとおりです。

図表2－Ⅰ－4　調査資料と目的

	資料の名称	目的
☐	就業規則	「所定労働時間・休日」 1カ月の所定労働時数を把握する。また就業規則と実態に乖離がないか人事労務担当者からヒアリングをしておくこと。
☐	賃金規程	「割増率の確認・賃金の算出方法・各種手当の規定」 就業規則の1カ月の所定労働時間数との整合性、法定割増率（60時間の取扱い）、割増賃金の算定基礎に算入しない手当の内容を確認。

手当	内容
家　族	実質、扶養家族数を基礎としての支給か。 家族に人数が比例するか。本人を含んでいないか。
通　勤	一律に支給されていないか。自宅までの距離は適切か。
別居（単身赴任）	世帯が二分されているか。 夫婦、家族関係悪化での別居ではないか。
子女教育	子どもの人数、支給期間は適切か。
住　宅	家賃、住宅ローン等に比例しての支給か。
臨時に支払われる賃金	発生が不確定で、かつ非常に稀なものか。
1カ月を超える期間ごと	精皆勤手当の脱法的な運用はないか。

☐	タイムカード・ICカードなどの始業・終業時刻を客観的な記録として残しているもの	「賃金台帳にある労働時間の把握」 賃金台帳とタイムカードの労働時間の突合作業。
☐	HPや帝国データバンク企業情報	「資本金」 中小企業か否か

4 当てはめ

　以上の点を踏まえ、冒頭の事例に当てはめると、A社の簿外債務は以下のように算出されます。

① 　賃金請求の消滅時効は2年（24カ月）です（労基法115条）。

② 　1カ月平均所定労働時間数＝（365日－123日）×8時間÷12カ月
　　＝161時間（1未満の端数は切捨て）

③ 　正：時間外労働手当＝時間単価×1.25×超過時間数
　　　　　　時間単価＝基本給÷161時間
　　誤：時間外労働手当＝1,100円×超過時間数
　　　　　　33,000円＝1,100円×30時間

④ 　12月の赤坂氏の残業手当を計算すると次のとおりです。
　　280,000円÷161時間＝1,739.1円（50銭未満切捨て、50銭以上切上げ）
　　時間外労働単価＝1,739円×1.25＝2,173.7円（50銭未満切捨て、50銭以上切上げ）
　　残業手当＝2,174円×30時間＝65,220円
　　65,220円－33,000円（既に支払われた残業代）＝32,220円
　　簿外債務：32,220円×24カ月（賃金請求消滅時効）＝773,280円

5 報告書作成例

年　月　日

労務デューデリジェンス報告書

株式会社□□□□　御中

　　　　　　○○社会保険労務士事務所
　　　　　　　調査担当社会保険労務士　○○○○
　　　　　　　調査担当社会保険労務士　○○○○

　株式会社Ａ社の労務デューデリジェンス業務が完了いたしましたので、…ください。

※ P.47の例参照。

1．潜在債務

　　　　　　　　　　　773,280円

　【内訳】
　　　　簿外債務　　　773,280円
　　　　偶発債務　　　調査対象外

簿外債務内訳

No.	調　査　項　目	簿外債務額
1	未払賃金	773,280円

2．基準日
　　　　　○○年3月31日

3．結果要約

No.	調査項目	違反事項・根拠条文等	調査資料等
1	未払賃金	時間外労働割増賃金の未払い。労働基準法施行規則19条1項4号、労働基準法37条5項および労働基準法施行規則21条、労働基準法115条	就業規則、賃金規程、タイムカード、御社HP

4．調査結果の根拠

　使用者と労働者は労働契約や就業規則に拘束されますが、この当事者間の合意の有無・内容にかかわらず、原則として労働法および判例法理により規律・修正されます。

　例えば、労働基準法13条ではこの法律で定める基準に達しない労働条件を定める労働契約は、その部分については無効とするとされています。無効となった部分は「この法律で定める基準による」と定め、労働契約や就業規則が労働基準法を下回る労働条件で締結または規定されていた場合、これを強行的に修正する効力があります。

(1) 簿外債務
① 賃金未払い

　労働基準法32条では「1週間については40時間を超えて、1日については8時間を超えて」労働させることを禁止しています。この法定労働時間を超過する場合、同法37条で「1日8時間または1週40時間を超えて、労働時間を延長し、

又は1週1日または4週4日の法定休日に労働させた場合においては、その時間又はその日の労働については、通常の労働時間又は労働日の賃金の計算額の2割5分以上5割以下の範囲内でそれぞれ政令で定める率以上の率で計算した割増賃金を支払うこと」、さらに、中小企業を除き、「1ヵ月につき60時間を超えた場合においては、その超えた時間の労働については、通常の労働時間の賃金の計算額の5割以上の率で計算した割増賃金の支払い」を義務付けています。

この割増賃金の計算方法について、月給者に対しては労働基準法施行規則19条1項4号で「月によって定められた賃金については、その金額を月における所定労働時間数（月によって所定労働時間数が異なる場合には、1年間における1カ月平均所定労働時間数）で除した金額」に割増率を乗じて算出することになります。

なお、この賃金には、労働基準法37条5項で「①家族手当、②通勤手当および、その他厚生労働省令で定める賃金」は算入しないとあり、その他厚生労働省令で定める賃金とは、労働基準法施行規則21条にある「③別居手当、④子女教育手当、⑤住宅手当、⑥臨時に支払われた賃金、⑦1カ月を超える期間ごとに支払われる賃金」と限定列挙されています。

ただし、例外としてこれら限定列挙された手当以外にも、所定労働時間外に対して支払われる宿直手当などの賃金は、「通常の労働時間または労働日の賃金」とはいえないため、割増賃金の基礎に入れる必要はないとされています。

A社では、A社就業規則によると年間の所定労働日数を定めておらず、月によって所定労働時間が異なり、また、月給制を採用しているため、労働基準法施行規則19条1項第4

号、労働基準法37条5項および労働基準法施行規則21条に基づき、割増賃金を計算することになります。

　まず、A社の1カ月平均所定労働時間数は、年間暦日数から年間所定休日数を控除し、これに1日の所定労働時間を乗じたものを12カ月で除して求めることになるため、下記の計算式より161時間となります。

　161時間＝（365日―123日）×8時間÷12カ月

　次に、基本給に諸手当（労働基準法37条5項および労働基準法施行規則21条を除く）を加算し、これを1カ月の平均所定労働時間数で除した額に割増率を乗じたものが割増賃金の1時間当たりの単価になります。

　時間外労働単価＝（基本給　＋　諸手当）÷161時間×1.25

　赤坂氏の時間外労働単価は、基本給に諸手当を加算したものを1カ月平均所定労働時間数で除して算出できますが、家族手当、通勤手当は割増賃金の計算基礎には算入しないため、基本給を1カ月平均所定労働時間数で除し、割増率を乗じた2,174円が太郎氏の時間外労働単価となります。

　2,174円＝280,000円÷161時間×1.25

　調査月の12月には赤坂氏は30時間の法定時間外労働が認められるため、残業手当は65,220円（2,174円×30時間）となります。しかし、対象会社における賃金規程○条の残業

手当には、「1,100円に超過時間数を乗じた額を支給する」とあり、赤坂氏の12月の残業手当は、この規定により、1,100円に30時間の超過時間数を乗じた33,000円が支給されていました。したがって、本来支給されるべき残業手当65,220円から実際に支払われた残業手当33,000円の差額32,220円に、労働基準法115条の賃金請求消滅時効の2年（24カ月）を乗じた773,280円が簿外債務として認められます。

以上

Ⅱ 時間単価の算出・除外賃金・割増率の調査②（日給者・時給者）

1 事 例

　ターゲット会社の警備業Ｂ社には、月給者の正社員以外に、日給・時給の契約社員が在籍しています。Ｂ社では、日給の契約社員を契約社員ⓐ、時給の契約社員を契約社員ⓑと規定しています。それぞれの残業手当は、以下のルールで算出していました。

① 契約社員ⓐ：日給者
　日給÷１日の所定労働時間×割増率＝残業手当を算出するための時給
② 契約社員ⓑ：時給者
　時給×割増率＝残業手当を算出するための時給

　また残業手当は、各日の実労働時間が８時間を超えた時間を支給対象としています。（所定労働時間が８時間以下の場合は、割増率を乗算せずに残業手当を支給）

　その他、Ｂ社の割増賃金算出の要件は次のとおりです。
・１ヵ月単位の変形労働時間制（就業規則に規定）
・１ヵ月平均所定労働時間数は、160時間（フルタイム勤務の場合）
　（365日－所定休日）× ８時間÷12カ月＝160時間（小数点以下の端数は切捨て）
・契約社員の所定労働時間は、１日８時間
・契約社員ⓐで各拠点のリーダーには、リーダー手当（月額5,000円）を支給
・契約社員ⓐ、ⓑ共に、シフト変更などがなく皆勤した人に対して、精皆勤手当（月額5,000円）を支給

直近（12月）の給与と同様に過去2年間^(※)は次のとおり支給していました。

●契約社員ⓐ　池袋　一郎　日給8,000円、リーダー手当5,000円、精皆勤手当5,000円

　所定労働時間　1日8時間　月の労働日数　20日

　月の実労働時間合計　165時間

　所定労働時間を超えた残業　月間5時間

　所定労働時間内の22時以降の勤務　月間5時間

→8,000円（日給）×20日＋1,250円（残業割増単価）×5時間＋250円（深夜割増単価）×5時間＋5,000円（リーダー手当）＋5,000円（精皆勤手当）＝177,500円

●契約社員ⓑ　上野　二郎　時給　1,100円、リーダー手当なし、精皆勤手当5,000円

　所定労働時間　1日8時間　月の実労働時間合計　163時間

　（所定労働時間内の22時以降の勤務　1時間を含む）

　所定労働時間を超えた時間　3時間（8時間を超えた時間）

→1,100円（時給）×160時間＋1,375円（残業割増単価）×3時間＋5,000円（皆勤手当）＝185,125円

※過去2年間の勤務実績が12月と必ずしも同一でない場合もありますが、ここでは勤務実績が同一であるとの仮定のもとに算出します。

2　規範・ルール等の定立

　日給・時給の場合の割増賃金を算出するにあたり、(1)割増賃金単価の算出方法、(2)割増賃金単価の計算基礎に算入する・しない賃金、(3)割増賃金の対象となる時間と割増率について、3つの規範・ルールがあります。

（1）割増賃金単価の算出方法

　日給者の割増賃金単価の算出方法は、「日の所定労働時間」から算出します。

　割増賃金単価＝日給÷1日の所定労働時間×割増率

　（1日の所定労働時間数が同じ場合は1日の所定労働時間とし、日によって所定労働時間数が異なる場合は1週間における1日の所定労働時間数で算出（労基則19条））

　しかし、その日給対象者に対して、日給だけではなく月単位の手当を支給している場合は、次の算出方法となります。（1日の所定労働時間数が同じ場合）

　割増賃金単価＝｛(日給÷1日の所定労働時間)＋(各手当÷1カ月の平均所定労働時間数)｝×割増率

　日給者の場合は特に、所定労働時間が月により異なる場合が多く発注します。したがって月単位の手当を支給している場合の算出時にはその月の所定労働時間で算出するのでなく、1カ月の平均所定労働時間を用いる点に注意が必要です。

　日給者の場合は、就業規則に定められている所定労働時間、所定休日とは異なる条件を個別契約しているケースもあります。したがって、就業規則だけではなく、個別の労働契約も確認したうえ、1年間の総所定労働時間を算出する必要があります。

　1カ月の平均所定労働時間数の算出方法については前述P.87を参照してください。

　時給者の割増賃金単価は、時給をそのまま使用し、時給に対して割増率を乗算することで算出します。

　しかし、時給対象者に対して、時給で算出する賃金だけではなく月単位の手当を支給している場合は、次の算出方法となります。

割増賃金単価＝｛時給＋（各手当÷1カ月の平均所定労働時間数）｝×割増率

（2）割増賃金の計算基礎に算入する・しない賃金

　割増賃金の計算に際して「通常の労働時間又は労働日の賃金」（労基法37条1項）を基礎としますので、この「通常の労働時間等の賃金」に算入しなくてよい賃金は限定されていて、それ以外はすべて含めなければなりません（同法37条4項）。（割増賃金の計算基礎に算入しない賃金は、家族手当、通勤手当、別居手当、子女教育手当、住宅手当、臨時に支払われた賃金、1カ月を超える期間ごとに支払われる賃金に限定されています。）

　ここで注意すべき点は、日給者や時給者についても割増賃金の計算の考え方は同様なのですが、日給者が時給者に対して月額単位で支給する手当がある場合にそれらを算入し忘れてしまうことが多いことです。月給者と同様の支給要件となっている役割に応じた手当や精皆勤手当などに特に注意が必要です。

　割増賃金の基礎となる賃金に算入しなければならないものが、算入されなかった場合は、割増賃金単価が低く算出されますので、その結果、未払賃金が生じ、簿外債務を計上することになります。

（3）割増率

　割増率は法定超時間外労働25％以上、法定休日労働35％以上、深夜労働25％以上の割増率で計算することを義務付けています。

　日給者および時給者の場合でも、月給者と同様に1日8時間を超えた労働時間から割増賃金が必要となります。また、週40時間を超えた時間からも割増手当が必要となりますので、日単位だけで判断せず、週単位、月単位での総労働時間も把握したうえで、時間外割増手当がいつから必要となるのかを判断することになります。

【例1：1日8時間、週40時間の場合】

　　日曜日：所定労働日　→　実労働時間8時間

　　月曜日：所定労働日　→　実労働時間9時間（時間外1時間）

　　火曜日：所定労働日　→　実労働時間8時間

　　水曜日：所定労働日　→　実労働時間8時間

　　木曜日：所定労働日　→　実労働時間8時間

　　金曜日：所定労働日　→　実労働時間8時間（＝週40時間超のため
　　　　　　　　　　　　　　時間外8時間）

　　土曜日：休日

　日給者や時給者の場合、法定休日は確保されていたとしても、週40時間超となる勤務が認識されていないケースがあります。つまり、結果的に法定労働時間を超えた労働日をシフトに入れてしまうということです。その場合は、週の法定労働時間を超えた時間からすべて割増賃金の支給の対象となります。

【例2：1カ月単位の変形労働時間制の場合】

　第1週は例1と同じ実労働時間であっても、以下のように第2週目に休日が多くなるシフトであれば、平均週40時間以内となるため、第1週目の金曜日の実労働時間の割増賃金は不要となります。

　　日曜日①：所定労働日　→　実労働時間8時間

　　月曜日①：所定労働日　→　実労働時間9時間（時間外1時間）

　　火曜日①：所定労働日　→　実労働時間8時間

　　水曜日①：所定労働日　→　実労働時間8時間

　　木曜日①：所定労働日　→　実労働時間8時間

　　金曜日①：所定労働日　→　実労働時間8時間

　　土曜日①：休日

　　日曜日②：所定労働日　→　実労働時間8時間

　　月曜日②：所定労働日　→　実労働時間8時間

火曜日②：所定労働日　→　実労働時間8時間
水曜日②：所定労働日　→　実労働時間8時間
木曜日②：休日
金曜日②：休日
土曜日②：休日

図表2-Ⅱ-1　1カ月単位の時間外労働の起算日、割増率など

1カ月の起算日	毎月1日
休　日	土曜日、日曜日（週平均2日）
法定休日	土曜日
法定超の時間外労働割増率	45時間以下は25% 45時間超～60時間以下は30% 60時間超は50%

※1カ月の時間外労働が60時間を超えた場合の50%以上の割増率については、中小企業は当面猶予されています（労基法改正により2023年4月1日から猶予措置が撤廃される）。

3　確認する資料および目的

調査を実施するための資料および目的については、**図表2-Ⅱ-2**のとおりです。

図表2-Ⅱ-2　調査資料と目的

	資料の名称	目　的
☐	就業規則	「所定労働時間・休日」 変形労働時間制を採用しているのか否か等を確認する。また、1カ月の所定労働時間を把握する。勤務シフトの作成方法や日々の労働時間管理方法についても人事労務担当者から実態を確認する。
☐	労働契約書	個別の労働契約の内容を確認。
☐	賃金規程	「割増率の確認・賃金の算出方法・各種手当の規定」 就業規則の1カ月の所定労働時間数との整合性、法定割増率（60時間の取扱い）、割増賃金の算定基礎

	資料の名称	目　的
□	勤務シフト	に算入しない手当の内容を確認。

項　目	内　容
労働時間管理	1日8時間、週40時間で管理しているのか。 1カ月単位の変形労働時間制で管理しているのか、 その他の労働時間管理を採用しているのか。
勤務シフト	シフト作成時に、法定労働時間を超えたシフトが組まれていないか（法定労働時間を把握できるようにする）。
役職手当	支給対象者に日給、時給者も含まれているか。
精皆勤手当	支給対象者に日給、時給者も含まれているか。

□	タイムカード・ICカードなどの始業・終業時刻を客観的な記録として残しているもの	「賃金台帳にある労働時間の把握」 賃金台帳とタイムカードの労働時間に乖離がないかどうかの確認。 「法定労働時間を超えた労働時間の把握」 労働時間管理方法に応じて、法定労働時間を超えた労働時間の長さを確認。
□	HPや帝国データバンク企業情報	「資本金」 中小企業かどうかの確認。

4　当てはめ

　以上の点を踏まえ、冒頭の事例を当てはめると、B社の簿外債務は以下のように算出されます。

　割増単価を算出するにあたり、リーダー手当および精皆勤手当を含めなければなりません。

① 契約社員ⓐの池袋氏の割増賃金

　誤：8,000÷8×1.25＝1,250円

　正：｛(8,000÷8)＋(5,000＋5,000)÷160｝×1.25＝1,328.1円

　→1,328円（50銭未満切捨て、50銭以上切上げ）

② 契約社員ⓑの上野氏の割増賃金

　誤：1,100×1.25＝1,375円

　正：(1,100＋5,000÷160)×1.25＝1,414.0円

　→1,414円（50銭未満切捨て、50銭以上切上げ）

④ 契約社員ⓐの池袋氏の給与計算

　誤：8,000円（日給）×20日＋1,250円（残業割増単価）×5時間
　　＋250円（深夜割増単価）×5時間＋5,000円（リーダー手当）
　　＋5,000円（皆勤手当）＝177,500円

　正：時間外割増賃金単価　1,328円　　深夜労働割増賃金単価
　　266円

　　8,000×20＋1,328×5＋266×5＋5,000＋5,000＝177,970円

　　177,970円－177,500＝470円

　　470円×24カ月＝11,280円（簿外債務）

⑤ 契約社員ⓑの上野氏の給与計算

　誤：1,100円（時給）×160時間＋1,375円（残業割増単価）×3時
　　間＝180,125円

　正：時間外割増賃金単価　1,414円　　深夜労働割増賃金単価
　　283円

　　1,100×160＋1,414×3＋283×1＋5,000＝185,525円

　　185,525円－180,125円＝5,400円

　　5,400円×24カ月＝129,600円（簿外債務）

⑥ 合　計

　　11,280円 + 129,600円 = 140,880円

5　報告書作成例

```
                                          年　月　日

               労務デューデリジェンス報告書

株式会社□□□□　御中
              ○○社会保険労務士事務所
                  調査担当社会保険労務士　○○○○
                  調査担当社会保険労務士　○○○○


　株式会社B社の労務デューデリジェンス業務について、…
ください。
　※ P.47の例参照。


1．潜在債務
                              140,880円
【内訳】
            簿外債務        140,880円
            偶発債務        調査対象外


簿外債務内訳
```

No.	調　査　項　目	簿外債務額
1	未払賃金	140,880円

2．基準日
　　　　〇〇年3月31日

3．結果要約

No.	調査項目	違反事項・根拠条文等	調査資料等
1	未払賃金	時間外労働割増賃金の未払い。労働基準法施行規則19条1項1〜2号、7号、労働基準法37条5項および労働基準法施行規則21条、労働基準法115条	就業規則、賃金規程、労働契約書、勤務シフト、タイムカード

4．調査結果の根拠
　使用者と労働者は労働契約や就業規則に拘束されますが、この当事者間の合意の有無・内容にかかわらず、原則として労働法および判例法理により規律・修正されます。

（1）簿外債務
① 賃金未払い
　労働基準法32条では「1週間については40時間を超えて、1日については8時間を超えて」労働させることを禁止しています。この法定労働時間を超過して労働した場合には、同法37条で定められたとおり、割増賃金の支払いが必要となります。この割増賃金の計算方法は、月給者だけに限らず、時給者、日給者に対しても同様に労働基準法施行規則19条

で定められています。

　具体的には、時給者に対しては、「時間によって定められた賃金については、その金額」、日給者に対しては、「日によって定められた賃金については、その金額を一日の所定労働時間数（日によって所定労働時間数が異なる場合には、一週間における一日平均所定労働時間数）で除した金額」に対して割増率・労働時間数を乗じた金額と定められています。

　さらに、月、週以外の一定の期間によって定められた賃金や、労働者の受ける賃金が時間や日、週、月などの二以上の賃金よりなる場合は、その部分についてそれぞれに算出した金額の合計額により算出することが定められています。よって、時給や日給以外に１カ月単位での手当を支給している場合には、それらの手当についても加算したうえで算出する必要があります。

　なお、この賃金には、労働基準法37条5項および労働基準法施行規則21条で定められた①家族手当、②通勤手当③別居手当、④子女教育手当、⑤住宅手当、⑥臨時に支払われた賃金、⑦一カ月を超える期間ごとに支払われる賃金のみが限定列挙されていて、除外することができます。ただし、例外としてこれら限定列挙された手当以外にも所定労働時間外に対して支払われる宿直手当などの賃金は「通常の労働時間または労働日の賃金」とは言えないため、割増賃金の基礎に入れることが必要とないとされています。

　日給や時給以外に支給されている諸手当（労働基準法37条5項および労働基準法施行規則21条を除く）を加算し、これを１カ月平均所定労働時間数で除した額に割増率を乗じたものを日給から算出した時給単価等に加算した金額が、割増賃金の１時間あたりの単価となります。

時間外労働単価（日給）＝（日給÷1日の所定労働時間＋諸手当÷160時間）×1.25

時間外労働単価（時給）＝（時給＋諸手当÷160時間）×1.25

契約社員ⓐの池袋氏の時間外労働単価は、日給から算出した額だけではなく、リーダー手当、精皆勤手当も含めた単価となります。また、時給者である契約社員ⓑの上野氏も同様です。

契約社員ⓐの池袋氏の割増賃金単価
{（8,000÷8）＋（5,000＋5,000）÷160}×1.25＝1,328.1円→1328円
（50銭未満切捨て、50銭以上切上げ）

契約社員ⓑの上野氏の割増賃金単価
（1,100＋5,000÷160）×1.25＝1,414.0円→1,414円
（50銭未満切捨て、50銭以上切上げ）

調査月は池袋氏にはリーダー手当、精皆勤手当が、上野氏には、精皆勤手当が支給されていますので、該当月の割増賃金単価の算出に含めなければなりませんが、含めて算出されていませんでした。

したがって、以下の簿外債務が認められます。

池袋氏：正しい時間外割増賃金単価　1,328円　　正しい深夜労働割増賃金単価　266円
結果、正しい当月の賃金　177,970円（簿外債務：470

円）

　上野氏：正しい時間外割増賃金単価　1,414円　　正しい深夜労働割増賃金単価　　283円

　結果、正しい当月の賃金　185,525円　（簿外債務：5,400円）

　最後に池袋氏と上野氏の12月の簿外債務に労働基準法115条の賃金請求消滅時効の2年（24カ月）を乗じた額がB社の簿外債務になります。

　簿外債務：(470円＋5,400円)×24カ月＝140,880円

以上

Ⅲ　最低賃金との比較

1　事　例

ケース1：月給制の場合
ターゲット会社C社は、過去3年間以下のような基本給と諸手当を支払っていました。
賃金：基本給150,000円　家族手当5,000円、住宅手当3,000円、皆勤手当
　　　5,000円
1カ月所定労働時間：172時間

ケース2：完全歩合給制の場合
ターゲット会社D社は、過去2年間以下のように完全歩合給制で支払っていました。
賃金：歩合給150,000円
時間外労働：5,625円（150,000円÷200時間×0.25×30時間）
1カ月所定労働時間：170時間
1カ月総労働時間：200時間（所定労働時間＋時間外労働）

ケース3：固定給と歩合給制の場合
ターゲット会社E社は、過去5年間月間の総労働時間200時間（所定労働時間170時間・時間外労働30時間）で固定給と歩合給を支払っています。
賃金：固定給90,000円、歩合給60,000円、
　　　固定給に対する時間外割増賃金19,853円（90,000円÷170時間×1.25×30時間）、歩合給に対する時間外割増賃金2,250円（60,000円÷200時間×0.25×30時間）

2 規範・ルール等の定立

(1) 最低賃金の意義

　最低賃金とは、最賃法に基づき、国が賃金の最低額を定めて、使用者にその最低賃金額以上の賃金を労働者に支払うように強制する制度です。

　賃金とは、そもそも労使間が対等の立場で決定されるものですが、労働者から最低賃金を下回る額の賃金の申出により当事者間で合意がなされたとしても、最低賃金額を下回る賃金を支払った場合、その部分は無効となります。その場合、最低賃金額と同様の定めをしたとみなされ、その差額が未払い賃金となって、簿外債務となります（最賃法4条2項）。

(2) 最低賃金の種類

① 「地域別最低賃金」とは

　最低賃金額には、都道府県ごとに定められた「地域別最低賃金」と特定地域内の特定の作業に適用される「特定（産業別）最低賃金」があります。「地域別最低賃金」は、業種にかかわらず事業所で働くすべての労働者に適用されます。例えば、東京に本社がある会社でも、実際に就労する事業所が千葉県にある場合、千葉県の最低賃金が適用されます。また、派遣労働者は派遣元の事業所ではなく、派遣先の事業所がある地域の最低賃金が適用されます。

図表2－Ⅲ－1　平成29年度地域別最低賃金改定状況

（　）カッコ内は28年度の最低賃金額

都道府県名	最低賃金時間額【円】		発効年月日
北　海　道	810	(786)	平成29年10月1日
青　　森	738	(716)	平成29年10月6日
岩　　手	738	(716)	平成29年10月1日
宮　　城	772	(748)	平成29年10月1日
秋　　田	738	(716)	平成29年10月1日
山　　形	739	(717)	平成29年10月6日
福　　島	748	(726)	平成29年10月1日
茨　　城	796	(771)	平成29年10月1日
栃　　木	800	(775)	平成29年10月1日
群　　馬	783	(759)	平成29年10月7日
埼　　玉	871	(845)	平成29年10月1日
千　　葉	868	(842)	平成29年10月1日
東　　京	958	(932)	平成29年10月1日
神　奈　川	956	(930)	平成29年10月1日
新　　潟	778	(753)	平成29年10月1日
富　　山	795	(770)	平成29年10月1日
石　　川	781	(757)	平成29年10月1日
福　　井	778	(754)	平成29年10月1日
山　　梨	784	(759)	平成29年10月14日
長　　野	795	(770)	平成29年10月1日
岐　　阜	800	(776)	平成29年10月1日
静　　岡	832	(807)	平成29年10月4日
愛　　知	871	(845)	平成29年10月1日
三　　重	820	(795)	平成29年10月1日
滋　　賀	813	(788)	平成29年10月5日
京　　都	856	(831)	平成29年10月1日
大　　阪	909	(883)	平成29年9月30日
兵　　庫	844	(819)	平成29年10月1日
奈　　良	786	(762)	平成29年10月1日
和　歌　山	777	(753)	平成29年10月1日

都道府県名	最低賃金時間額【円】		発効年月日
鳥　取	738	(715)	平成29年10月6日
島　根	740	(718)	平成29年10月1日
岡　山	781	(757)	平成29年10月1日
広　島	818	(793)	平成29年10月1日
山　口	777	(753)	平成29年10月1日
徳　島	740	(716)	平成29年10月5日
香　川	766	(742)	平成29年10月1日
愛　媛	739	(717)	平成29年10月1日
高　知	737	(715)	平成29年10月13日
福　岡	789	(765)	平成29年10月1日
佐　賀	737	(715)	平成29年10月6日
長　崎	737	(715)	平成29年10月6日
熊　本	737	(715)	平成29年10月1日
大　分	737	(715)	平成29年10月1日
宮　崎	737	(714)	平成29年10月6日
鹿児島	737	(715)	平成29年10月1日
沖　縄	737	(714)	平成29年10月1日
全国加重平均額	848	(823)	―

◎発効年月日に要注意

　最低賃金額は発効年月日から変更する必要がありますが、会社の給与締切日と異なる場合、賃金計算期間は日割りで対応するのが正しいやり方です。しかし、給与計算が煩雑になるため、従前額の最低賃金で計算して、次頁の図のように差額が簿外債務となるケースがあるので、注意が必要です（**図表２－Ⅲ－２**）。

図表2－Ⅲ－2　給与計算締日が15日の場合（東京都、発効年月日：平成29年10月1日）

② 「特定（産業別）最低賃金」とは

「特定（産業別）最低賃金」は、特定地域内の特定の産業について、関係労使が基幹的労働者を対象として、地域別最低賃金より金額水準の高い最低賃金を定めることが必要と認めるものについて設定されていて、全国で233件（平成29（2017）年4月1日現在）の最低賃金が定められています。厚生労働省の統計調査「特定最低賃金の件数、適用使用者数及び適用労働者数」では、適用される労働者数は約319万人（平成29（2017）年4月1日現在）です。

地域別最低賃金と特定最低賃金の両方が適用される場合、使用者は高いほうの最低賃金を支払うように義務付けられています（最賃法6条）。

③ 最低賃金の適用除外とは

一般の労働者と労働能力などが異なるため最低賃金を一律に適用することが必ずしも適当でない者については、都道府県労働局長の許可を条件として、個別に最低賃金の適用除外が認められています（最賃法7条）。

適用除外の労働者は、「精神又は身体の障害により著しく労働能力の低い者」、「試の使用期間中の者」等と限定的に定められています。

平成27年度の労働基準監督年報によれば、最低賃金減額特例許可申請は12,247件（年間）です。都道府県労働局長の許可を受けないで最低賃金以下の賃金を支払った場合、最賃法4条違反となります。

（3）最低賃金との比較方法

最賃則82条によって、最低賃金との「時間額」の比較方法は決められています。日給制と月給制、月給制と歩合給制が併給されている場合を含めて説明します。

賃金の支払方	最低賃金との比較方法
月給制の場合	月給を1カ月の平均所定労働時間で除して時間給に換算して、最低賃金と比較する。
日給制の場合	日給を1日の所定労働時間で除して時間給に換算して比較する。
時間給の場合	時給をそのまま最低賃金と比較する。
歩合給のみの場合	歩合給を月間総労働時間で除して算出した時間給を最低賃金と比較する。
固定給と歩合給が併給されている場合	固定給を1カ月の平均所定労働時間で除して時間給に換算したものに、歩合給を月間総労働時間で除して算出した時間給を加算して比較する。
基本給が日給制、諸手当が月給制で併給されている場合	基本給である日給分を1日の所定労働時間で除して算出した時間給と諸手当を1カ月の平均所定労働時間で除した時間給を加算して最低賃金と比較する。

（4）最低賃金に含めない手当等

最低賃金には含まれない手当等は、最賃則1条等によって、以下のように決められています。

① 精皆勤手当、通勤手当および家族手当
② 臨時に支払われた賃金（例：結婚手当等）
③ 1カ月を超える期間ごとに支払われる賃金（例：賞与等）
④ 時間外労働・休日労働・深夜労働の手当

精皆勤手当は、最低賃金の時間給換算する賃金には算入しない賃金ですが、割増賃金の計算基礎には算入する賃金です。最低賃金の計算基礎にも割増賃金の計算基礎にも算入しない通勤手当・家族手当とは区別しておきます。

3　確認する資料および目的

　調査を実施するための資料および目的については、**図表2－Ⅲ－3**のとおりです。

図表2－Ⅲ－3　調査資料と目的

資料の名称	目　的
□　就業規則	「所定労働時間・休日」 1カ月の所定労働時間数・休日・休憩時間を把握する。
□　賃金規程	「賃金の算出方法・各種手当の規定」 割増賃金の計算方法を把握する。就業規則の1カ月の所定労働時間数を計算する。歩合給の場合、計算方法と計算単価をよく確認すること。
□　タイムカード・ICカードなど始業・終業時刻を客観的な記録として残しているもの	「賃金台帳にある労働時間の把握」 賃金台帳とタイムカードの労働時間の突合をする。
□　賃金台帳	「賃金額」 実際に支給されている額を確認する。

4　当てはめ

　以上の点を踏まえて、ケース別に当てはめてみます。

（1）ケース1の場合

　月給制の時間給換算は、最賃則2条3項によって計算します。

① 月給制の時間給換算
  ＝（基本給150,000円＋住宅手当3,000円）÷172時間
  ＝890円＜958円 （最低賃金額を下回っている）
② 「差額」：958円－890円＝68円（平成29年度）
       932円－890円＝42円（平成28年度）
③ 簿外債務：差額68円×172時間＝11,696円
       差額42円×172時間＝7,224円
※皆勤手当と家族手当は計算基礎から除かれるので、注意が必要です。
  2年間分：(11,696円×12カ月)＋(7,224円×12カ月)＝227,040円

（2）ケース2の場合

歩合給の時間給換算は、最賃則2条5項によって計算します。
① 歩合給の時間給換算
  ＝歩合給150,000円÷月間総労働時間200時間
  ＝750円＜958円
   750円＜932円
② 「差額」：958円－750円＝208円（平成29年度）
       932円－750円＝182円（平成28年度）
③ 歩合給に対する簿外債務：208円×200時間＝41,600円
            182円×200時間＝36,400円
④ 時間外労働に対する簿外債務：208円×0.25円×30時間＝1,560円
              182円×0.25円×30時間＝1,365円
⑤ 簿外債務：41,600円＋1,560円＝43,160円
       36,400円＋1,365円＝37,765円
  2年間分：(43,160円×12カ月)＋(37,765円×12カ月)＝971,100円

（3）ケース3の場合

固定給と歩合給それぞれを時間給換算して合計します。

① 固定給と歩合給の時間給換算
　　固定給の時間給換算：90,000円÷所定労働時間170時間＝529円
　　歩合給の時間給換算：60,000円÷月間総労働時間200時間＝300円
　　829円（529円＋300円）＜958円
　　　　　　　　　　　　＜932円
② 「差額」：958円－829円＝129円（平成29年度）
　　　　　　932円－829円＝103円（平成28年度）
③ 固定給と歩合給に対する時間労働の不足分：129円×200時間＝25,800円
　　　　　　　　　　　　　　　　　　　　　　103円×200時間＝20,600円
④ 時間外労働の不足分：129円×0.25×時間外労働30時間＝968円
　　　　　　　　　　　103円×0.25×時間外労働30時間＝773円
⑤ 簿外債務：25,800円＋968円＝26,768円
　　　　　　20,600円＋773円＝21,373円
　　2年間分：（26,768円×12カ月）＋（21,373円×12カ月）＝577,692円

5　報告書作成例

（1）ケース1

```
　　　　　　　　　　　　　　　　　　　　　　　　年　月　日

　　　　　　　　労務デューデリジェンス報告書

株式会社□□□□　御中
　　　　　　　　　○○社会保険労務士事務所
　　　　　　　　　　調査担当社会保険労務士　○○○○
```

　　　　　　　　　　調査担当社会保険労務士　○○○○
　株式会社Ｃ社の労務デューデリジェンス業務が完了いたしましたので、…ください。
　　※ P.47の例参照。

１．潜在債務
　　　　　　　　　　　　227,040円
【内訳】
　　　　簿外債務　　　227,040円
　　　　偶発債務　　　調査対象外

簿外債務内訳

No.	調　査　項　目	簿外債務額
1	未払賃金	227,040円

２．基準日
　　　　○○年12月31日

３．結果要約

No.	調　査　項　目	違反事項・根拠条文等	調査資料等
1	未払賃金	最低賃金法４条の未払い、労働基準法115条	就業規則、賃金規程、タイムカード、賃金台帳、雇用契約書

４．調査結果の根拠
　使用者と労働者は労働契約や就業規則に拘束されますが、この当事者間の合意の有無・内容にかかわらず、原則として労働法および判例法理により規律・修正されます。

例えば、最低賃金法４条２項では「最低賃金の適用を受ける労働者と使用者との間の労働契約で最低賃金額に達しない賃金を定めるものは、その部分については無効とする。この場合において、無効となった部分は、最低賃金と同様の定をしたものとみなす。」と定めています。労働契約や就業規則が最低賃金法を下回る労働条件で締結または規定されており、実際に最低賃金を下回る額しか支払われていなかった場合、当該企業に対し最低賃金額を強行的に支払わせる効力があり、下記より算出された額が簿外債務となります。

月給制の時間給換算は、最賃法施行規則２条３項によって計算します。
① 月給制の時間給換算
　＝（基本給150,000円＋住宅手当3,000円）÷172時間
　＝890円＜958円　（最低賃金額を下回っている）
② 「差額」：958円－890円＝68円（平成29年度）
　　　　　　932円－890円＝42円（平成28年度）
③ 簿外債務：差額68円×172時間＝11,696円
　　　　　　差額42円×172時間＝7,224円
※皆勤手当と家族手当は計算基礎から除かれるので、注意が必要です。
　２年間分：（11,696円×12カ月）＋（7,224円×12カ月）
　　　　　＝227,040円

　　　　　　　　　　　　　　　　　　　　　　　　以上

（2）ケース2

```
                                              年  月  日

                労務デューデリジェンス報告書

株式会社□□□□　御中
                    ○○社会保険労務士事務所
                        調査担当社会保険労務士　○○○○
                        調査担当社会保険労務士　○○○○


　株式会社D社の労務デューデリジェンス業務が完了いたしましたので、…ください。
　※P.47の例参照。


1．潜在債務
                        971,100円
【内訳】
        簿外債務　　971,100円
        偶発債務　　調査対象外


簿外債務内訳

| No. | 調　査　項　目 | 簿外債務額 |
|---|---|---|
| 1 | 未払賃金 | 971,100円 |


2．基準日
        ○○年12月31日
```

3．結果要約

No.	調査項目	違反事項・根拠条文等	調査資料等
1	未払賃金	最低賃金法４条の未払い、労働基準法115条	就業規則、賃金規程、タイムカード、賃金台帳、雇用契約書

4．調査結果の根拠
　使用者と労働者は労働契約や就業規則に拘束されますが、この当事者間の合意の有無・内容にかかわらず、原則として労働法および判例法理により規律・修正されます。
　例えば、最低賃金法４条２項では「最低賃金の適用を受ける労働者と使用者との間の労働契約で最低賃金額に達しない賃金を定めるものは、その部分については無効とする。この場合において、無効となった部分は、最低賃金と同様の定めをしたものとみなす。」と定めています。労働契約や就業規則が最低賃金法を下回る労働条件で締結または規定されており、実際に最低賃金を下回る額しか支払われていなかった場合、当該企業に対し最低賃金額を強行的に支払わせる効力があり、下記より算出された額が簿外債務となります。

　歩合給の時間給換算は、最賃法施行規則２条５項によって計算します。
① 　歩合給の時間給換算
　　＝歩合給150,000円÷月間総労働時間200時間
　　＝750円＜958円
　　　750円＜932円
② 　「差額」：958円－750円＝208円（平成29年度）

》 第2章 簿外債務
Ⅲ 最低賃金との比較

932円－750円＝182円（平成28年度）
③ 歩合給に対する簿外債務：208円×200時間＝41,600円
　　　　　　　　　　　　　182円×200時間＝36,400円
④ 時間外労働に対する簿外債務：
　208円×0.25円×30時間＝1,560円
　182円×0.25円×30時間＝1,365円
⑤ 簿外債務：41,600円＋1,560円＝43,160円
　　　　　　36,400円＋1,365円＝37,765円
　2年間分：（43,160円×12カ月）＋（37,765円×12カ月）
＝971,100円

以上

（3）ケース3

　　　　　　　　　　　　　　　　　　　年　月　日

　　　　　　　労務デューデリジェンス報告書

株式会社□□□□　御中
　　　　　　　〇〇社会保険労務士事務所
　　　　　　　　調査担当社会保険労務士　〇〇〇〇
　　　　　　　　調査担当社会保険労務士　〇〇〇〇

　株式会社E社の労務デューデリジェンス業務が完了いたしましたので、…ください。
　※ P.47の例参照。

1．潜在債務
　　　　　　　　　577,692円

【内訳】
　　　　　　　　簿外債務　　　　577,692円
　　　　　　　　偶発債務　　　　調査対象外

簿外債務内訳

No.	調査項目	簿外債務額
1	未払賃金	577,692円

2．基準日
　　　　○○年12月31日

3．結果要約

No.	調査項目	違反事項・根拠条文等	調査資料等
1	未払賃金	最低賃金法4条の未払い、労働基準法115条	就業規則、賃金規程、タイムカード、賃金台帳、雇用契約書

4．調査結果の根拠
　使用者と労働者は労働契約や就業規則に拘束されますが、この当事者間の合意の有無・内容にかかわらず、原則として労働法および判例法理により規律・修正されます。
　例えば、最低賃金法第4条第2項では「最低賃金の適用を受ける労働者と使用者との間の労働契約で最低賃金に達しない賃金を定めるものは、その部分については無効とする。この場合において、無効となった部分は、最低賃金と同様の定をしたものとみなす。」と定めています。労働契約や就業規則が最低賃金法を下回る労働条件で締結または規定されており、実際に最低賃金を下回る額しか支払われていなかった場

合、当該企業に対し最低賃金額を強行的に支払わせる効力があり、下記より算出された額が簿外債務となります。

　固定給と歩合給それぞれを時間給換算して合計します。
① 固定給と歩合給の時間給換算
　　固定給の時間給換算：90,000円÷所定労働時間170時間＝529円
　　歩合給の時間給換算：60,000円÷月間総労働時間200時間＝300円
　　829円（529円＋300円）＜958円
　　　　　　　　　　　　＜932円
② 「差額」：958円－829円＝129円（平成29年度）
　　　　　　932円－829円＝103円（平成28年度）
③ 固定給と歩合給に対する時間労働の不足分：
　　129円×200時間＝25,800円
　　103円×200時間＝20,600円
④ 時間外労働の不足分：
　　129円×0.25×時間外労働30時間＝968円
　　103円×0.25×時間外労働30時間＝773円
⑤ 簿外債務：25,800円＋968円＝26,768円
　　　　　　20,600円＋773円＝21,373円
　2年間分：（26,768円×12カ月）＋（21,373円×12カ月）＝577,692円

　　　　　　　　　　　　　　　　　　　　　　　以上

Ⅳ 1時間未満の時給の切捨て

1 事 例

　ターゲット会社（家電製品の通信販売業）のＦ社のコールセンターでパートタイマーとして勤務する恵比寿氏の労働条件は、1日8時間労働、1カ月10日勤務、時給1,000円でした。また、1日の時間外労働については15分単位で計算され、15分に満たない部分は切り捨てて計算されていました。

　終業時刻間際に入電し対応することも多く（就業時間内に入電があれば、明らかに終業時刻に電話が終わらないような場合でも、電話を取るように指示されていた）、また、1回の電話対応が30分以上かかることも少なくありませんでした。12月に勤務した10日間のうち各出勤日の時間外労働は以下のとおりでした。

　　12月1日　　　35分（30分）
　　12月4日　　　20分（15分）
　　12月10日　　 40分（30分）
　　12月14日　　 10分（ 0分）
　　12月17日　　 25分（15分）
　　12月24日　　 30分（30分）
　　12月25日　　 25分（15分）
　　12月29日　　 55分（45分）
　　─────────────────
　　合計　　　　240分（180分）

　※カッコ書きは、Ｆ社が時間外労働としてカウントしていた時間

　12月に恵比寿氏に対し支給していた残業手当は、3,750円（1,000円×1.25×3時間）でした。

> なお、当該コールセンターには恵比寿氏と同様の労働条件で勤務しているパートタイマーが50名がいます。

2 規範・ルール等の定立

(1) 労働時間

　労働時間には、労働契約や就業規則などで労働義務があるものと定められた「労働契約上の労働時間」概念と、労基法の規制の対象となる「労働基準法上の労働時間」概念とがあります。
　「労働契約上の労働時間」とは「形式的な労働時間」とも呼ばれ、労働契約や就業規則等によって定められた時間をいい、賃金対象時間や遅刻、早退などについて債務不履行かどうかを判断する際に用いられます。
　労基法の規制の対象になる「労基法上の労働時間」とは、法律に明確な定めがなく、判例では「労基法32条の労働時間とは、労働者が使用者の指揮命令下に置かれている時間をいい、右の労働時間に該当するか否かは、労働者の行為が使用者の指揮命令下に置かれたものと評価することができるか否かにより客観的に定まるものであって、労働契約、就業規則、労働協約等の定めのいかんにより決定されるべきものではないと解するのが相当である。」(三菱重工長崎造船所事件・最高判平成12年3月9日) とされています。ここでいう「使用者の指揮命令下に置かれている時間」か判断する要素としては、業務性、待機性 (指揮監督性)、義務性があります。
　具体的には、以下の5項目の拘束 (指揮命令) を使用者から受けて、業務あるいは一定の使用者の事業のための行為を行う時間であるかどうかを判断します。
　①　一定の場所的拘束下にあること

② 一定の時間的拘束下にあること
③ 一定の態度ないし行動上の拘束下にあること
④ 一定の業務の内容ないし遂行法上の拘束下にあること
⑤ 一定の労務指揮権に基づく支配ないし監督的な拘束下にあること

　また、労働時間の適正な把握のために使用者が講ずべき措置に関するガイドライン（平成29（2017）年1月20日発出）では、労働時間の考え方について以下のように記されています。

　労働時間とは、使用者の指揮命令下に置かれている時間のことをいい、使用者の明示または黙示の指示により労働者が業務に従事する時間は労働時間に当たる。そのため、次の(ア)から(ウ)のような時間は、労働時間として扱わなければならないこと。
　ただし、これら以外の時間についても、使用者の指揮命令下に置かれていると評価される時間については労働時間として取り扱うこと。
　なお、労働時間に該当するか否かは、労働契約、就業規則、労働協約等の定めのいかんによらず、労働者の行為が使用者の指揮命令下に置かれたものと評価することができるか否かにより客観的に定まるものであること。また、客観的に見て使用者の指揮命令下に置かれていると評価されるかどうかは、労働者の行為が使用者から義務付けられ、またはこれを余儀なくされていた等の状況の有無等から、個別具体的に判断されるものであること。
（ア）　使用者の指示により、就業を命じられた業務に必要な準備行為（着用を義務付けられた所定の服装への着替え等）や業務終了後の業務に関連した後始末（清掃等）を事業場内において行った時間
（イ）　使用者の指示があった場合には即時に業務に従事すること

を求められており、労働から離れることが保障されていない状態で待機等している時間（いわゆる「手待時間」）
（ウ）参加することが業務上義務付けられている研修・教育訓練の受講や、使用者の指示により業務に必要な学習等を行っていた時間

労基法上の労働時間か否かについては、前述のとおり使用者の指揮命令下にあり、実際に就業していたかどうかで、**客観的に決まるもの**であり、労働者との労働契約や就業規則、労働協約等よって**形式的に決まるもの**ではありません。

事例での各日の8時間を超えた時間は、「就業時間内に入電があれば、明らかに終業時刻に電話が終わらないような場合でも、電話を取るように指示されていた」とあるように、使用者の指揮に基づいて労働していたことは明らかであり、労働基準法の労働時間として取り扱わなければなりません。

（2）時間外労働割増賃金

労基法32条2項では「使用者は、1週間の各日については、労働者に、休憩時間を除き1日について8時間を超えて、労働させてはならない。」と規定しています。この法定労働時間を超過して労働する場合、同法37条では「その時間又はその日の労働については、通常の労働時間又は労働日の賃金の計算額の2割5分以上5割以下の範囲内でそれぞれ政令で定める率以上の率で計算した割増賃金を支払わなければならない。」と義務付けています。

この割増賃金の計算方法について、時給者については、時間によって定められた賃金に割増率を乗じて算出することになり、今回の事例では以下の計算式になります。

1,000円×1.25＝1,250円

（3）賃金計算の端数処理の取扱い

(1)で示した労働時間は、たとえ1秒であったとしてもそれは労基法の労働時間である以上、法定労働時間を超えた場合は割増賃金が必要です。しかし、秒単位で管理することは現実的ではなく、大阪労働局のホームページにも記載があるように1分単位で管理するのが現実的な方法です。

つまり、各日の時間外労働時間を15分単位あるいは30分単位で切り捨てて計算することは、違法であり、切り捨てられた時間に対する賃金は未払いとなり簿外債務として計上する必要があります。

ただし、1日ごとではなく1カ月間における時間外労働の時間数の合計を30分未満を切り捨て30分以上を1時間に切り上げることは違法として取り扱われません（昭和63年3月14日基発150号）。

3　確認する資料および目的

調査を実施するための資料および目的については、**図表2－Ⅳ－1**のとおりです。

図表2－Ⅳ－1　調査資料と目的

	資料の名称	目　的
☐	就業規則および賃金規程	割増賃金率、労働時間の端数処理の方法等を確認する。
☐	労働契約書	時間給単価を確認する。
☐	出勤簿、タイムカード	時間外労働の時間数を確認する。
☐	賃金台帳	時間外割増賃金の支給額を確認する。

4 当てはめ

　以上の点を踏まえ、冒頭の事例を当てはめると、F社の簿外債務は以下のように算出されます。
- 各日の労働時間を15分単位で切り捨てることはできません。
- 時間外労働時間数
　　誤：3時間（180分）
　　正：4時間（240分）
- 時間給単価
　　1,000円×1.25＝1,250円
- 12月の恵比寿氏の残業手当を計算すると次のとおりです。
　　1,250円×4時間＝5,000円
　　5,000円－3,750円（既払残業手当）＝1,250円

　過去2年間他のパートタイマーも同様の未払賃金があるものとみなします。
　　1,250円×24カ月＝30,000円
　　30,000円×50名＝1,500,000円
　　　簿外債務　1,500,000円

5 報告書作成例

```
                                    年　月　日

            労務デューデリジェンス報告書

株式会社□□□□　御中
          ○○社会保険労務士事務所
              調査担当社会保険労務士　○○○○
              調査担当社会保険労務士　○○○○
```

株式会社Ｆ社の労務デューデリジェンス業務が完了いたしましたので、…ください。

※ P.47例参照。

1．潜在債務
　　　　　　　　　　　1,500,000円

【内訳】
　　　簿外債務　　1,500,000円
　　　偶発債務　　調査対象外

簿外債務内訳

No.	調査項目	簿外債務額
1	未払賃金	1,500,000円

2．基準日
　　　〇〇年3月31日

3．結果要約

No.	調査項目	違反事項・根拠条文等	調査資料等
1	未払賃金	時間外労働割増賃金の未払い（労働基準法37条1項）、時効（労働基準法115条）	就業規則、賃金規程、労働契約書、出勤簿、賃金台帳

4．調査結果の根拠
　使用者と労働者は労働契約や就業規則に拘束されますが、

この当事者間の合意の有無・内容にかかわらず、原則として労働法および判例法理により規律・修正されます。

例えば、労働基準法13条では、「この法律で定める基準に達しない労働条件を定める労働契約は、その部分については無効とする」と定められています。無効となった部分は「この法律で定める基準による」と定め、労働契約や就業規則が労働基準法を下回る労働条件で締結または規定されていた場合、これを強行的に修正する効力があります。

(1) 簿外債務

労働時間とは、法律上に明確な定めがなく、判例では「労働基準法32条の労働時間とは、労働者が使用者の指揮命令下に置かれている時間をいい、右の労働時間に該当するか否かは、労働者の行為が使用者の指揮命令下に置かれたものと評価することができるか否かにより客観的に定まるものであって、労働契約、就業規則、労働協約等の定めのいかんにより決定されるべきものではないと解するのが相当である。」（三菱重工長崎造船所事件・最高判平成12年3月9日）とされています。

また、労働時間の適正な把握のために使用者が講ずべき措置に関するガイドライン（平成29（2017）年1月20日発出）では、「労働時間とは、使用者の指揮命令下に置かれている時間のことをいい、使用者の明示又は黙示の指示により労働者が業務に従事する時間は労働時間に当たる。なお、労働時間に該当するか否かは、労働契約、就業規則、労働協約等の定めのいかんによらず、労働者の行為が使用者の指揮命令下に置かれたものと評価することができるか否かにより客観的に定まるものであること。」とされています。

具体的に「使用者の指揮命令下に置かれている時間」であるかどうかついては、調査人は以下の5項目の拘束（指揮命令）を使用者から受けて、業務あるいは一定の使用者の事業の為の行為を行う時間であるかどうかで判断しました。
① 一定の場所的拘束下にあること
② 一定の時間的拘束下にあること
③ 一定の態度ないし行動上の拘束下にあること
④ 一定の業務の内容ないし遂行法上の拘束下にあること
⑤ 一定の労務指揮権に基づく支配ないし監督的な拘束下にあること

つまり、労働基準法上の労働時間とは、労働契約、就業規則、労働協約等によって形式的に決まるものではなく、使用者の指揮命令下にあり、実際に就業していたかどうかで、客観的に決まるものです。

恵比寿氏の就業時刻は、1日8時間と労働契約で定められていましたが、終業時刻直前に入電があった際には、電話を取り対応していました。また、就業時間内に入電があれば、明らかに終業時刻に電話が終わらないような場合でも、電話を取るように指示されていたとのことで、これらの時間は使用者の指揮命令下で就業しており、労働基準法上の労働時間であることは明らかです。

労働基準法32条では「使用者は、1週間の各日については、労働者に、休憩時間を除き1日について8時間を超えて、労働させてはならない。」と規定しています。この、法定労働時間を超過して労働する場合、同法37条では「その時間又はその日の労働については、通常の労働時間又は労働日の賃金の計算額の2割5分以上5割以下の範囲内でそれぞ

れ政令で定める率以上の率で計算した割増賃金を支払わなければならない。」と義務付けています。また、労働基準法上の労働時間であればたとえ１秒であったとしても割増賃金の支払いが必要です。しかし、秒単位での管理は現実的ではなく、分単位での管理が現実的な方法といえます。よって、各日ごとに15分単位や30分単位で計算し実際の労働した時間をカットすることはできません。

　Ｆ社では、25％割り増しした単価で残業手当を支給していたものの、８時間を超えて労働していた時間を各日15分単位で計算し、端数の時間をカットし残業手当を計算していました。

　前述のとおりカットした時間に対する割増賃金は本来支払うべき賃金で簿外債務となります。15分単位で計算せずに集計した時間外労働は４時間でしたが、残業手当は３時間分が支払われていました。以下の計算式により恵比寿氏の12月の未払賃金は1,250円となります。

　　残業単価1,250円（1,000円×1.25）×４時間＝5,000円
　　5,000円－3,750円（既払残業手当）＝1,250円

　なお、当該調査には時間的制約があったため、恵比寿氏の12月の未払賃金1,250円に労働債権の消滅時効の２年（24カ月）を乗じた30,000円に、恵比寿氏と同様の労働条件で勤務していたパートタイマー50名分を乗じた1,500,000円を簿外債務とみなしました。

　　　　　　　　　　　　　　　　　　　　　　　　以上

V　みなし裁量労働者および管理監督者の深夜労働

1　事　例

　ターゲット会社の出版社G社の所定労働時間は、就業時間10時から19時の1日8時間・1週間40時間です。休日は土曜日、日曜日、国民の祝日、夏季休業日、年末年始の計123日（年所定労働日数：365日－123日＝242日、1カ月平均所定労働時間：242日×8時間÷12カ月＝161時間）でした。

　G社は、一部の従業員（編集者）について、専門業務型裁量労働制を採用しています。

　過去2年間毎月10時間の深夜労働をしている編集部員である大崎氏（基本給28万円、家族手当3万円、通勤手当1.2万円）は、就業規則に定める「専門業務型裁量労働制」に該当し、みなし裁量労働時間（8時間）が定められているとして、当該10時間分の深夜割増賃金が、一切支払われていませんでした。

　また、大崎氏の上司である部長の神田氏（基本給50万円、家族手当3万円、通勤手当1.2万円は、労基法上の管理監督者に該当するとして、残業手当を支給していないことに加え、毎月の10時間分の深夜割増賃金も、一切支払われていませんでした。

　なお、専門業務型裁量労働制に係る労使協定は適法に締結・提出されていました。

2　規範・ルール等の定立

【割増賃金とは】

　割増賃金とは、労働時間を延長し、または休日に労働させた場合に、通常の労働時間または労働日の賃金の計算額に、一定の割増率を

乗じて支払われる賃金を指します。

【深夜労働とは】

　労基法37条1項で、「使用者が、（略）前条第1項の規定により労働時間を延長し、又は休日に労働させた場合においては、その時間又はその日の労働については、通常の労働時間又は労働日の賃金の計算額の2割5分以上5割以下の範囲内でそれぞれ政令で定める率以上の率で計算した割増賃金を支払わなければならない。」とし、同項で、「午後10時から午前5時まで（略）の間において労働させた場合においては、その時間の労働については、通常の労働時間の賃金の計算額の2割5分以上の率で計算した割増賃金を支払わなければならない。」と定めています。

　本案件で取り上げられている深夜労働とは、午後10時から午前5時までの労働を指し、特定の条件下でその時間帯に行われた労働に対して、労基法で定める割増率2割5分以上で計算した割増賃金を支払うべきか、を考察します。

（1）大崎氏に係る問題

①　みなし労働時間制とは

　労基法上の労働時間は、実労働時間によって算定するのが原則ですが、業務の遂行方法が大幅に労働者の裁量に委ねられる一定の業務に携わる労働者については、労働時間の計算を実労働時間ではなくみなし時間によって行うことを認める制度があります。この制度を、「裁量労働のみなし時間制」と呼びます。裁量労働制には、専門的な職種の労働者について労使協定によりみなし時間制を実施する「専門業務型」と、経営の中枢部門で企画・立案・調査・分析業務に従事する労働者に関し、労使委員会の決議によって実施する「企画業務型」の2種類があります。事例は、前者「専門業務型」の例です。

　「みなす」とは、A（ある事柄や物等）と性質の異なるB（他の事

柄や物等）を一定の法律関係について同一のものとして、Aについて生ずる法律効果と同一の法律効果をBについても生じさせることをいいます。

② 専門業務型裁量労働制とは

　専門業務型裁量労働制は、（ⅰ）業務の性質上その遂行方法を労働者の大幅な裁量に委ねる必要性があるため、（ⅱ）業務遂行の手段および時間配分につき具体的指示をすることが困難な一定の専門的業務に適用されるものです（労基法38条の3第1号）。

　具体的な対象業務は、ａ．研究開発、ｂ．情報処理システムの分析・設計、ｃ．取材・編集、ｄ．デザイナー、ｅ．プロデューサー・ディレクター、ｆ．コピーライター、ｇ．公認会計士、ｈ．弁護士、ｉ．不動産鑑定士、ｊ．弁理士、ｋ．システムコンサルタント、ｌ．インテリアコーディネーター、ｍ．ゲーム用ソフトウェア開発、ｎ．証券アナリスト、ｏ．金融工学による金融商品の開発、ｐ．建築士、ｑ．税理士、ｒ．中小企業診断士、ｓ．大学における教授研究に限られます（労基則24条の2の2第2項、平成9年労働省告示7号など）。

　この制度を実施するには、使用者は、その事業場において過半数の労働者を組織する労働組合があればその労働組合、なければ労働者の過半数を代表する者と労使協定を締結し、対象業務を特定したうえ、業務の遂行手段ならびに時間配分につき具体的指示をしない旨を定めるとともに、労働時間のみなし規定を置かなければなりません。また、対象労働者の健康確保措置や苦情処理措置についても定める必要があります（労基法38条の3第1号、3号、4号）。協定は、労働協約の形式（労働組合法14条、15条）を充たす場合を除き、有効期間を定めなければなりません（労基則24条の2の2第3項）。

　また、協定は労働基準監督署長へ届け出ることが必要です（労基法38条の3第2項）。協定を締結するにあたっては、みなし制の対象となる労働者の意見を聞くことが望ましいとされています（昭和63年1月1

日基発第1号)。なお、この制度に労働契約上の拘束力を持たせるには、労働者の合意や就業規則上の合理的定めなどの根拠が必要となります（「別冊法学セミナー no.220 新基本法コンメンタール 労働基準法・労働契約法 日本評論社 P.154」)。

●本制度の効果

労基法所定の業務について、労使協定でみなし労働時間数を定めた場合には、当該業務を遂行する労働者については、実際の労働時間数に関係なく協定で定める時間数労働したものを「みなす」制度です。

ただし、当該制度においても、休憩、休日、時間外・休日労働、深夜業の法規制は依然として及ぶので、みなし労働時間が法定労働時間を超える場合は、36協定の締結・届出と割増賃金の支払いが必要です。また、深夜時間帯に労働が行われた場合は、割増賃金の支払いが必要です。

(2) 神田氏に係る問題

① 管理監督者とは

労基法41条は、「労働時間、休憩及び休日に関する規定は、次の各号の一に該当する労働者については適用しない。」とし、2号においてはそれに該当する者として、「事業の種類にかかわらず監督若しくは管理の地位にある者又は機密の事務を取り扱う者」をあげています。

すなわち、管理監督者が適用除外となるのは、労働時間休憩および休日であり、深夜の時間帯に労働した場合には、一般従業員と同じく割増賃金を支払わなければならない、ということになります。

(3) 大崎氏と神田氏の双方に係る問題

① 深夜労働に係る割増賃金

　労基法37条４項「午後10時から午前５時までの間において労働させた場合においては、その時間の労働については、通常の労働時間の賃金の計算額の２割５分以上の率で計算した割増賃金を支払わなければならない」の適用の是非が問題となります。

3　確認する資料および目的

　調査を実施するための資料および目的については、**図表２－Ⅴ－１**のとおりです。

図表２－Ⅴ－１　調査資料と目的

	資料の名称	目　的
☐	就業規則	裁量労働時間制・対象労働者等についての記載があるかを確認する。 「所定労働時間・休日」 年間所定休日、１カ月の平均所定労働時間数を把握する。また就業規則と実態に乖離がないか人事労務担当者からヒアリングをしておく。
☐	賃金規程	みなし労働時間が法定労働時間等を超えたときの計算式等を確認する。 「割増率の確認・賃金の算出方法・各種手当の規定」 就業規則の１カ月の所定労働時間数との整合性、割増賃金の算定基礎に算入しない手当の内容を確認する。
☐	労使協定	法定の事項が記載されているか、管轄の労働基準監督署に提出されているか、を確認する。また、就業規則とあわせて従業員への周知方法を確認する。
☐	賃金台帳	賃金規程に則って賃金が支給されているかを確認する。

資料の名称	目的
□ 職務権限規程・職務権限表・組織図	当該部長の管理監督者性の判断をする。
□ 雇用契約書、タイムカード等始業・終業時刻を客観的な記録として残しているもの	当該労働者と当該部長の所定労働時間と実際の就労時間を把握する。また、深夜労働以外の時間外等労働の有無を確認する。

4 当てはめ

（1）大崎氏の賃金債務の計算

① 1カ月平均所定労働時間数
  ＝（365日－123日）×8時間÷12カ月＝161時間（1未満の端数は切捨て）
② 1カ月の大崎氏の深夜労働割増賃金単価
  280,000円÷161時間＝1,739.1円（50銭未満切捨て、50銭以上切上げ）
③ 時間外労働単価＝1,739×0.25＝434.7（50銭未満切捨て、50銭以上切上げ）
④ 残業手当＝435円×10時間＝4,350円
⑤ 簿外債務＝4,350円×24カ月＝104,400円

（2）神田氏の割増賃金の計算

① 1カ月平均所定労働時間数
  ＝（365日－123日）×8時間÷12カ月＝161時間（1未満の端数は切捨て）
② 1カ月の神田氏の深夜労働割増賃金単価
  500,000円÷161時間＝3,105.5円（50銭未満切捨て、50銭以上切上げ）
③ 時間外労働単価＝3,106×0.25＝776.5（50銭未満切捨て、50銭以上切上げ）
④ 残業手当＝777円×10時間＝7,770円

⑤　簿外債務＝777円×24カ月＝18,648円

5 報告書作成例

```
                                    年　月　日

              労務デューデリジェンス報告書

株式会社□□□□　御中
            ○○社会保険労務士事務所
              調査担当社会保険労務士　○○○○
              調査担当社会保険労務士　○○○○


　株式会社A社の労務デューデリジェンス業務が完了いたしましたので、…ください。
　※ P.47の例参照。


【大崎氏に係るもの】
1．潜在債務
                       104,400円
【内訳】
        簿外債務      104,400円
        偶発債務      調査対象外

簿外債務内訳
```

No.	調査項目	簿外債務額
1	未払賃金	104,400円

2. 基準日（大崎氏・神田氏共通）
　　　〇〇年3月31日

3. 結果要約（大崎氏・神田氏共通）

No.	調査項目	違反事項・根拠条文等	調査資料等
1	未払賃金	深夜割増賃金の未払い、労働基準法37条4項、労働基準法38条の3、労働基準法41条2号、労働基準法115条	就業規則、賃金規定、賃金台帳、労使協定、タイムカード、雇用契約書

4. 調査結果の根拠

　労働基準法では、37条1項で時間外、休日および深夜の割増賃金について定めています。

　また、労働基準法38条の3では、専門業務型裁量労働制が定められており、それは、(1)業務の性質上その遂行方法を労働者の大幅な裁量に委ねる必要性があるため、(2)業務遂行の手段および時間配分につき具体的指示をすることが困難な一定の専門的業務に適用されています。この制度を実施するには、使用者は対象業務を特定したうえ、業務の遂行手段ならびに時間配分につき具体的指示をしない旨等を定めた労使協定を、その事業場において過半数の労働者を組織する労働組合があればその労働組合、なければ労働者の過半数を代表する者と締結し、事業場の所在地を管轄する労働基準監督署に届け出たうえで、従業員に周知しなければなりません。

　これにより、実際に働いた労働時間に関係なく、協定に定

められた時間数働いたものとして労働時間が算定されます。

　しかしながら、休憩、休日、深夜業の法規制は依然として及ぶので、裁量労働制の適用を受ける者も、深夜時間帯（午後10時から朝5時）に労働が行われた場合は、割増賃金の支払いが必要です。

　この場合の割増率は、労働基準法37条4項で、通常の労働時間の賃金の2割5分以上の率で計算した割増賃金を支払わなければならない、とされています。

　調査月の12月に、編集者たる大崎氏は、10時間の深夜労働をしたことが認められ、過去2年間も同様の未払いがあり、それに該当する割増賃金を支払わなければなりません。

　その額は、以下の計算式で求められます。

280,000円÷161時間＝1,739.1円（50銭未満切捨て、50銭以上切上げ）

時間外労働単価：1,739×0.25＝434.7（50銭未満切捨て、50銭以上切上げ）

残業手当：435円×10時間＝4,350円

簿外債務：4,350円×24ヵ月＝104,400円

【神田氏に係るもの】
1．潜在債務
　　　　　　　　　　　　　　18,648円
【内訳】
　　　　簿外債務　　　18,648円
　　　　偶発債務　　　調査対象外

簿外債務内訳

No.	調査項目	簿外債務額
2	未払賃金	18,648円

2．調査結果の根拠

　労働基準法では、37条1項で時間外、休日および深夜の割増賃金について定めています。

　また、同法37条4項において、使用者は午後10時から午前5時までの間に労働させた場合は、通常の労働時間の賃金の2割5分以上の率で計算した割増賃金を支払わなければならないとされています。

　さらに、同法41条2号に定める管理監督者は、時間外労働、休憩および休日労働に関する規定は適用されないものの、深夜労働に関する規定は除外されていないため、これに該当する労働が発生した場合は、上記の率で計算した深夜労働割増賃金を支払わなければなりません。

　調査月の12月に部長たる神田氏は、10時間の深夜労働をしたことが認められるため、それに該当する割増賃金を支払わなければなりません。

　その額は、以下の計算式で求められます。

　500,000円÷161時間＝3,105.5円（50銭未満切捨て、50銭以上切上げ）

　時間外労働単価：3,106×0.25＝776.5（50銭未満切捨て、50銭以上切上げ）

　残業手当：777円×10時間＝7,770円

　簿外債務：7,770円×24カ月＝18,648円

以　上

Ⅵ 就業規則上の割増率を下回る割増率

1 事 例

> ターゲット会社のH社は、所定労働時間1日8時間、1週間40時間、従業員数20人（全員正社員、月給制）の小売業社です。休日は就業規則によって土曜日、日曜日（法定休日は日曜日）、国民の祝日、夏季休業日、年末年始の計122日（年所定労働日数：365日－122日＝243日、1カ月平均所定労働時間：243日×8時間÷12カ月＝162時間）とされています。また、所定休日である土曜日に出勤した場合、月給制の全従業員に対して、労基法に定められた割増率を上回る、下記の率を超過時間数にかけて時間外労働単価を算出し、残業手当として支給することを就業規則で定めていました。
>
> 土曜出勤時の時間外労働単価＝時間単価×1.35×超過時間数
>
> 過去2年間毎月8時間の所定休日出勤（土曜日に出勤）をしている社員の紀尾井氏（基本給28万円、家族手当3万円、通勤手当1.2万円）には下記の割増賃金が支払われていました。（280,000÷162＝1,728.3、1,728×1.25＝2,160、2,160×8×24＝414,720）
>
> なお、紀尾井氏の雇用契約書には、就業規則に定められた割増率（1.35倍）とは別に、労基法に沿った割増率が定められていました。会社は労基法と当該雇用契約書をこの割増率の根拠としています。また、実際には法定の割増率（1.25倍）で計算されていました。
>
> また当該会社には労働組合はなく、労働協約もありません。

2 規範・ルール等の定立

月給制の場合の時間外労働の割増賃金の計算は、労基法により以下

となります。

　割増賃金単価 ＝（基本給＋各手当）÷１カ月の平均所定労働時間
×割増賃金率

※１カ月の平均所定労働時間 ＝（365日または366日－年間所定休日
数）×１日の所定労働時間÷12カ月

　また、カッコ内の各手当からは、労基法37条5項と労基則21条により以下のものは除かれます。

① 　家族手当・扶養手当・子女教育手当
② 　通勤手当
③ 　別居手当・単身赴任手当
④ 　住宅手当
⑤ 　臨時の手当
⑥ 　１カ月を超える期間ごとに支払われる賃金

　割増賃金の率は、労基法36条1項の規定により延長した労働時間の労働については２割５分以上とし、これらの規定により労働させた休日の労働については３割５分以上とする、とされています（平成6年1月4日政令5号、最終改定平成12年6月7日政令309号）。

　次に、労働契約の法的な位置付け、優劣の順位を考えると、以下のように整理されます。

　まず、労働契約とは、当事者の一方（労働者）が、相手方（使用者）に使用されて労働し、相手方がこれに対して賃金を支払うことを合意する契約と定義できます。また、労働契約は労働協約および就業規則との優劣の順位を考慮に入れる必要がありますが、労働協約は当該会社にはありませんので、就業規則のみ考えます。日本の企業は労働条件や職場規律等の職場のルールが就業規則という形で定められていることが多く、これにより定められた労働条件は、当該職場における最低基準としてこれを下回る労働契約の部分を無効として補う効力が認められています。

　労働契約については、「就業規則で定める基準に達しない労働条件

を定める労働契約は、その部分については、無効とする。この場合において、無効となった部分は、就業規則で定める基準による。」(労契法12条)とし、さらに、「この法律で定める労働条件の基準は最低のものであるから、労働関係の当事者は、この基準を理由として労働条件を低下させてはならないことはもとより、その向上を図るように努めなかればならない」とされています（労基法1条2項）。

　仮に、労働条件の低下が労基法の最低基準規定を理由に行われた場合、本項の趣旨および後段の労働条件向上義務との文言上の相違から、「労働条件の切下げに際し経営合理化等の理由がなく、労基法の最低条件を満たすことのみを理由としている」と認められる場合は、法違反が成立し無効と解すべきです。

　また、行政解釈においても、「(労基法)第二項については労働条件の低下がこの法律の基準を理由としているか否かに重点を置いて認定し」(昭和22年9月13日発基17号)とされていることから、やはり、「就業規則が、法律の基準を上回っているから、これをもとに雇用契約書に沿った計算式で割増賃金の計算をする」という措置は、労基法1条2項違反となるでしょう。

　なお、土曜日を所定休日とした場合の割増賃金の支給については、「法定休日（労基法35条に定める休日）以外の休日の労働により週の法定労働時間を超える場合には時間外労働の割増賃金の支払いを要するから念の為」(昭和63年3月14日基発150号)とされています。

3　確認する資料および目的

　調査を実施するための資料および目的については、**図表2－Ⅵ－1**のとおりです。

第2章 簿外債務
Ⅵ 就業規則上の割増率を下回る割増率

図表２－Ⅵ－１　調査資料と目的

資料の名称	目的
□ 就業規則	時間外労働に係る賃金の割増率、法定休日とされている曜日、週当たりの所定労働日、1日当たりの所定労働時間、1週の初日の曜日、の確認をする。
□ 賃金規程	紀尾井氏の賃金額の根拠を確認する。各種手当（特に割増賃金の単価の計算の際に除外される手当）の支払根拠を確認する。
□ 雇用契約書 □ 賃金台帳 □ タイムカード	賃金体系、賃金額、就労時間を把握する。当該土曜出勤の週の実労働時間数を確認する。

4　当てはめ

① 紀尾井氏の土曜出勤は8時間
② ①の土曜出勤は、法定休日労働ではない。
③ ①の土曜出勤は、法定休日労働ではないが、就業規則に定められている所定休日であり、当該週の週所定労働時間は40時間。
④ 支給されている手当は、すべて割増賃金の単価を算定する際に除外できるものである。
⑤ 割増賃金の単価と払うべき割増賃金
280,000円÷162＝1,728.3円（50銭未満切捨て、50銭以上切上げ）
1,728円×1.35＝2,332.8円（50銭未満切捨て、50銭以上切上げ）
2,333円×8時間＝18,664円
⑥ 簿外債務
既に支給されている414,720円を引いた額を簿外債務とします。
18,664円×24カ月－414,720円＝33,216円
簿外債務：33,216円

5 報告書作成例

年　月　日

労務デューデリジェンス報告書

株式会社□□□□　御中

　　　　　　　○○社会保険労務士事務所
　　　　　　　　調査担当社会保険労務士　○○○○
　　　　　　　　調査担当社会保険労務士　○○○○

　株式会社H社の労務デューデリジェンス業務が完了いたしましたので、…ください。

※ P.47の例参照。

1．潜在債務
　　　　　　　　　　　33,216円
【内訳】
　　　簿外債務　　　33,216円
　　　偶発債務　　　調査対象外

簿外債務内訳

No.	調査項目	簿外債務額
1	割増賃金の未払い	33,216円

2．基準日
　　　　○○年3月31日

3. 結果要約

No.	調査項目	違反事項・根拠条文等	調査資料等
1	割増賃金の未払い	時間外労働の割増賃金の未払い、労働基準法1条2項違反、労働基準法37条1項違反、労働基準法115条、労働契約法12条違反、参考通達等 昭和22年9月13日発基17号、平成6年1月4日政令第5号、昭和63年3月14日基発150号	就業規則 賃金規定 雇用契約書 賃金台帳 タイムカード

4. 調査結果の根拠

　使用者と労働者は労働契約や就業規則に拘束されますが、それらと法との優劣の関係は以下となります（(ア)が最も優位性が高く、(イ)以下順に低くなる)。

　(ア) 強行法規
　(イ) 労働協約
　(ウ) 就業規則
　(エ) 労働契約

　労働契約法12条では、「就業規則で定める基準に達しない労働条件を定める労働契約は、その部分については、無効とする。この場合において、無効となった部分は、就業規則で定める基準による」とされています。

一方、紀尾井氏の土曜出勤に際し支払われた時間外労働の割増賃金は雇用契約書の定めに従って計算されていますが、その額は就業規則に定められた計算式によって得た額を下回っているため、上記により就業規則に定められている3割5分の割増率で計算しなければなりません。

（1）簿外債務（割増賃金の未払い）
　① 紀尾井氏の土曜出勤は8時間
　② ①の土曜出勤は、法定休日労働ではない。
　③ ①の土曜出勤は、法定休日労働ではないが、法定時間外労働に該当する。法定時間外労働に対し就業規則に定められている割増率は1.35である。
　④ 支給されている手当は、すべて割増賃金の単価を算定する際に除外できるものである。
　⑤ 割増賃金の単価と払うべき割増賃金
280,000円÷162＝1728.3円（50銭未満切捨て、50銭以上切上げ）
1,728（円）×1.35＝2332.80円（50銭未満切捨て、50銭以上切上げ）
2,333（円）×8（時間）＝18,664（円）

（2）簿外債務の額
　既に支給されている414,720円を引いた額を簿外債務とします。
　18,664円×24カ月－414,720円＝33,216円
　簿外債務：33,216円

　　　　　　　　　　　　　　　　　　　　　　　　以　上

Ⅶ 年俸社員

1 事例

　ターゲット会社のコンサルティング業社 I 社の所定労働時間は、9時から18時の1日8時間・1週間40時間です。休日は土曜日、日曜日、国民の祝日、夏季休業日、年末年始の計123日（年所定労働日数：365日－123日＝242日、1カ月平均所定労働時間：242日×8時間÷12カ月＝161時間）でした。

　I 社は、一部の従業員について、年俸制を採用しています。

　コンサルタントである国立氏は、当該年俸制の適用を受けています（年俸額3,360,000円）。過去2年間毎月10時間の時間外労働をしていましたが、基本給の中に割増賃金が含まれていること、年俸制給与であることを理由として、当該時間外労働に対する割増賃金が支払われていませんでした。

　雇用契約書には、基本給の中に割増賃金が入っていることは書かれていましたが、金額との見合時間についての記載はなく、毎月の給与明細の支給項目欄にも、それに相当する項目は計上されていませんでした。

　なお、国立氏はいわゆる管理職ではなく、役員・執行役員でもありません。また、賞与の支払いも予定されていません。

2 規範・ルール等の定立

(1) 年俸制

　年俸制は、1年間にわたる仕事の成果によって翌年度の賃金額を設定しようとする制度なので、労働時間の量（割増賃金）を問題とする必要のない管理職や裁量労働者に適した賃金制度です。言い換えれば、年俸それ自体は時間外割増賃金を免れさせる効果は持たず、管理

監督者ないし裁量労働制の要件を満たさない限り、割増賃金支払義務を免れません。

（２）割増賃金を含む年俸制の可否

　年間の割増賃金額をあらかじめ定め、これを年俸額の中に含めて支払う定額払いも違法ではありませんが、何時間の時間外労働に対する割増賃金部分なのかを明確に区別するとともに、予定していた時間外労働を超過した結果、割増賃金部分がその月の法定割増賃金に満たなくなる場合は、その差額を支払うことが必要です。

　さらにその場合、労基則19条1項5号に規定する計算方法で、年俸を年間所定労働時間で除して時給単価を算出して割増率を乗じて時間外労働に応じた時間外手当を支払われなければなりません。

　行政解釈は、「年俸に時間外労働等の割増賃金が含まれていることが労働契約の内容であることが明らかであって、割増賃金相当部分と通常の労働時間に対応する賃金部分とに区別することができ、かつ、割増賃金相当部分が法定の割増賃金額以上支払われている場合は、労働基準法第37条に違反しない」としています（平成12年3月8日基収78号）。

　逆に言えば、上記を満たさない年俸の支払いは、労基法37条違反となる可能性があります。裁判においても、「使用者と労働者との間に、基本給に時間外割増賃金等を含むとの合意があり、使用者が本来の基本給部分と時間外割増賃金等とを特に区別することなくこれらを一体として支払っていても、労働基準法37条の趣旨は、割増賃金を確実に使用者に支払わせることによって超過労働を制限することにあるから、基本給に含まれる割増賃金部分が結果において法定の額を下回らない場合においては、これを同法に違反するとまでいうことはできないが、割増賃金部分が法定の額を下回っているか否かが具体的に後から計算によって確認できないような方法による賃金の支払方法は、同法同条に違反するものとして、無効と解するのが相当である。」（創栄

コンサルタント事件・大阪地判平成14年5月17日）とされています。

（3）年俸制の残業代の計算

　年俸制の残業代の計算方法は、一般的な残業代の計算方法と変わりません。残業時間を計算するにあたって重要になるものが、実際にどれだけ働いたかということです。

　また、割増賃金の単価の計算方法は、以下となります。

年俸額÷年間所定労働時間

　なお、年俸額を例えば15等分し、15分の3を賞与として支給している会社もあるようですが、この場合「賞与とは、定期又は臨時に、原則として労働者の勤務成績に応じて支給されるものであって、その支給額が予め確定されていないものをいうこと。定期的に支給されかつその支給額が確定しているものは賞与とみなさないこと」（昭和22年9月13日発基17号）とされているので、割増賃金が支払われるべき場合、割増賃金算定の基礎をなす「通常の労働時間の賃金」は、賞与を含めた年俸額全体を年間の所定労働時間で除して算定されることになります。

3　確認する資料および目的

　調査を実施するための資料および目的については、**図表2－Ⅶ－1**のとおりです。

図表2－Ⅶ－1　調査資料と目的

資料の名称	目　的
□　就業規則	所定労働時間の確認を行う。
□　賃金規程	年俸額の決定の方法、額の内訳、残業代の計算方法を確認する。

資料の名称	目的
☐ 賃金台帳 ☐ 雇用契約書 ☐ タイムカード	当該労働者に適用されている賃金体系、所定労働時間数と実際の賃金額、年俸制とその内訳就労時間を把握する。

4 当てはめ

① 就業時間：9時から18時の1日8時間・1週間40時間
② 年所定労働日数：365日−123日＝242日
③ 1年間の所定労働時間：242日×8時間＝1,936時間
④ 年俸額3,360,000円
⑤ 毎月に10時間の時間外労働
⑥ 時間外労働単価
　3,360,000÷1,936時間＝1,736（50銭未満切捨て、50銭以上切上げ）
　1,736×1.25＝2,170
⑦ 残業手当：2,170円×10時間＝21,700円
⑧ 簿外債務：21,700円×24カ月＝520,800円

5 報告書作成例

　　　　　　　　　　　　　　　　　　　　　年　月　日

　　　　　　労務デューデリジェンス報告書

株式会社☐☐☐☐　御中

　　　　　　○○社会保険労務士事務所
　　　　　　　調査担当社会保険労務士　○○○○
　　　　　　　調査担当社会保険労務士　○○○○

　株式会社I社の労務デューデリジェンス業務が完了いたし

ましたので、…ください。
　※ P.47の例参照。

1．潜在債務
　　　　　　　　　　520,800円
【内訳】
　　　簿外債務　　　520,800円
　　　偶発債務　　　調査対象外

簿外債務内訳

No.	調査項目	簿外債務額
1	未払賃金	520,800円

2．基準日
　　　　○○年3月31日

3．結果要約

No.	調査項目	違反事項・根拠条文等	調査資料等
1	未払賃金	時間外労働割増賃金の未払い 労働基準法施行規則19条5号 労働基準法115条	就業規則、賃金規定、賃金台帳、タイムカード、雇用契約書

4．調査結果の根拠
　労働基準法では、37条1項で時間外、休日および深夜の割増賃金について定めています。

年俸制は、年間にわたる仕事の成果によって翌年度の賃金額を設定しようとする制度ですので、労働時間の量（割増賃金）を問題とする必要のない管理職や裁量労働者に適した賃金制度です。しかし、その適用を受ける労働者が法に定める管理監督者や、みなし労働時間制の適用を受ける等の場合でない限り、割増賃金の支払いを免れることにはできません。

(1)　簿外債務
①　賃金未払い
　労働基準法37条1項において、労働時間を延長して労働させた場合は、通常の労働時間の賃金の2割5分以上の率で計算した割増賃金を支払わなければならない、とされています。
　いわゆる年俸制の適用を受ける者も、それをもって時間外労働に関する規定を除外されるわけではないため、これに該当する労働が発生した場合は、時間外労働割増賃金を支払わなければなりません。
　調査月以前2年間にコンサルタントたる国立氏は、毎月10時間の時間外労働をしたことが認められ、それに該当する割増賃金を支払わなければなりません。
　その額は、以下の計算式で求められます。

年所定労働日数：365日－123日＝242日、
　1年間の所定労働時間：242日×8時間＝1,936時間
年俸額3,360,000円
12月に10時間の時間外労働
3,360,000÷1,936時間＝1,736（50銭未満切捨て、50銭以上切上げ）

時間外労働単価：1,736×1.25＝2,170
残業手当：2,170円×10時間＝21,700円
簿外債務：21,700円×24カ月＝520,800円

以　上

Ⅷ 変形労働時間制における中途入退社した者

1 事 例

ターゲット会社の商社J社は、従業員数30人で、1月1日を起算日とした1年単位の変形労働時間制を採用しています。

7月31日付けで退職した駒込氏（基本給28万円、家族手当3万円、通勤手当1.2万円）に対して、賃金の精算をしていませんでした。

J社の所定労働時間等は以下のとおりです。

就業時間は9時から18時の1日8時間・1週間40時間。休日は土曜日、日曜日。

年所定労働日数：365日－105日＝260日、1カ月平均所定労働時間：260日×8時間÷12カ月＝173.3時間。

月	1月	2月	3月	4月	5月	6月	7月	8月	9月	10月	11月	12月	合計
日数	20	20	20	25	24	24	26	20	19	19	21	22	260
時間	160	160	160	200	192	192	208	160	152	152	168	176	2080

駒込氏は、1月1日から5月31日まで働いていました（法定超時間外労働なし）。

2 規範・ルール等の定立

(1) 変形労働時間制

変形労働時間制とは、本来1週40時間・1日8時間が原則の労基法上の法定労働時間を、一定の単位期間について、その労働時間の規制を1週および1日単位ではなく、単位期間における週あたりの平均労働時間によって考える制度です。

その単位を1年間としたのが、労基法32条の4で定められた1年単

位の変形労働時間制です。成立させるためには、労使協定によって以下の事項を定め、労働基準監督署に届け出る必要があります。これにより、特定の週や日について、1日および1週の法定労働時間を超えて労働させることができます。

  （ア）対象労働者の範囲
  （イ）対象期間（1カ月を超え、1年以内）と起算日
  （ウ）特定期間
  （エ）労働日および労働日ごとの労働時間
  （オ）労使協定の有効期間

（2）割増賃金の計算

割増賃金は、以下で発生します。

① 1日の法定時間外労働

1日8時間を超える時間を定めた場合は、その時間、それ以外の日は8時間を超えて労働した時間

② 1週の法定時間外労働

1週40時間を超える定めをした週はその時間。それ以外の週は、1週40時間を超えて労働した時間（（イ）で時間外労働となる時間を除く）

③ 対象期間の法定時間外労働

対象期間の法定労働時間の総枠（40時間×対象期間の暦日数÷7を超えて労働した時間（（イ）（ロ）で時間外労働となる時間を除く）

（3）中途入社・退社をした従業員の扱い

対象労働者に、実際に労働させた期間を平均して40時間を超えた労働時間に対して、以下の式により労基法37条に定めた割増賃金を支払

うことになります。

この精算を行う時期は、中途で入社した者は、対象期間が終了した時点、中途退職者は、退職した時点です。

割増賃金を支払う時間（労基法37条1項の規定に基づく割増賃金を支払わなければならない時間）＝（1年単位の変形労働時間制により労働させた期間における実労働時間）－（40×実労働期間の暦日数÷7）

3 確認する資料および目的

調査を実施するための資料および目的については、**図表2－Ⅷ－1**のとおりです。

図表2－Ⅷ－1　調査資料と目的

資料の名称	目　的
□ 就業規則	変形労働時間制についての記載があるか、また労働基準監督署に届け出ているかを確認する。
□ 労使協定	法定記載内容が書かれているか、また、管轄の労働基準監督署に届け出ているかを確認する。
□ 賃金規程	変形労働時間制の対象労働者が対象期間の途中で入社または退社した時の精算方法がどのようになっているか、確認する。また、駒込氏の賃金額が規定どおり支給されているかもあわせて確認する。
□ 労働者名簿 □ 賃金台帳 □ 雇用契約書 □ タイムカード	当該労働者の入退社日および適用されている賃金体系、所定労働時間と実際の賃金額、就労時間を把握する。

4 当てはめ

① 実労働時間

駒込氏の実労働期間は、1月1日から5月31日までですので、労働日数が109日（＝20＋20＋20＋25＋24）、実労働時間は872時間（＝160＋160＋160＋200＋192）です。

これを、上記の式に当てはめます。

② 割増賃金を払う時間

872（時間）－｛40（時間）×（151÷7）｝＝9.14（時間）

「1カ月単位の時間外労働等の時間数の合計に1時間未満の端数がある場合に、30分未満を切り捨て、それ以上を1時間に切り上げる方法については法違反としては取り扱わない」という行政解釈（昭和63年3月14日基発第150号）を援用して9時間とします。

③ 割増賃金単価

280,000円×12÷2,080＝1615.38（円）≒1,615円

1,615×1.25×9＝18,168.75（円）

＝18,169円（50銭未満端数切捨て、50銭以上端数切上げ）

④ 簿外債務：18,169円

5 報告書作成例

年　月　日

労務デューデリジンス報告書

株式会社□□□□　御中

〇〇社会保険労務士事務所
調査担当社会保険労務士　〇〇〇〇
調査担当社会保険労務士　〇〇〇〇

株式会社J社の労務デューデェリジンス業務が完了いたしましたので、…ください。

※ P.47の例参照。

1．潜在債務

　　　　　　　　　　　　18,169円

【内訳】

　　　　簿外債務　　　18,169円
　　　　偶発債務　　　調査対象外

簿外債務内訳

No.	調　査　項　目	簿外債務額
1	未払賃金	18,169円

2．基準日

　　〇〇年3月31日

3．結果要約

No.	調　査　項　目	違反事項・根拠条文等	調査資料等
1	未払賃金	時間外労働割増賃金の未払い 労働基準法32条の4、労働基準法第37条	就業規則、賃金規定、賃金台帳、タイムカード、雇用契約書

4．調査結果の根拠

　労働基準法では37条1項で時間外、休日および深夜の割増賃金について定めています。

　変形労働時間制とは、本来1週40時間・1日8時間が原

則の労働基準法上の法定労働時間を、一定の単位期間について、1週および1日単位ではなく、単位期間における週あたりの平均労働時間によって考える制度です。その単位を1年間としたのが、労働基準法32条の4で定められた1年単位の変形労働時間制です。

　成立させるためには、労使協定によって以下の事項を定め、労働基準監督署に届け出る必要があります。これにより、特定の週や日について、1日および1週の法定労働時間を超えて労働させることができます。

　中途入社・退社をした従業員は、実際に労働させた期間を平均して40時間を超えた労働時間に対して、以下の式により労働基準法37条に定めた割増賃金を支払うことになります。この清算を行う時期は、中途で入社した者は、対象期間が終了した時点、中途退職者は、退職した時点です。

　割増賃金を支払う時間＝（1年単位の変形労働時間制により労働させた期間における実労働時間）−（40×実労働期間の暦日数÷7）−（労働基準法37条1項の規定に基づく割増賃金を支払わなければならない時間）

(1) 簿外債務
① 賃金未払い
　駒込氏の実労働時間は、1月1日から5月31日までですので、労働日数が109日、実労働時間は872時間です。
　これを、上記の式に当てはめます。
　872（時間）−｛40（時間）×（151÷7）｝＝9.14（時間）
　割増賃金単価
　280,000（円）×12（カ月）÷2,080（時間）＝

1615.38（円）≒1,615円
1,615（円）×1.25×9（時間）＝18,168.75（円）
＝18,169円（50銭未満端数切捨て、50銭以上端数切上げ）
簿外債務：18,169円

以　上

IX 退職給付債務

1 事例

[ケース1]

ターゲット会社K社の従業員は2名で、それぞれの期末の基本給、勤続年数等は次のとおりでした。

氏　名	勤続年数	基本給	中退共積立
笹塚道男	8年3カ月	320,000	870,000
佐野鉄郎	4年7カ月	220,000	430,000

K社には、次の退職金規程（抜粋）がありました。

（退職金の額）

第○条　入社4年目以降の者が退職する場合に退職金を支給するものとし、退職金の額については、勤続年数に応じて次の計算式に基づき支給するものとする。

退職金　＝　基本給　×　支給率　×　退職理由率

年数	支給率	年数	支給率	年数	支給率	年数	支給率
3	2.0	10	5.5	17	9	24	16
4	2.5	11	6.0	18	10	25	18
5	3.0	12	6.5	19	11	26	20
6	3.5	13	7.0	20	12	27	22
7	4.0	14	7.5	21	13	28	24
8	4.5	15	8.0	22	14	29	26
9	5.0	16	8.5	23	15	30以上	28

2．勤続年数については、1年未満については切り捨てるものとする。

3．退職理由率は、会社都合、死亡、定年による場合は1.2とし、自己都合による退職の場合は1.0とする。

(社外積立金の取扱い)

第○条　当社は退職金の支給原資として、中小企業退職金共済等の社外積立金を活用する場合がある。この場合において、退職金が社外積立から支給されたときは、その金額を前条に定める退職金から控除する。

2．社外積立金による退職金が前条による退職金を上回る場合、社外積立金額を前条の退職金の支給額とする。

[ケース2]

　ターゲット会社L社では、退職金の原資を確保するため、適格退職年金制度を利用し、当該制度の積立資産が5.5％以上の利回りで運用されることを前提とした退職金制度を設計し、退職金規程には「勤続1年以上（入社2年目以上）の者が退職した場合、退職金を支給する。退職金額は、退職時の基本給に勤続年数（年未満切捨て）を乗じた額とする。ただし、適格退職年金制度から給付（年金では当該年金原資相当額、一時金では当該一時金額）を受ける場合はその額を控除する。」と定めていました。

　しかし、適格退職年金制度が廃止されることになったことに伴い、中小企業退職金共済と○○生命保険相互会社の養老保険へ移行することを決定し、これにあわせて退職金規程を、「退職金は、中小企業退職金共済と○○生命保険相互会社の養老保険への加入を行い、その支払金額とする。」という内容に変更して、個別に従業員から同意を取り付けることもなく、新しい就業規則を配布することで周知を行っていました。

　新就業規則により、1年前に退職した新宿氏には中小企業退職金共済と○○生命保険相互会社の養老保険からあわせて228万円の退職金が支払われていましたが、旧就業規則で計算した場合の退職金額は500万円（＝基本給25万円×勤続年数20年）でした。

2 規範・ルール等の定立

(1) 退職給付債務とは

　会計上の退職給付債務とは、退職一時金または企業年金制度のいずれかあるいは両方を有している企業が、将来支払うべき退職給付の総額（見込額）のうち現在までに既に発生していると認められる金額を一定の割引率や残存勤務期間により現在価値に割り引いた金額と定義できます。会計上の対象となるのは、退職金規程に定められた従業員の退職給付のみであり、希望退職を募る場面での想定外の「早期割増退職金」および、取締役に対する「退職慰労引当金」など、最終的に株主総会等で決議しないと確定しない給付は、退職給付会計の範囲からは除かれています。

(2) 退職給付債務の計算方法

　退職給付債務の計算方法には、原則法と簡便法があります。

①　原則法

　原則法では、(ⅰ)退職時に見込まれる退職給付の総額（現在給与×昇給率×退職時支給率）に、(ⅱ)退職給付の発生率（退職確率、死亡確率）および(ⅲ)期末までの発生額（現在の勤続年数÷退職時の勤続年数）を乗じ、さらに「割引率」による現価評価を行って求められます。

②　簡便法

　従業員数が300人未満の場合、簡便法により退職給付債務を算出することが認められています。退職一時金制度を採用している場合、期末自己都合要支給額（自己都合で退職したと仮定した場合の総退職金額）が退職給付債務となります。退職給付債務の算出は、財務ＤＤの

守備範囲ですが、ターゲット会社の従業員が300人未満の場合、労務ＤＤで簡便法により算出することもあります。

（3）退職金制度変更に伴う労働条件の変更

　適格退職年金制度については、平成14（2002）年4月1日施行の確定給付企業年金法により10年の猶予期間を設け、廃止されることになったことに伴い、適格退職年金制度から中小企業退職金共済など他の制度へ切り替えた企業が少なくありません。これにあわせて就業規則も変更することになりますが、労働条件を変更する場合には、労契法に則った手続きに基づき行われることが必要です。

　労契法8条では、労働条件の内容の変更は労働者から個別の同意を得ることを要請していますが、例外として、同法10条で労働者への周知と変更の合理性を満たした場合、就業規則の変更により、労働条件を変更することができます。

　この場合の周知は、労働契約上の効力の有無という契約法的観点から求められるものであるため、労基法106条1項の周知とは異なる概念であり、「実質的周知」と呼ばれています。労働条件の変更に法的拘束力を持たせるためには、合理的であることに加え、労契法上の「実質的周知」を満たす必要があります。当該実質的周知については、周知方法のみならず周知対象（周知される情報）の適切性・的確性も要請されるので、退職金の金額や計算方法が全くわからないような退職金規程では、実質的周知をしたとは認められません。その場合、旧退職金規程の効力が採用される（中部カラー事件・東京高判平成19年10月30日）ので、B社においては旧退職金規程が適用され、旧退職金制度で算出した退職金額よりも新退職金制度により支給された退職金額が少なければ、当該差額が簿外債務となります。ただし、退職金請求消滅時効については、労基法115条で5年と定められていますので、簿外債務の対象となるのは、過去5年間となります。

3 確認する資料および目的

調査を実施するための資料および目的は、**図表２－Ⅸ－１**のとおりです。

図表２－Ⅸ－１　調査資料と目的

資料の名称	目　的
□ 退職金規程	退職金の対象者、計算方法、勤続年数の取扱い等を確認する。 労働条件の不利益変更があった場合、その理由、変更手続き、周知方法および情報等を確認する。
□ 賃金台帳	正確に退職金が算出されているかを確認するため、退職者の退職時の基本給を確認する。
□ 労働者名簿	勤続年数を算出するため、入社日を確認する。
□ 雇用保険被保険者資格取得確認通知書	勤続年数を算出するため、労働者名簿記載の入社日と資格取得日を突合し、整合性を確認する。
□ 過去５年間に支払われた退職金に係る帳票	支給された退職金額と退職金規程で算出された退職金に差額がある場合、簿外債務となるため、退職金規程で定められた計算方法で、退職金が算出されているかを確認する。

4 当てはめ

以上の点を踏まえ、冒頭の事例を当てはめると、Ｋ社およびＬ社の簿外債務は以下のように算出されます。

（１）Ｋ社のケース

Ｋ社の退職金規程により、支給対象となる従業員（笹塚氏と佐野氏）ごとに算出（基本給×支給倍率×退職率）した退職金（1,440,000円、550,000円）の合計額1,990,000円から、中退共へ外部積立している金額1,300,000円（870,000円＋430,000円）を控除した金額690,000円

が基準日における退職給付債務となります。

氏　　名	勤続年数	基本給	支給倍率	退職理由率	退職金額
笹塚道男	8年3カ月	320,000	4.5	1.0	1,440,000
佐野鉄郎	4年7カ月	220,000	2.5	1.0	550,000

（2）L社のケース

　就業規則の変更により、旧退職金規程から新退職金規程に移行する方法として、労契法10条に基づき、就業規則の周知と合理性を満たす必要があります。しかし、L社においては、労基法106条1項の周知はなされていますが、労契法上の「実質的周知」が担保されていないため、新就業規則の効力は認められず、旧就業規則が適用されることになります。

　したがって、旧就業規則の定めにより算出した退職金額500万円（＝基本給25万円×勤続年数20年）と中小企業退職金共済および○○生命保険相互会社の養老保険から支払われた228万円の差額の272万円を簿外債務として認識することになります。

5　報告書作成例

（1）K社のケース

```
　　　　　　　　　　　　　　　　　　　　　　年　月　日

　　　　　　　　労務デューデリジェンス報告書

株式会社□□□□　御中
　　　　　　　　○○社会保険労務士事務所
　　　　　　　　　調査担当社会保険労務士　○○○○
```

調査担当社会保険労務士　〇〇〇〇

　株式会社Ａ社の労務デューデリジェンス業務が完了いたしましたので、…ください。

　　※ P.47の例参照。

1．潜在債務
　　　　　　　　　　　690,000円

【内訳】
　　　　退職給付債務　　690,000円
　　　　偶発債務　　　　調査対象外

簿外債務内訳

No.	調査項目	簿外債務額
1	退職給付債務	690,000円

2．基準日
　　　　〇〇年3月31日

3．結果要約

No.	調査項目	違反事項・根拠条文等	調査資料等
1	退職給付債務	会計基準の適用指針50項・簡便法による期末自己都合要支給額方式	退職金規程、賃金台帳、労働者名簿、雇用保険被保険者資格取得確認通知書

4．調査結果の根拠
　退職給付債務は、退職一時金または企業年金制度のいずれ

かあるいは両方を有している企業が、将来支払うべき退職給付の総額（見込額）のうち現在までに既に発生していると認められる金額を一定の割引率や残存勤務期間により現在価値に割り引いた金額と定義することができます。退職給付債務の計算方法には、原則法と簡便法があり、従業員数が300人未満の場合、簡便法により退職給付債務を算出することが認められています。退職一時金制度を採用している場合、会計基準の適用指針50項で期末自己都合要支給額方式（自己都合で退職した場合の退職金額）での算出方法を例示しています。

　K社の退職金規程第〇条によると、「入社4年目以降の者が退職する場合に退職金を支給するものとし、退職金の額については、勤続年数に応じて次の計算式に基づき支給するものとする。退職金　＝　基本給　×　支給率　×　退職理由率」とあり、退職金支給対象者である笹塚氏と佐野氏に対し、基準日に自己都合で退職したものとすると、それぞれの退職金は（1,440,000円、550,000円）となるため、合計1,990,000円が算出されます。

　ただし、K社の退職金規程第〇条によると、「当社は退職金の支給原資として、中小企業退職金共済等の社外積立金を活用する場合がある。この場合において、退職金が社外積立から支給されたときは、その金額を前条に定める退職金から控除する。」とあるため、中退共へ外部積立している金額1,300,000円（870,000円＋430,000円）を控除することになります。

　したがって、1,990,000円から1,300,000円を控除した690,000円が基準日における退職給付債務となります。

以上

（2）L社のケース

年　月　日

労務デューデリジェンス報告書

株式会社□□□□　御中

　　　　　　　　〇〇社会保険労務士事務所
　　　　　　　　　調査担当社会保険労務士　〇〇〇〇
　　　　　　　　　調査担当社会保険労務士　〇〇〇〇

　株式会社L社の労務デューデリジェンス業務が完了いたしましたので、…ください。

※ P.47の例参照。

1．潜在債務
　　　　　　　　　　　2,720,000円

【内訳】
　　　簿外債務　　2,720,000円
　　　偶発債務　　調査対象外

簿外債務内訳

No.	調査項目	簿外債務額
1	未払退職金	2,720,000円

2．基準日
　　　〇〇年3月31日

3．結果要約

No.	調査項目	違反事項・根拠条文等	調査資料等
1	未払退職金	退職金の未払い 労働契約法10条、労働基準法115条、中部カラー事件・平成19年10月30日東京高判、退職金規程〇条	退職金規程、賃金台帳、労働者名簿、雇用保険被保険者資格取得確認通知書

4．調査結果の根拠

　労働条件を変更する場合には、労働契約法に則った手続きに基づき行われることが必要です。労働契約法8条では、労働条件の内容の変更は労働者から個別の同意を得ることを要請していますが、例外として、同法10条で労働者への周知と変更の合理性を満たした場合、就業規則の変更により労働条件を変更することができるとされています。ただし、この場合の周知は、労働契約上の効力の有無という契約法的観点から求められるものであるため、労働基準法106条1項の周知とは異なる概念であり、労働条件の変更に法的拘束力を持たせるためには、合理的であることに加え、労働契約法上の「実質的周知」を満たす必要があります。

　つまり、当該実質的周知については、周知方法のみならず周知対象（周知される情報）の適切性・的確性も要請されるので、退職金の金額や計算方法が全くわからないような退職金規程では、実質的周知をしたとは認められません。その場合、新退職金規程の法的効力は認められず、旧退職金規程が適用され、旧退職金制度で算出した退職金額よりも、新退職

金制度により支給された退職金額が少なければ、当該差額が簿外債務となります。

　L社においては、適格退職年金制度が廃止されることになったことに伴い、退職金規程の変更が〇年〇月〇日付で行われ、新しい退職金規程が掲載された就業規則を配布することにより、労働契約法10条の周知を満たし、新しい就業規則が法的に効力のあるものと理解されていますが、新しい退職金規程の条文では、「退職金は、中小企業退職金共済と〇〇生命保険相互会社の養老保険への加入を行い、その支払金額とする。」と規定されているだけであり、具体的に退職金の算出方法や支給される金額がわかりません。

　これでは、労働契約法10条の周知を満たしたことにはならないので、新就業規則の効力は否定され、旧就業規則の内容がそのまま適用されることになります。

　旧就業規則（旧退職金規程）では、「勤続1年以上（入社2年目以上）の者が退職した場合、退職金を支給する。退職金額は、退職時の基本給に勤続年数（年未満切捨て）を乗じた額とする。ただし、適格退職年金制度から給付（年金では当該年金原資相当額、一時金では当該一時金額）を受ける場合はその額を控除する。」と定めているので、中小企業退職金共済と〇〇生命保険相互会社の養老保険から支給された一時金の228万円を適格退職年金制度から支給されたものとみなしたとしても、旧退職金規程で算出した退職金額の500万円（＝基本給25万円×勤続年数20年）を下回るため、その差額については、支払う義務が生じ、退職金請求消滅時効の5年を経過していないことから、その差額を簿外債務として認識する必要があります。

以上

X　厚生年金基金

1　事例

> ターゲット会社の繊維卸売業M社における基準日の労働者数は、常時正社員100人でした。加入する©厚生年金基金（総合型基金）が法改正を受けて解散する運びとなり、解散後は確定給付企業年金へ移行する予定となっています。移行に際して、代行割れはしていないものの制度創設時点で積立不足が発生するため、それを30年で償却する旨の計画となっていました。

2　規範・ルール等の定立

(1) 厚生年金基金の解散

「公的年金制度の健全性及び信頼性の確保のための厚生年金保険法等の一部を改正する法律」（以下、「基金制度見直し法」という）が平成26（2014）年4月に施行され、厚生年金基金（以下、「基金」という）の制度が実質的に廃止されました。

その背景として、金融環境の変動が大きくなり、長期にわたる金利水準の低下により、基金の資産運用を取り巻く環境が不安定になったこと、高齢化の進行や産業構造の変化に伴い成熟度が高まり、基金の加入者に対する年金受給者のバランスが崩れた（加入者＜受給者）こと等があげられます。

この結果、各基金では積立不足が発生し、それを解消するために事業主負担の掛金（特別掛金）の引上げを行ってきました。しかし、積立不足は常態化し、構造的な問題を基金単体で解決することは既に困難な状況に陥っていたため、基金の解散を目的とした法改正が行われ

ることとなりました。

　法改正後はアベノミクス効果や2020年の東京オリンピック開催決定等を受け、株式市場の急騰が追い風となり、基金の積立状況は「不足」から「剰余」へ変わりつつあるものの、基金解散、および代行返上の流れは変わらず、法改正前は531あった基金の数が、2018年3月時点で41まで減少しています。残存する41基金についても、そのほとんどが解散・代行返上の予定で、基金（法改正後は、「存続厚生年金基金」に呼称変更）として存続予定は8基金のみとなっています。

（2）構造的な問題の解決

　基金は、加入員の年金上乗せ支給を目的とする企業年金としての立場にある一方、厚生年金の支給の一部を代行するという公的年金としての立場も担っています。そのため、上乗せ資産（企業年金部分）と代行資産（厚生年金からの預り金）を加えた大きな資産を保有し、運用・管理をしていました。

　しかし、基金の積立不足の状況で上乗せ年金の支給を行った結果、厚生年金本体からの預かり資産が毀損する状態（代行割れ）が生じ、構造化しました。この状態が継続すれば、基金に加入する会社のみならず、厚生年金加入者全体が大きなリスクを負うことになります。

　そのため、基金制度見直し法では、公的年金と企業年金の役割分担の再整理を目的として、基金の公的年金としての立場を廃して企業年金へ移行させ、企業年金が厚生年金本体に及ぼすリスクの遮断を実現することとなりました。

（3）上乗せ給付（企業年金）の再建

　基金制度見直し法では、基金から確定給付企業年金（以下、「ＤＢ」という）等に移行する場合の特例が設けられました。

> ① 基金が代行返上して、残余財産（上乗せ資産）をＤＢに移行する場合
> ② 基金が解散して残余財産（上乗せ資産）をＤＢに移行する場合
> ③ 代行割れしている基金が特例解散し、新たにＤＢを実施し退職給付を再建する場合

　また、上記①〜③のいずれにもよらず、基金の残余財産を会社ごとにＤＢ、ＤＣ（確定拠出年金）または中退共へ移管することも認められているほか、いずれの企業年金制度にも移管を行わない場合、加入員個々人に対して残余財産を一時金として支払うことも選択肢に含まれます。

（4）問題点

　上記①〜③のいずれの場合においても、基金からＤＢに移行した場合の積立不足について、償却期間を延長（予定期間は３年から30年以内）する支援措置が設けられました。移行するＤＢ発足時の積立不足の解消支援ですが、この目的は受給権の保護です。受給権保護の対象となるのは、労働者（基金の加入員）のみならず、基金から上乗せ年金の支給を受けている人（受給権者つまり、基金に加入する会社および**既に存在しない会社のＯＢ・ＯＧ**）も含まれます。この支援措置によって、事業主負担は本来の上乗せ給付に相当する部分のほか、**積立不足の解消に相当する部分（過去勤務債務償却分）も長期間にわたって負担することとなります**。

　具体的な負担額がどの程度になるのかは、ＤＢを管理する企業年金基金の特別掛金の率、および特別掛金の負担が求められる期間によります。

3　確認する資料および目的

　調査を実施するための資料および目的については、**図表２－Ⅹ－１**

のとおりです。

図表2-X-1　調査資料と目的

資料の名称	目的
☐ 基金からの通知文書 （基金だより・ニュース等）	法改正後に発行された文書すべてを確認する。解散についての検討の是非、解散方法（代行返上か、もしくは解散か）の確認、その方法を選択するに至った経緯等の情報を確認する。あわせて、解散の認可申請を行う時点での基金の財務状況に関する情報について確認し、事業主負担がどの程度かについての概要を確認する。
☐ 代議員会議事録	法改正後に開催された代議員会の議事録すべてを確認する。通知文書で公表された内容、およびその経緯等について、詳細を確認する。
☐ 基金・企業年金からの会社宛発信文書	基金の残余財産の分配金の具体的な金額、および移行する企業年金基金の掛金（標準掛金と特別掛金）の率について確認する。
☐ 加入員標準給与月額算定基礎届 ☐ 加入員標準給与月額変更届 ☐ 加入員資格取得届 ☐ 賃金台帳 ☐ 掛金領収済通知書	基金（企業年金）に加入する従業員の人数、および加入状況を確認するため、届出状況、掛金の控除状況を把握する。

4 当てはめ

　掛金は基金の実情に応じ個々に異なるものであるため、本稿では厚生労働省が検討例としてあげたモデルケース（加入員数5千人、上乗せ部分の予定利率4.0％、最低責任準備金180億円、上乗せ資産70億円、上乗せ支給は15年保証の終身年金）にて検証を行います。

① ⓒ厚生年金基金は一旦解散したうえで、ＤＢである企業年金基金制度に移行する。
② Ｍ社も企業年金基金制度への移行する方向で社内検討中。

③ 新制度における事業主負担額は、標準掛金（15年保証の終身年金）が年間3万円（推定標準掛金率・約1,000分の6）、制度移行に伴う制度発足時の積立不足（30年償却、特別掛金）が年間9.5万円（推定特別掛金率・約1,000分の20）で合計12.5万円と試算されている（M社の平均給与水準は月額40万円を想定）。

特別掛金相当額（簿外債務）
＝ 100人 × 95,000円 × 30年間 ＝ 285,000,000円

④ ③の試算については、予定利率（4.0％という高い設定）の問題から、「将来的に追加で特別掛金が発生する可能性が高くなる」とされている（簿外債務の他に、偶発債務が発生する可能性）。

5 報告書作成例

年　月　日

労務デューデリジェンス報告書

株式会社□□□□　御中

　　　　　　　　○○社会保険労務士事務所
　　　　　　　　　調査担当社会保険労務士　○○○○
　　　　　　　　　調査担当社会保険労務士　○○○○

　株式会社M社の労務デューデリジェンス業務が完了いたしましたので、…ください。
　　※ P.47の例参照。

1．潜在債務

　　　　　　　　285,000,000円

【内訳】
　　　　　簿外債務　　　　285,000,000円
　　　　　偶発債務　　　　調査対象外

簿外債務内訳

No.	調査項目	簿外債務額
1	企業年金基金の特別掛金	285,000,000円

2．基準日
　　　　○○年3月31日

3．結果要約

No.	調査項目	違反事項・根拠条文等	調査資料等
1	特別掛金額および償却期間	公的年金制度の健全性及び信頼性の確保のための厚生年金保険法等の一部を改正する法律	基金からの通知文書、代議員会議事録　基金・企業年金からの会社宛発信文書、加入員標準給与月額算定基礎届、加入員標準給与月額変更届、加入員資格取得届、賃金台帳、掛金領収済通知書

4．調査結果の根拠

　公的年金制度の健全性及び信頼性の確保のための厚生年金保険法等の一部を改正する法律（以下、「基金制度見直し法」という）では、厚生年金基金（以下、「基金」という）の制度自体が見直され、存続するための要件が厳格化されたことによって、金利水準の低下、産業構造の変化・高齢化の進行等によって積立不足の状態が構造化した基金の解散と、上乗せ年金の再構築が求められることになりました。

　上乗せ年金の再構築には、基金制度見直し法には確定給付企業年金（DB）のほか、確定拠出年金（DC）、中退共、企業年金基金連合会への移行が示されています。M社においては、加入するⒸ基金の発表資料によると、積立不足ではあるものの代行割れ（国の厚生年金から預かった年金資産の毀損）はしておらず、いったん基金を解散したうえで、基金の残余財産を新たに設立するDB・確定給付企業年金（以下、「企業年金」という）に移管し、上乗せ給付を継続することが示されています。

　新たに設立する企業年金は、移行に際して基金に加入していた人（上乗せ年金受給者、および年金待機者（既に存在しない会社の人も含む））の受給権を保全することとされています。このため、基金から移管する資産が企業年金の最低責任準備金を下回ることとなり、その償却のために30年間にわたって事業主に特別掛金の追加負担が発生する見通しが示されています。

　1人平均　年間95,000円（推定特別掛金率　約1,000分の20）

　これらを総合して、M社が企業年金への移行を選択した際

に負担しなければならない特別掛金について、当該金額（30年間）を簿外債務とみなします。なお、企業年金の掛金を算出するにあたり、本来は個々の従業員の報酬を積算したうえで見込額を算出しますが、当該調査では労務デューデリジェンス業務委託契約で事前に合意したとおり、調査期間を短縮するために簡易的に基金・企業年金からの試算数値で算出する方法によります。

　基金解散および企業年金移行に際して発生する特別掛金簿外債務：
＝　100人　×　95,000円　×　30年
＝　285,000,000円

以上

XI 社会保険

【XI-1】被保険者の範囲

1 事 例

> ターゲット会社N社には、所定労働日数および労働時間が正規の従業員の4分の3であるパートタイマーの巣鴨氏（42歳）がいました。巣鴨氏の1月分の賃金は12万円（賞与なし）であり、入社して10年経ちますが社会保険の取得手続をしていませんでした。

2 規範・ルール等の定立

　社会保険（健康保険と厚生年金保険）は、健康保険法3条のただし書き、または厚生年金保険法12条の適用除外に該当しない者はすべて被保険者となります。したがって、健康保険法3条のただし書き、または厚生年金保険法12条に該当しないアルバイト等については、常用的使用関係が認められるので、強制的に被保険者として取り扱わなければなりません。

　しかし実務上、平成28（2016）年9月までは、昭和55（1981）年6月に出された「内かん」の内容によって被保険者資格の判断をしていました。「内かん」とは、内部向けの所管を意味する行政実務上の用語ですが、この「内かん」には、短時間就労者（パートタイマー）が健康保険および厚生年金保険を適用すべき常用的使用関係にあるかどうかを判断するにあたって、以下のように定めています。

> ① 就労者の労働日数、労働時間、就労形態、職務内容等を総合的に判断する。

② その場合、1日または1週の所定労働時間および1月の所定労働日数が当該事務所においての同種の業務に従事する通常の就労者の所定労働時間および所定労働時間のおおむね4分の3以上である就労者については、原則として健康保険および厚生年金保険の被保険者として取り扱うべきである。
③ 上記②に該当する者以外の者であっても、上記①の趣旨に従い、被保険者として取り扱うことが適当な場合があると考えられるので、その認定にあたっては、当該就労者の就労形態等個々の具体的事例に即して判断すべきものである。

なお、「常用的使用関係」の有無については、厚生年金保険法12条5項および健康保険法3条1項9号が追加され、平成28(2016)年10月1日から上記のいわゆる「4分の3要件」は、判断基準を明確化・客観化するため、就業規則や雇用契約書等で定められた所定労働時間および所定労働日数に即して判断を行うことになりました。

したがって、「1週間の所定労働時間」と「1月の所定労働時間」が、同一の事業所に使用される通常の労働者の所定労働時間および所定労働日数の4分の3以上である短時間労働者(以下、「4分の3」とする)についても、法文上厚生年金保険・健康保険の被保険者と取り扱うことになりました。

3 確認する資料および目的

調査を実施するための資料および目的については、**図表2－Ⅺ－1**のとおりです。

図表2－Ⅺ－1　調査資料と目的

資料の名称	目　的
☐ 就業規則	「所定労働時間・休日」 正規従業員の所定労働時間と休日を確認する。

	資料の名称	目　的
☐	パートタイマー就業規則または雇用契約書	「所定労働時間・休日・休憩時間」パートタイマー就労者の所定労働時間・休日・休憩時間の定めを確認する。
☐	タイムカード・ICカードなど始業・終業時間を客観的な記録として残しているもの	「賃金台帳にある労働時間の把握」タイムカードと賃金台帳の労働時間の突合をする。
☐	賃金台帳	「所定労働時間・休日」パートタイマーの賃金台帳と他の正規就労者の賃金台帳を比較する。
☐	労働者名簿	パートタイマーの採用日や社会保険等の加入状況を確認する。

4 当てはめ

　以上の点を踏まえて、本事例を当てはめると、巣鴨氏は1日の就業時間等が正規の従業員と比較して4分の3以上に該当するので、被保険者として加入する必要があります。したがって、過去2年間（保険料の徴収時効：健康保険法193条、厚生年金保険法92条）のうち、常用的使用関係が認められる日まで遡及して生じるN社（本人負担を含む）が納付すべき社会保険料を簿外債務として認識することになります。

　本ケースでは、社会保険料は以下の計算となり、N社の簿外債務は836,926円となります。

図表2－XI－2　納付すべき社会保険料

年　月（平成）		月額保険料（円）			
		健康保険料	介護保険料	厚生年金保険料	月額合計
27年9月分～28年2月分	全　額	11,764.6	1,864.4	21,037.04	34,666.04
	折半額	5,882.3	932.2	10,518.52	17,333.02
28年3月分～28年8月分	全　額	11,752.8	1,864.4	21,037.04	34,654.24
	折半額	5,876.4	932.2	10,518.52	17,327.12

第2章 簿外債務
XI 社会保険【XI－1】

年　月 （平成）		月額保険料（円）			
		健康保険料	介護保険料	厚生年金保険料	月額合計
28年9月分 ～29年2月分	全　額	11,752.8	1,864.4	21,454.76	35,071.96
	折半額	5,876.4	932.2	10,727.38	17,535.98
29年3月分 ～29年8月分	全　額	11,693.8	1,947.0	21,454.76	35,095.56
	折半額	5,846.9	973.5	10,727.38	17,547.78
2年間分の合計：上記は月額のため、各6ヵ月分を総合計します。				全　額	836,926.80
				折半額	418,463.40

5 報告書作成例

年　月　日

労務デューデリジェンス報告書

株式会社□□□□　御中

〇〇社会保険労務士事務所
調査担当社会保険労務士　〇〇〇〇
調査担当社会保険労務士　〇〇〇〇

　株式会社N社の労務デューデリジェンス業務が完了いたしましたので、…ください。

※ P.47の例参照。

1．潜在債務

　　　　　　　　　　836,926円

【内訳】

　　　簿外債務　　　836,926円
　　　偶発債務　　　調査対象外

簿外債務内訳

No.	調査項目	簿外債務額
1	社会保険料の未払額	836,926円

2．基準日
　　　　〇〇年8月31日

3．結果要約

No.	調査項目	違反事項・根拠条文等	調査資料等
1	社会保険料の未納額	取得日相違　健康保険法3条ただし書、厚生年金保険法12条、健康保険法193条、厚生年金保険法92条	就業規則、雇用契約書、労働者名簿、タイムカード、賃金台帳

4．調査結果の根拠

　社会保険料の未納額については次の表から算出しました。

年　月（平成）		月額保険料（円）			
		健康保険料	介護保険料	厚生年金保険料	月額合計
27年9月分～28年2月分	全　額	11,764.6	1,864.4	21,037.04	34,666.04
	折半額	5,882.3	932.2	10,518.52	17,333.02
28年3月分～28年8月分	全　額	11,752.8	1,864.4	21,037.04	34,654.24
	折半額	5,876.4	932.2	10,518.52	17,327.12
28年9月分～29年2月分	全　額	11,752.8	1,864.4	21,454.76	35,071.96
	折半額	5,876.4	932.2	10,727.38	17,535.98

年　月 （平成）		月額保険料（円）			
		健康保険料	介護保険料	厚生年金保険料	月額合計
29年3月分 〜29年8月分	全　額	11,693.8	1,947.0	21,454.76	35,095.56
	折半額	5,846.9	973.5	10,727.38	17,547.78
2年間分の合計：上記は月額のため、各6ヵ月分を総合計します。				全　額	836,926.80
				折半額	418,463.40

以上

【XI-2】特定適用事業所

１　事例

　ターゲット会社の小売業O社では、本店勤務の正社員410名、店舗勤務の正社員200人、平成29年8月1日から、週所定労働時間21時間（週3日・1日所定労働時間7時間）で、店舗で働く常勤のパート・アルバイトを100名雇用しています（時給1,000円、40歳以上のパートが50名）。
　本店で就労する者が410人のため、特定適用事業所に当たらないと判断し、パート・アルバイトは社会保険に加入していませんでした。

２　規範・ルール等の定立

　平成28（2016）年10月1日から、短時間労働者に対する厚生年金保険法・健康保険の適用が拡大されることになりました。以下に平成28（2016）年9月30日までのルールを整理します。

（１）平成28（2016）年9月30日までのルール

　厚生年金保険法と健康保険法において、(i)適用事業所に使用される

者を被保険者と定めるとともに、(ⅱ)「臨時に使用される者」等については、適用除外と定めていました。前述したとおり、4分の3の要件を満たす者は、短時間労働者の厚生年金保険・健康保険の被保険者として扱うとされてきました。

（2）平成28（2016）年10月1日以降のルール

「公的年金制度の財政基盤及び最低保障機能の強化等のための国民年金法等の一部を改正する法律」により、平成28（2016）年10月1日から、4分の3要件を満たさないアルバイト等でも、以下の①から⑤までの5つの条件を満たす短時間労働者については、新たに厚生年金保険・健康保険の被保険者となっています（厚年法12条5項および健保法3条1項9号）。

① 1週間の所定労働時間が20時間以上あること

1週間の所定労働時間は、就業規則・雇用契約書等により、20時間以上あるかどうかで判断します。ただし、週20時間未満の場合でも、実際の労働時間と労働日数が連続する2カ月において週20時間以上となった場合で、引き続き同様の状態が続いているまたは続くことが見込まれるときは、実際の労働時間が週20時間以上となった月の3カ月目の初日に被保険者資格を取得します。

② 賃金月額が88,000円以上であること

月額賃金88,000円の算定対象は、臨時に支払われる賃金（結婚手当等）、1カ月を超える期間ごとに支払われる賃金（賞与等）、割増賃金、精皆勤手当、通勤手当と家族手当を除いた、基本給と諸手当で判断します。月額88,000円が12カ月分あると年収は約106万円となります。年収106万円は一つの参考となるもので、年収106万円を超えることが要件ではありませんので、注意が必要です。

③ 雇用期間が1年以上見込まれること

　雇用期間が1年未満の場合でも、1年以上雇用継続が見込まれる場合は対象となります。

④ 従業員501名以上の企業に勤務していること

　法人の場合、同一法人すべての厚生年金保険の被保険者が常時500名以上いるか、個人事業主の場合、適用事業所ごとに厚生年金被保険者の総数が常時500人を超えるかで従業員数を判断します。
　なお、本店と支店の法人番号が同一の場合、本店と支店の合計した人数が500人を超えている場合も特定適用事業所となります。

⑤ 学生ではないこと

　卒業予定者、休学者、定時制に通う者を除いて、学生は対象外です。

3　確認する資料および目的

　調査を実施するための資料および目的については、**図表2-XI-2**のとおりです。

図表2-XI-2　調査資料と目的

	資料の名称	目　的
☐	就業規則	「所定労働時間・休日」 正規従業員の所定労働時間と休日を確認する。就業規則と実態に違いがないか人事労務担当者からヒアリングする必要がある。
☐	パートタイマー就業規則または雇用契約書	「所定労働時間・休日」 当該パートタイマーの所定労働時間を確認する。雇用契約の期間や契約更新の回数についても確認する。
☐	タイムカード・ICカードな	「賃金台帳にある労働時間の把握」

	資料の名称	目的
	ど始業・終業時刻を客観的な記録として残しているもの	賃金台帳とタイムカードの労働時間の突合をする。
☐	賃金台帳	「所定労働時間・休日」 当該就労者の賃金台帳と他の正規就労者の賃金台帳を比較して、社会保険の被保険者資格があるかを確認する。
☐	労働者名簿	昼間学生の有無や入社日を確認する。

4 当てはめ

　以上の点を踏まえて、本事例を当てはめると、O社は本店勤務者410人、店舗勤務者200人で被保険者の合計が500人を超えるため特定適用事業所となります。よって、週21時間勤務のパート・アルバイト従業員は社会保険に加入しなければならず、社会保険に関する簿外債務は以下のように算出されます。

【社会保険料】：月額給与：時給1,000円×7時間×13日／月＝91,000円と仮定して、

保険の種類	標準報酬月額	39歳以下 合計50名として	40歳以上60歳以下 合計50名として
健康保険料	88	8,720円	8,720円
介護保険料		0円	1,452円
厚生年金保険料		16,104円	16,104円
月額　合計　1名分		24,824円	26,276円
同　50名分		1,241,200円	1,313,800円
同　100名分			2,555,000円

　したがって、平成29年10月1日から同年12月までの3カ月分の簿外債務は、1カ月の社会保険料額に3を乗じた7,665,000円となります。

5 報告書作成例

年　月　日

労務デューデリジェンス報告書

株式会社□□□□　御中

　　　　　〇〇社会保険労務士事務所
　　　　　　調査担当社会保険労務士　〇〇〇〇
　　　　　　調査担当社会保険労務士　〇〇〇〇

　株式会社〇社の労務デューデリジェンス業務が完了いたしましたので、…ください。

※ P.47の例参照。

1．潜在債務

　　　　　　　　　　　7,665,000円

【内訳】

　　　簿外債務　　　7,665,000円
　　　偶発債務　　　調査対象外

簿外債務内訳

No.	調査項目	簿外債務額
1	社会保険料等の未払額	7,665,000円

2．基準日

　　　　〇〇年12月31日

3．結果要約

No.	調査項目	違反事項・根拠条文等	調査資料等
1	社会保険料の未納額	健康保険法３条１項９号、厚生年金保険法12条５項	就業規則、雇用契約書、労働者名簿、タイムカード、賃金台帳

4．調査結果の根拠

　社会保険料の未納額については、次の表から算出しました。

【社会保険料】：月額給与：時給1,000円×７時間×13日／月
　　　　　　　　　＝91,000円と仮定して、

保険の種類	標準報酬月額	39歳以下 合計50名として	40歳以上60歳以下 合計50名として
健康保険料	88	8,720円	8,720円
介護保険料		0円	1,452円
厚生年金保険料		16,104円	16,104円
月額　合計　１名分		24,824円	26,276円
同　50名分		1,241,200円	1,313,800円
同　100名分			2,555,000円

　したがって、平成29年10月１日から同年12月までの３カ月分の簿外債務は、１カ月の社会保険料額に３を乗じた7,665,000円となります。

以上

【XI-3】 2カ月以内の期間を定めて使用される者

1 事例

> ターゲット会社P社では、すべての中途採用者と当初2カ月間の雇用契約を結び、契約期間満了時に本人の意思確認をして、期限の定めのない雇用契約に切り替えています。その時に、社会保険の資格取得手続を行っていました。
>
> P社ではこのように、当初の2カ月間の有期雇用契約を試の使用期間として、運用してきました。今年入社した千駄木氏については、平成29（2017）年6月1日に標準報酬30万円として社会保険の加入手続きを行いましたが、直近3年間で他に中途採用者はいません。

2 規範・ルール等の定立

健康保険法3条1項2号および厚生年金保険法12条1項によって、いずれかに該当する有期契約労働者の場合、社会保険の適用除外となります。

> ① 日々雇い入れられる人（1カ月を超えずに使用される場合。なお、1カ月以内の雇用で、日々雇用されている場合、日雇特例被保険者に該当することがあります）
> ② 2カ月以内の期間を定めて使用される人
> ③ 季節的業務に使用される人（4カ月を超えずに使用される場合）
> ④ 臨時的事業の事業所に使用される人（6カ月を超えずに使用される場合）

社会保険の適用除外の趣旨は、業務の繁閑の事情に合わせ、短期間の業務に充てる要員を想定して、上記①から④までを「臨時的な使用関係」として、社会保険の適用除外としています。ただし、所定の期間を超えて引き続き使用されるに至った時、「臨時的な使用関係」ではなくなり、その時点から社会保険が適用されます。

　②の２カ月以内の期間を定めて使用される人は、誤った手続きが多くなされているので、以下で詳しく解説します。

（1）ケース別で解説

　２カ月以内の有期雇用契約といっても、当初の契約内容や、その後の契約更新の内容によって、社会保険の加入日が違ってきます。

①ケース１：契約当初２カ月を超える契約の延長がないことが決まっている場合

4/1～4/30	5/1～5/31

　ケース１では、２カ月以内の期間を定めて使用される人に該当するので、適用除外となります。

②ケース２：当初１カ月契約で契約更新の予定はなかったが、１カ月契約終了後に引き続き雇用された場合

　ケース２では、「所定期間を超えて引き続き使用されることとなった日」は１カ月契約を終了した４月30日の翌日となり、５月１日から社会保険の被保険者となります。

③ケース３：２カ月未満の有期契約であるが、契約当初から２カ月を

超える更新契約が確実に見込まれる場合

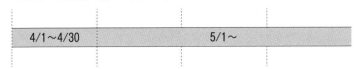

　ケース３では、契約当初から２カ月を超える有期雇用契約が見込まれるので、最初から継続的使用関係が認められるものとして、４月１日から社会保険の被保険者となります（疑義照会回答：厚生年金保険適用）。

　正社員の採用でも、当初２カ月間の有期雇用契約を結び、試用期間と称して社会保険へ加入せず、２カ月間の雇用契約終了後、本人の仕事の適性や能力を判断したうえで、本採用するケースが実務上見受けられますが、試みの使用期間的な意味で、継続的な使用関係が認められる場合、採用当初から被保険者として扱うことになります。

③　確認する資料および目的

　調査を実施するための資料および目的については、**図表２－XI－３**のとおりです。

図表２－XI－３　調査資料と目的

	資料の名称	目　的
□	就業規則	「所定労働時間・休日」 正規従業員の所定労働時間・休日・試用期間を確認する。試用期間の運用の仕方について、人事担当者にヒアリングする。
□	タイムカード・ＩＣカードなど始業・終業時刻を客観的な記録として残しているもの	「賃金台帳にある労働時間の把握」 賃金台帳とタイムカードの労働時間の突合をする。
□	賃金台帳	標準報酬月額を確認する。
□	雇用契約書	入社日を確認する。

4 当てはめ

　以上の点を踏まえて本事例を当てはめると、過去2年間（保険料の徴収時効）のうち、常用的使用関係が認められる日まで遡及して生じるP社が納付すべき社会保険料を簿外債務として認識することになります。
　したがって、平成29（2017）年4月と5月の2カ月分の社会保険料（健康保険料29,730円×2カ月と厚生年金保険料54,546円×2カ月）の、168,552円が簿外債務となります。

5 報告書作成例

```
                                            年　月　日

             労務デューデリジェンス報告書

株式会社□□□□　御中
                    ○○社会保険労務士事務所
                      調査担当社会保険労務士　○○○○
                      調査担当社会保険労務士　○○○○


   株式会社P社の労務デューデリジェンス業務が完了いたし
 ましたので、…ください。
    ※ P.47の例参照。


 1．潜在債務
                          168,552円
 【内訳】
         簿外債務       168,552円
```

偶発債務　　　　調査対象外

簿外債務内訳

No.	調査項目	簿外債務額
1	社会保険料の未納額	168,552円

2．基準日
　　　　○○年12月31日

3．結果要約

No.	調査項目	違反事項・根拠条文等	調査資料等
1	社会保険料の未納額	取得日相違 疑義照会回答	就業規則、雇用契約書、労働者名簿、タイムカード、賃金台帳

4．調査結果の根拠

　標準報酬月額30万円の平成29（2017）年4月および5月の社会保険料未納額については、次の表から算出しました。

（円）

	健康保険料	厚生年金保険料	合計
平成29年4月	29,730	54,546	84,276
平成29年5月	29,730	54,546	84,276
2カ月分の合計額			168,552

以上

【XI-4】社会保険料の基礎となる報酬に含めるもの

1 事　例

　ターゲット会社のスマホアプリ開発業Q社では、従業員数が100名に増え従前の社屋が手狭になったことから、2年前に名古屋駅近くの新社屋へ引っ越しました。新社屋には食堂を設け、健康経営の一環として、管理栄養士監修の低カロリーランチが会社の費用負担で食べられるようにしました。

　Q社では創業当時から、毎月、開発したスマホアプリが10万ダウンロードされるとヒット祝いの「大入袋」として全員に1万円を渡してきました。ところが、現在ではQ社の開発するスマホアプリは一定のブランドとして認知されるようになり、最近では100万ダウンロードということも珍しくなくなり、今となっては毎月必ず支給されるものとなっています。

　Q社では、この2年前の社屋移転にあわせて様々な制度改定をしており、そのうちの一つが退職金制度の前払方式への移行でした。一時金による退職金制度を廃止し、前払退職金として、役職等にかかわらず、勤続満3年以上の社員については一律で毎月15,000円を支給しています。

2 規範・ルール等の定立

　社会保険の保険料徴収においては、標準報酬月額・標準賞与額の制度が採用されています。保険料は、毎月の給与（標準報酬月額）と賞与（標準賞与額）に共通の保険料率を乗じて算出され、事業主と被保険者が折半して負担をしています。

（1）社会保険における「報酬」の範囲

　社会保険の報酬に関する簿外債務の計上にあたっては、事業主が支

給しているもののうち、社会保険の報酬の対象であるにもかかわらず、社会保険の各種届出において、報酬に含めずに処理がされているものがないかを確認する必要があります。

　そもそも社会保険における「報酬」とは、厚生年金保険法3条1項3号および健康保険法3条5項において、「賃金、給料、俸給、手当、賞与その他いかなる名称であるかを問わず、労働者が、労働の対償として受けるすべてのものをいう。ただし臨時に受けるもの及び三月を超える期間ごとに受けるものはこの限りではない。」と規定されており、「賞与」に関しては、厚生年金保険法3条1項4号および健康保険法3条6項において「賃金、給料、俸給、手当、賞与その他いかなる名称であるかを問わず、労働者が労働の対償として受けるすべてのもののうち、三月を超える期間ごとに受けるものをいう。」と規定されています。よって、原則的には、名称の如何を問わず、労働の対償となる支給すべてが社会保険の報酬（賞与を含む）の対象であるとしたうえで、その対象から外れるものとしては、「労働の対償ではないもの」、「臨時に受けるもの」の2つがあげられていることがわかります。

(2) 社会保険の「報酬」の対象外のもの

　行政通達（昭和32年2月21日保文発第1515号）によると、「労働の対償」とは、被保険者が事業所で労務に服し、その対価として事業主より受ける報酬や利益などをいい、(ⅰ)過去の労働と将来の労働とを含めた労働の対価、(ⅱ)事業所に在籍することにより事業主（事業所）より受ける実質的収入と考えられています。ただし、行政通達（昭和18年1月27日保発第303号）により、事業主が恩恵的に支給する見舞金は通常の報酬ではないとされ、結婚祝金や慶弔費なども「報酬」や「賞与」とはならないとされています。

　次に、「臨時に受けるもの」の範囲については、行政通達（昭和23年7月12日保発第1号）において「被保険者が常態として受ける報酬以外

のもので極めて狭義に解するものとすること」とされており、通常の生計に充てられる収入の性質が報酬であり、臨時的なものは報酬とならないとされています。

（3）社会保険の「報酬」の具体的判断

社会保険の報酬の対象となるか否かについて、特に問題となる可能性があるものについて、順にその具体的な判断方法を解説します。

① 現物給与

先述のとおり、社会保険の報酬には労働の対償として受けるすべてが対象となるため、その支給方法についていえば、通貨だけでなく、通貨以外の現物で支給されている場合も含まれます。現物で支給されるものは、「現物給与」と呼ばれますが、この現物給与の支給がある場合に問題となるのは、その価額をいくらとして取り扱えばよいかです。

その取扱いについては、厚生年金保険法25条および健康保険法46条1項において、「報酬又は賞与の全部又は一部が、通貨以外のもので支払われる場合においては、その価額は、その地方の時価によつて、厚生労働大臣が定める。」とされています。

現在のところ、「厚生労働大臣が定める現物給与の価額」（厚生労働省告示）は、食事と住宅についてのみです。それ以外のもの、例えばよくあるケースとして、自社の製品や通勤定期券などについては、時価で取り扱うこととされています。なお、労働組合との労働協約において定めがある場合はその価額が時価として取り扱われます。

（ア）食事の現物給与の取扱い

食事の支給については、1人1カ月あたり、1日あたり、朝食・昼食・夕食と各食事あたりの価額が都道府県ごとの物価水準を加味して定められています。食事代の本人負担がある場合には、現物給与価額の3分の2以上の額を徴収していれば、対象となる報酬はな

いものとして取り扱うことができますが、徴収額が現物給与価額の3分の2未満であれば、現物給与価額から徴収額を引いた差額を現物給与価額として取り扱うこととなります。

例）東京の事業所の場合
・1カ月あたりの現物給与価額…20,700円
・上記、現物給与価額の3分の2…13,800円
⇒1カ月あたりの本人からの食事代の徴収額が、
（ⅰ）10,000円の場合
→現物給与価額の3分の2に満たないため、20,700円 − 10,000円 = 10,700円を現物給与価額として、通貨支給分に加えて計上する。
（ⅱ）13,800円の場合
→現物給与価額の3分の2以上であるため、食事の現物給与はなしとして取り扱う。

（イ）住宅の現物給与の取扱い

住宅の支給（供与）については、1人1カ月あたりの住宅供与の利益の額として、都道府県ごとの家賃水準を加味して、畳1畳あたりの現物給与価額が定められています。洋室など、畳数ではなく、平方メートルで面積が表示されている住宅については、1.65平方メートルを1畳に換算し計算します。なお、住宅の家賃等を本人から徴収している場合は、食事の場合の取扱いとは異なり、現物給与の価額から徴収額を差し引いた差額が現物給与価額となります。

例）東京の事業所の場合
・6畳の住宅の場合の現物給与価額
→6畳×2,590円（畳1畳につき）＝15,540円
・11㎡の住宅の場合の現物給与価額
→11㎡÷1.65㎡×2,590円（畳1畳につき）
＝17,266.666…（1円未満の端数は切捨て）≒17,266円

平成30年4月から現物給与の価額が改定されます

報酬や賞与の全部または一部が、通貨以外のもので支払われる場合（現物給与）の価額は、厚生労働大臣が定めることとされています。このたび、厚生労働省告示により現物給与の価額が改定され、平成30年4月1日より適用されることとなりましたのでお知らせします。
この現物給与の価額の改定につきましては、被保険者の皆様にもお知らせいただきますようお願いします。

（単位：円）

都道府県名	食事で支払われる報酬等					住宅で支払われる報酬等	その他の報酬等
	1人1カ月当たりの食事の額	1人1日当たりの食事の額	1人1日当たりの朝食のみの額	1人1日当たりの昼食のみの額	1人1日当たりの夕食のみの額	1人1カ月当たりの住宅の利益の額（畳1畳につき）	
北海道	19,800	660	170	230	260	1,000	
青森	19,800	660	170	230	260	940	
岩手	19,500	650	160	230	260	1,030	
宮城	19,500	650	160	230	260	1,380	
秋田	19,500	650	160	230	260	1,010	
山形	20,400	680	170	240	270	1,180	
福島	20,100	670	170	230	270	1,070	
茨城	20,100	670	170	230	270	1,270	
栃木	20,100	670	170	230	270	1,310	
群馬	20,100	670	170	230	270	1,170	
埼玉	20,400	680	170	240	270	1,750	
千葉	20,400	680	170	240	270	1,700	
東京	20,700	690	170	240	280	2,590	
神奈川	20,700	690	170	240	280	2,070	
新潟	20,100	670	170	230	270	1,280	
富山	20,400	680	170	240	270	1,200	
石川	20,700	690	170	240	280	1,250	
福井	20,700	690	170	240	280	1,160	
山梨	20,100	670	170	230	270	1,230	
長野	18,900	630	160	220	250	1,150	
岐阜	19,800	660	170	230	260	1,180	
静岡	19,800	660	170	230	260	1,410	時価
愛知	19,800	660	170	230	260	1,470	自社製品
三重	20,400	680	170	240	270	1,200	通勤定期券
滋賀	20,100	670	170	230	270	1,360	など
京都	20,400	680	170	240	270	1,670	
大阪	20,100	670	170	230	270	1,620	
兵庫	20,100	670	170	230	270	1,460	
奈良	18,900	630	160	220	250	1,170	
和歌山	20,400	680	170	240	270	1,080	
鳥取	20,700	690	170	240	280	1,110	
島根	20,700	690	170	240	280	1,030	
岡山	20,100	670	170	230	270	1,270	
広島	20,700	690	170	240	280	1,320	
山口	20,400	680	170	240	270	1,040	
徳島	20,400	680	170	240	270	1,100	
香川	19,800	660	170	230	260	1,130	
愛媛	20,100	670	170	230	270	1,080	
高知	20,700	690	170	240	280	1,050	
福岡	19,200	640	160	220	260	1,310	
佐賀	19,500	650	160	230	260	1,080	
長崎	20,100	670	170	230	270	1,070	
熊本	20,700	690	170	240	280	1,120	
大分	20,100	670	170	230	270	1,080	
宮崎	19,800	660	170	230	260	1,030	
鹿児島	20,100	670	170	230	270	1,040	
沖縄	21,000	700	180	250	270	1,110	

※改定箇所は赤字・下線で表示しています（編注アミ掛け）。
●住宅、食事以外の報酬等の価額について、労働協約に定めがある場合は、その価額を「時価」とします。
●計算の結果、端数が生じた場合は1円未満を切り捨てます。
●洋間など畳を敷いていない居住用の室については、1.65平方メートルを1畳に換算し計算します。
●健保組合では、現物給与の価額について、規約により別段の定めをしている場合があります。

（出典：日本年金機構リーフレット「平成30年4月から現物給与の価額が改定されます」）

なお、本社管理（本社と支店等が合わせて1つの適用事業所になっている場合）の適用事業所における支店等に勤務する被保険者の現物給与は、平成25（2013）年4月1日以降、支店等が所在する都道府県の価額を適用することとされています。

② **大入袋の取扱い**

　大入袋とは、日本年金機構・疑義照会回答（以下、「疑義回答」という）【2011-159】によると、現代では、「ある期間を通して会社が一定の業績を達した時、または営業成績がよかったりした時、会社から従業員に配られるもの」を指していいます。

　大入袋については、まず、疑義回答【2010-258】において、社会保険の報酬に含まれない範囲として、「大入袋や見舞金等の単なる任意的、恩恵的なものについては、報酬等の範囲から除くこととされている。」とされています。

　また、疑義回答【2011-159】においては、「日本年金機構のホームページにおいても報酬としない例として「大入袋」の記載がありますが、これは大入袋のもつ本来の性質「①発生が不定期であること、②中身が高額でなく、縁起物なので極めて恩恵的要素が強いこと」からすると生計にあてられる実質的収入とは言い難く、報酬及び賞与としないとしています。」と示されています。さらに、同疑義回答においては、個別事例の判断の仕方を示しており、「（大入袋の支給原因、条件等が）臨時的であれば、金額の大小に関係なく、報酬としない取扱いが妥当」としています。この「臨時的」か否かの判断については、「支給事由の発生、原因が不確定なものであり、極めて狭義に解するものとすることとされていますので、例年支給されていないか、支払われる時期が決まっていないか」で判断されます。

　次に、臨時的でない場合には、「事業主が恩恵的に支給するもの」は報酬または賞与から除かれるとし、「恩恵的」か否かの判断は、「社会通念上での判断となりますが、ご照会の事例は（大入袋に関して

は)、賃金台帳に記載があること、金額が1万円であること、これに加え、支給事由が業績達成や営業成績に連動しているものであれば、本来の大入袋のもつ性質とは異にし、恩恵的ではないと判断するのが妥当」と判断しています。これをフローチャート図にまとめると、**図表2－XI－4**のとおりとなりますので、これに当てはめて考察をするとよいでしょう。

図表2－XI－4　大入袋の取扱いに関する判断基準のフローチャート

大入袋の支給原因、条件等から以下を判断されます。

臨時的であるかどうか	
支給事由の発生、原因が不確定なものであり、極めて狭義に解するものとすることとされているため、例年支給されていないか、支払われる時期が決まっていないかで判断される。	
臨時的である	臨時的でない
金額の大小に関係なく、報酬としない取扱いが妥当。	報酬または賞与となるのか判断することになるが、事業主が恩恵的に支給するものは報酬または賞与から除かれる（＝恩恵的であるかどうか）。

恩恵的であるかどうか	
恩恵的であるかどうかの判断は、社会通念上での判断となる。賃金台帳に記載があるかないか、金額の大小、支給事由より、本来の大入袋のもつ性質と異にしないかを判断される。	
恩恵的である	恩恵的でない
事業主が恩恵的に支給するものは報酬または賞与から除かれる。	報酬または賞与に含める。

疑義回答【2011-159】を基に筆者作成

図表2－XI－5　参考：大入袋の取扱いに関する行政通達・疑義回答（該当部分抜粋）

疑義回答【2010-258】
大入袋や見舞金等の単なる任意的、恩恵的なものについては、報酬等の範囲から除くこととされている。
疑義回答【2011-159】
日本年金機構のホームページでも報酬としない例として「大入袋」の記載がありますが、これは大入袋のもつ本来の性質「①発生が不定期であること、②中身が高額でなく、縁起物なので極めて恩恵的要素が強いこと」からすると生計にあてられる実質的収入とは言い難く、報酬および賞与としないとしています。
行政通達（昭和23年7月12日保発第1号）
（厚生年金保険法3条1項3号および健康保険法3条5項における）「臨時に受けるもの」とは、被保険者が常態として受ける報酬以外のもので極めて狭義に解するものとすること。
行政通達（昭和18年1月27日保発第303号）
事業主が恩恵的に支給する見舞金は通常の報酬ではない。

③　貸付金の債務免除

　クリニックなどの医療機関においては、看護学生に対して奨学金を一括で貸与したうえで、看護学校卒業後も引き続き一定期間勤務を続ける場合には、その奨学金の返済を免除し、退職した場合には、貸与した奨学金の全額またはその一部を返還させる制度を設けていることが珍しくありません。

　この奨学金の返済免除については、疑義回答【2011-27】においてその取扱いが示されています。その回答内容によると、「月々受ける債務の免除も「被保険者が事務所で労務に服し、その対価として…事業主より受ける利益」（昭和32年2月21日保文発第1515号）に該当するので労働の対償になる。また債務の免除は奨学金の貸与規程に基づき行われていること等から、これを任意的、恩恵的と考えることはできず、報酬に該当する。」と示しており、貸与した奨学金の返済を月々免除していくことで得られるメリットは、「事業主より受ける利益」であるとし、社会保険の報酬に該当するとしています。

また、(将来的には返済免除となる可能性が濃厚な) 奨学金を貸与した時点で、それが将来の労働の対価としての性質を持ち、社会保険上の賞与に該当するのではないかという疑義については、「この奨学金は返還の義務がある貸与であるため、所定の期間勤務することにより返還義務の免除を受けることができる場合であっても、将来の労働の対価と解する余地はなく賞与とはならない。」とし、賞与の対象とならないことを示しています。

④　退職金の前払い

　雇用の流動性が高まった現代においては、「今の貢献は今還元する」という発想のもと、退職金制度を前払退職金制度へと制度改定し、毎月の給与にこれまでの退職金相当額を上乗せすることもあります。
　この前払退職金については、行政通達 (平成15年10月1日保保発1001002号、庁保険発1001001号) において、「被保険者の在職時に、退職金相当額の全部または一部を給与や賞与に上乗せするなど前払いされる場合は、労働の対償としての性格が明確であり、被保険者の通常の生計にあてられる経常的な収入としての意義を有することから、原則として、健康保険法第3条第5項又は第6項に規定する報酬又は賞与に該当するものであること。(中略) また、退職を事由に支払われる退職金であって、退職時に支払われるもの又は事業主の都合等により退職前に一時金として支払われるものについては、従来どおり、健康保険法第3条第5項又は第6項に規定される報酬又は賞与には該当しないものと取り扱うこと。」と示されているため、社会保険の報酬として取扱う必要があります。

⑤　適年・厚生年金基金制度の廃止による一時金

　退職金に関しては、もう一つのケースとして、退職金制度自体を廃止するということもあります。平成24 (2012) 年3月31日をもって廃止となった適格退職年金制度の廃止であったり、近年においては厚生

年金基金制度を廃止するという場合もあります。このような退職金制度を廃止する場合には、実際に退職するわけではありませんが、制度廃止に伴い、一時金が支給されることがあります。この一時金の取扱いについては、次のような事例の取扱いが示されています。

> **事 例**
> 適格退職年金を廃止し積立金は他の制度に移行させるが、制度変更に伴い変更前と変更後を比較して変更前の制度で計算したほうが有利な場合は、その差額を一時金として支給する。

「疑義回答（厚生年金保険適用）・被保険者賞与支払届・整理番号2・退職金の前払いに係る社会保険料の取扱いについて」において、先述の④**退職金の前払い**の行政通達における退職金の前払いには該当しないとしたうえで、「事業所内の制度を改正するための一時金であり、同行政通達の「事業主の都合等により退職前に一時金として支払われるもの」と解することが妥当であろう。」と示しています。つまり、退職金制度の廃止や改定に伴い、事業主の都合等で生じる退職前の一時金については、社会保険の報酬または賞与には該当しないものと取り扱います。

⑥ 財形奨励金

企業が従業員の資産形成などを目的として、給与からの天引き（賃金控除）で行う貯蓄制度を設けることがあり、財形貯蓄制度と呼ばれています。財形貯蓄制度は、利子等に対する非課税措置や財形持家融資を利用できるなどのメリットがあり、導入企業においてはその奨励として、会社の費用負担で財形奨励金を支給する場合も少なくありません。

このような財形奨励金については、次のような事例の取扱いが示されています。

> 事 例
> ・財形貯蓄をしている被保険者に対して、毎月、給与とあわせて福利厚生費として財形奨励金が支給されている。
> ・財形奨励金は給与所得として課税対象である。
> ・賃金台帳に計上し給与明細には財形奨励金と表示されている。

　日本年金機構「疑義照会回答(厚生年金保険適用)・被保険者資格取得届・整理番号20・報酬及び賞与の範囲(財形奨励金)について」では、「報酬とは(中略)その支給形態や名称を問わず経常的実質的収入であれば報酬に含むこととなります。財形制度とは、勤労者の財産形成のための貯蓄制度であり、これに対する補助として事業主から支給される財形奨励金は、被保険者にとって明らかに実質的な収入となります。この奨励金は給与規定等に基づいて使用者から経常的に支払われるものと考えられるため、労務の対償として報酬となります。」と示しています。よって、財形奨励金は社会保険の報酬として取り扱います。

⑦　持株奨励金

　株式会社の形態である企業においては、従業員の資産形成のためなどの様々な目的のもと、従業員に対して自社株を持つことを奨励し、その購入のための奨励金を支給する制度を設ける企業があります。
　この持株奨励金については、疑義回答【2010-27】においては、次のような事例の取扱いも示されています。

> 事 例
> ・株奨励金は、毎月1口1,000円で社員全体で購入する株に対し、毎月1口50円が奨励金として支給される。
> ・ストックオプションや配当金ではない。

　「自社株投資会の奨励金(いわゆる持ち株奨励金)は、自社株投資

会への加入が被保険者の自由意思に基づくものである限り、原則として、報酬に含まないこととなる。しかしながら、自社株投資会への加入は被保険者の自由意思による制度としながらも、実態的にはほとんどの被保険者が加入しているような場合においては、過去の労働と将来の労働とを含めた労働の対価として支給されるものと認められるため、報酬に含むこととなる。」と示しています。

さらに、疑義回答【2010-1137】において、疑義回答【2010-27】を踏まえたうえで、次のような事例の取扱いも示されています。

事例

- 被保険者数が9,400名余りの事業所。
- 自社株投資会への加入は被保険者の自由意思による。
- 拠出金は１口1,000円で、奨励金はその５％に相当する額（ただし、毎月の拠出金につき、1,000円、賞与時の拠出金につき3,000円を上限とする）。
- 加入率は、51～52％であった。

「自社株投資会への加入は被保険者の自由意思だが、被保険者数が9,400名余りの事業所において、加入率が51～52％だった場合、「ほとんどの被保険者が加入している」とは認め難く、報酬に含めないと考える。」と示しています。さらに、その判断目安の補足として、「自社株投資会への加入が自由意思によるものか否かの判断は、その規約の内容によりすることになるが、規約の内容は様々であるため基準を一律に設けるのは不可能である。ただし一般的には加入を強制する規約を設けることはないと思われる。また、加入状況は、加入の任意性を判断するためのものであるため、報酬とするには、その加入の任意性を否定する程度の加入率を必要とする。」と示しています。

以上の疑義回答から導かれる判断要素としては、自社株投資会への加入が「被保険者の自由意思に基づくもの」であり、実態的に「ほとんどの被保険者が加入しているとはいえない」状態であれば、社会保

険の報酬の対象とはしない取扱いとなることがわかります。

図表2－XI－6　持株奨励金の判断要素（疑義回答より）

自社持株投資会		
<要素①> 加入の自由	加入が被保険者の自由意思に基づくものである	加入が強制である
	報酬とならない（ただし、要素②の判断へ）	報酬となる
<要素②> 加入率	実態的にはほとんどの被保険者が加入している	そうではない
	報酬となる	報酬とならない

⑧　養老保険の保険料

　養老保険とは、生命保険の一種であり、一定の死亡保障がありながらかけ捨てではなく、満期時には死亡保険金と同額の満期保険金が支払われる貯蓄性のある保険をいいます。企業においては、従業員を対象に法人契約をすることで、従業員死亡時の弔慰金や退職金の積立方法として活用されることがあります。

　社会保険における報酬とは先述のとおり、労働の対償として受けるすべてのものが対象となるため、通貨以外に事業主から受ける利益も対象となると考えられ、養老保険の保険料を事業主が負担している場合に、報酬の取扱いがどのようにされるかが論点となります。これについては、行政通達（昭和38年2月6日庁保険発3号）において、「団体養老保険の保険料を事業主が負担している場合、その保険契約によって受ける利益が従業員に及ぶものであっても、当該保険に関する事項について労働協約、給与規則等に一切規定されておらず、事業主が負担する保険料は、報酬には含まれない。」とされているため、特に法人の役員において、法人契約で養老保険をかけたうえで、従来の役員報酬の一部を当該保険の保険料支払いの一部に充て、残りの保険料を法人が負担することで、社会保険料の節減策として使われることがあるようです。

●事業主の保険料負担が身内への実質的な報酬を目的としたものである場合

しかしながら疑義回答【2010-831】においては、事業所の構成員が4人と少数の家族である医療法人の理事（事業主の妻）に対してかけられた養老保険の事業主負担の保険料（全保険料の半額）が社会保険の報酬に該当するか否かについて確認されたものがあります。厚生労働省年金局事業管理課への確認結果として、本件については「事業主が費用負担している保険料相当額が、身内への実質的な報酬を目的としたものとなっているか個別に判断する必要がある。」としたうえで、「具体的には、当該保険の内容等を総合的に勘案するうえで、

(i) 理事の中で理事長の妻のみが契約の対象となっている理由
(ii) 保険料負担が事業所と本人で折半されている理由
(iii) 事業所が死亡した際の保険金受取人となっている理由

等により、その保険料負担や給付の対象が名目的に本人以外であったとしても、実質的に身内間のみにその利益が及ぶものであるかを確認し、保険料相当額が報酬として相当するかを判断することが妥当である。」と示しています。

したがって、上記(i)～(iii)の項目等の観点により確認し、法人の保険料負担の目的が「身内への実質的な報酬を目的としたもの」と判断できるならば、「保険契約によって受ける利益」は報酬とすることが妥当であるとされています。

また、その他にも養老保険の取扱いについては、**図表2－Ⅺ－7**に掲げる疑義照会回答が多数存在しています。特に、疑義回答【2010-991】が「事業主が負担する団体養老保険の保険料については、福利厚生的なものとして恩恵的に行われているもので、労務の対償と判断できない場合には、報酬に含めない扱いになるが、個別に判断することになる。」と示しているように、先述の通達および各疑義照会回答の視点をもとに個別事案の確認をして

いくことにはなりますが、全体的に統一基準となるような明確な回答がなされているかというと、そうではないことから、調査対象企業が養老保険の法人契約をしており、その判断が難しい事案については、個別具体的に日本年金機構（年金事務所）へ疑義照会を行うことが賢明な対応であると考えられます。

図表２－Ⅺ－７　養老保険の取扱いに関する行政通達・疑義回答（該当部分抜粋）

行政通達（昭和47年10月18日庁保険発29号）・疑義回答【2010-344】
昭和47年10月18日庁保険発第29号通知においては、「特定人に定期的かつ継続的に行われる場合」のみを要件としているものではなく、「内規（社友会契約取扱規定）により事業主が一定率を肩代りすることによつて割引いており、しかも事業主の負担相当額は、毎月支給される報酬に上積みされ、所得税法においても当該被保険者の所得とされていること。」や「保険契約は、被保険者の自由意思によるものであるが、契約高などその取扱いは被保険者の勤続年数や雇用上の身分によつて区分されており、自社商品を従業員に無差別に割引き販売するといつた福利厚生とは異なること。」なども含んで検討した結果、労務の対償とできると判断したもの。

疑義回答【2010-119】
全従業員を対象に事業主が保険料を負担していることや、死亡受取人が事業主であることから判断すると、当該生命保険料は被保険者の提供する労務に何らかの金銭的評価を行い、それを還元しているものとは言えない。

疑義回答【2010-831】
事業主が費用負担している保険料相当額が、身内への実質的な報酬を目的としたものとなっているか個別に判断する必要がある。

疑義回答【2010-991】
事業主が負担する団体養老保険の保険料については、福利厚生的なものとして恩恵的に行われているもので、労務の対償と判断できない場合には、報酬に含めない扱いになるが、個別に判断することになる。

疑義回答【2010-1185】
（疑義回答【2010-831】の事案は、）事業主の妻のみが契約の対象となっている理由は、貯蓄および社会保険料の削減であることが明白で、またこのような事業所では、法人の利益と個人（事業主の親族）の利益が事実上不可分であり、「保険料負担や給付の対象が名目的に本人以外であったとしても、実質的に身内間のみにその利益が及ぶ」ことになるため、この保険料の負担は「身内への実質的な報酬を目的としたものとなっている」と考えることが妥当である。したがって、このような事業所で事業主が保険契約の当事者となって事業主が保険料を負担した場合でも、この保険料は被保険者への報酬となる。

3 確認する資料および目的

調査を実施するための資料および目的については、**図表2－XI－8**のとおりです。

図表2－XI－8 調査資料と目的

資料の名称	目　的
□ 賃金台帳	確認対象となる各支給が賃金台帳において、どのように計上されているかを確認する。
□ 就業規則（賃金規程）	確認対象となる各支給が賃金規程において、制度化されているか、どのような支給趣旨や支給ルールとなっているかを確認する。
□ 社会保険の各種届出書（資格取得届、算定基礎届、月額変更届、賞与支払届　等）	社会保険の各種届出において、確認対象となる各支給が報酬として計上されているかどうかを確認する。

支給内容	内　容
現物給与（食事、住宅）	都道府県ごとの現物給与価額および本人負担額に照らしていくらを現物給与とするか。
大入り袋の取扱い	臨時的、恩恵的なものであるか。
貸付金の債務免除	債務免除の契約内容がどのようなものであるか。
退職金の前払い	どのような制度で退職金の前払いがされているか。
適年・厚生年金基金制度の廃止による一時金	退職前の事業主等の都合による制度廃止・制度改定による一時金であるか。
財形奨励金	どのような制度で財形奨励金が支給されているか。
持株奨励金	自社持株投資会への加入が自由であるか、実態的にほとんどの被保険者が加入しているか。
養老保険の保険料	事業主の身内への実質的な報酬を目的としたものでないか、受取人は誰か、恩恵的なものであるかなど。

4 当てはめ

以上の点を踏まえ、冒頭の事例を当てはめると、Q社の簿外債務は以下のように算出されます。

① 食事の現物給与の取扱いについて

(ⅰ) 会社のある愛知県（名古屋）の昼食に対する現物給与価額は、1食あたり230円（前年も同様）です。
(ⅱ) 過去2年間の4月、5月、6月支払いの給与計算期間の出勤日（食堂利用可能日）は、それぞれ22日、20日、23日でした。よって、4月5,060円、5月4,600円、6月5,290円の現物給与があったことになります。
(ⅲ) この現物給与については、過去2年度分の社会保険の算定基礎（定時決定）の算出において、計算に加える必要があります。

② 大入袋の取扱いについて

(ⅰ) 大入袋については、臨時的で恩恵的な場合には、社会保険の報酬の対象外として取り扱うとされていますが、今回の事案では、支給当初は臨時的恩恵的であったかもしれないとしても、今現在においては、毎月定期的に支給される手当と化しているため、社会保険の報酬の対象として考えなければなりません。
(ⅱ) この大入袋月額1万円については、過去2年度分の社会保険の算定基礎（定時決定）の算出において、上乗せして計算に加える必要があります。

③ 前払退職金の取扱い

(ⅰ) 前払退職金については、通達のとおり、社会保険の報酬として扱わなければなりません。
(ⅱ) 前払退職金の対象者は70名であり、月額15,000円を過去2年度分

の社会保険の算定基礎（定時決定）の算出において、上乗せして計算に加える必要があります。

④ 簿外債務の算出

以上より、①～④の支給を過去2年度分の社会保険の算定基礎（定時決定）の算出において上乗せし、計算に加えて再計算したところ、100名の従業員のうち、65名において社会保険の標準報酬月額が1等級上昇することがわかりました。

その等級上昇の総額は、65名で100万円の上昇であったため、100万円×社会保険料（健康保険料＜協会けんぽ愛知支部＞：9.90％＋介護保険＜該当者なし＞＋厚生年金保険：18.30％）×24カ月＝6,768,000円を簿外債務として計上します。

5 報告書作成例

年　月　日

労務デューデリジェンス報告書

株式会社□□□□　御中

○○社会保険労務士事務所
調査担当社会保険労務士　○○○○
調査担当社会保険労務士　○○○○

　株式会社Q社の労務デューデリジェンス業務が完了いたしましたので、…ください。

※ P.47の例参照。

1．潜在債務
　　　　　　　　　6,768,000円
【内訳】
　　　簿外債務　　　6,768,000円
　　　偶発債務　　　調査対象外

簿外債務内訳

No.	調査項目	簿外債務額
1	社会保険の報酬の計上漏れ	6,768,000円

2．基準日
　　　　○○年3月31日

3．結果要約

No.	調査項目	違反事項・根拠条文等	調査資料等
1	社会保険の報酬の対象範囲	社会保険の報酬の計上漏れ　厚生年金保険法3条1項3号及び健康保険法第3条5項健康保険法193条、厚生年金保険法92条	賃金台帳、賃金規程、算定基礎届、賞与支払届等

4．調査結果の根拠
　使用者と労働者は労働契約や就業規則に拘束されますが、この当事者間の合意の有無・内容にかかわらず、原則として労働法および判例法理により規律・修正されます。
　例えば、労働基準法13条では「この法律で定める基準に

達しない労働条件を定める労働契約は、その部分については無効とする。…無効となった部分はこの法律で定める基準による」と定め、労働契約や就業規則が労働基準法を下回る労働条件で締結または規定されていた場合、これを強行的に修正する効力があります。

(1) 簿外債務
① 社会保険の報酬の計上漏れ
　社会保険の保険料徴収においては、標準報酬月額制度が採用されており、標準報酬月額に保険料率をかけて保険料が計算され、事業主と被保険者とが折半して負担します。
　この標準報酬月額の算出のもととなる社会保険における「報酬」とは、厚生年金保険法3条1項3号および健康保険法3条5項において、「賃金、給料、俸給、手当、賞与その他いかなる名称であるかを問わず、労働者が、労働の対償として受けるすべてのものをいう。ただし臨時に受けるものおよび三月を超える期間ごとに受けるものはこの限りではない」と規定されており、原則的には、名称の如何を問わず、支給されるすべてが社会保険の報酬の対象となります。
　Q社における各種支給内容のうち、本来は社会保険の対象であるにもかかわらず、Q社においては社会保険の報酬の対象として処理がされていない支給が3つ確認されました。
　(i) 現物給与（食事）
　　Q社では社員食堂において、会社負担の費用による昼食の提供がされています。社会保険の報酬には、通貨だけでなく、通貨以外の現物（現物給与）で支給されている場合も含まれます。この食事の現物給与の取扱いについては、厚生年金保険法25条および健康保険法46条1項、「厚生

労働大臣が定める現物給与の価額」（厚生労働省告示）において定めがあり、事業所の所在地のある愛知県では、現在、昼食に対する現物給与価額は、1食あたり230円（前年も同様）とされています。

　過去2年間の4月、5月、6月支払いの給与計算期間の出勤日（食堂利用可能日）は、それぞれ22日、20日、23日でした。よって、4月5,060円、5月4,600円、6月5,290円の現物給与があったことになります。この現物給与については、過去2年度分の社会保険の算定基礎（定時決定）の算出において、計算に加える必要があります。

(ii)　大入袋

　Q社では、創業当時から開発したスマホアプリがヒットした場合に、大入袋として全員に1万円が支給されてきましたが、現在は何ら条件なく毎月支給されています。

　大入袋が、社会保険の報酬に含まれるか否かについては、日本年金機構・疑義照会回答【2010-258】・【2011-159】などにおいて、「不定期」で「恩恵的」なものであれば報酬からは除かれるとされています。ところが、Q社の大入袋については、今現在において毎月定期的に支給される手当と化しているため、社会保険の報酬の対象として考えなければなりません。よって、この大入袋月額1万円については、過去2年度分の社会保険の算定基礎（定時決定）の算出において、上乗せして計算に加える必要があります。

(iii)　前払退職金

　Q社では、2年前に退職時の一時金による退職金制度を廃止し、前払退職金として、勤続満3年以上の社員については、一律で毎月15,000円を支給しています。

前払退職金については、行政通達（平成15年10月1日保保発1001002号、庁保険発1001001号）において、「被保険者の在職時に、退職金相当額の全部又は一部を給与や賞与に上乗せするなど前払いされる場合は、労働の対償としての性格が明確であり、被保険者の通常の生計にあてられる経常的な収入としての意義を有することから、原則として、健康保険法3条5項又は6項に規定する報酬又は賞与に該当するものであること。」と示されているため、社会保険の報酬として取扱う必要があります。Q社における前払退職金の対象者は70名であり、月額15,000円を過去2年度分の社会保険の算定基礎（定時決定）の算出において、上乗せして計算に加える必要があります。

　以上より、現物給与（食事）、大入袋、前払退職金の支給を過去2年度分の社会保険の算定基礎（定時決定）の算出において、上乗せし計算する必要があり、再計算を行うと、100名の従業員のうち、65名において社会保険の標準報酬月額が1等級上昇します。その等級上昇の総額は、65名で100万円の上昇であったため、100万円×社会保険料（健康保険料＜協会けんぽ愛知支部＞：9.90％＋介護保険＜該当者なし＞＋厚生年金保険：18.30％）×24カ月＝6,768,000円が簿外債務として認められます。

以上

XII 労働保険

1 事例

[労災保険]
　ターゲット会社R社ではこれまで労働災害が発生したことがなく、社長も少しでも経費を削りたいと労災保険に加入していませんでした。行政からも加入するよう指導が入りましたが、そのまま手続きをとらずにいたところ、従業員の高田氏（賃金日額1万2千円）が労災事故が原因で死亡し、遺族に対し労災保険から遺族補償一時金の支給が行われました。

[雇用保険]
　馬場氏は現在50歳。13年ほど、ターゲット会社R社にパートとして1週間に4日、1日6時間勤務していましたが、この度夫の転勤で、R社を退職することになりました。
　R社では馬場氏の雇用保険加入手続は行われておらず、馬場氏も特に気にしていませんでしたが、知り合いから「それだけの時間働いていたのなら、雇用保険に加入しないといけないはずだし、加入していたら失業保険だってもらえたのに」という話を聞き、驚きました。なお、馬場氏の時給は1,000円、月額給与は平均10万円でした。

2 規範・ルール等の定立

　労働保険は、雇用保険と労災保険に分けて調査をする必要があります。

（1）労災保険料率（適用業種の適正）

　労災保険は、労働者災害補償保険法1条で「業務上の事由又は通勤による労働者の負傷、疾病、障害、死亡等に対して迅速かつ公正な保

護をするため、必要な保険給付を行い、あわせて、業務上の事由又は通勤により負傷し、又は疾病にかかった労働者の社会復帰の促進、当該労働者及びその遺族の援護、労働者の安全及び衛生の確保等を図り、もって労働者の福祉の増進に寄与することを目的とする」と定められています。

労災保険には、業務災害と通勤災害に関する保険給付があります（労災保険法12条の8項、13条ほか）。

被災した労働者は、自ら費用の負担をすることなく上記の給付を受けられることになり、療養のため労働することができず、賃金を受けない場合、賃金を受けない日の4日目から1日につき給付基礎日額の100分の60に相当する額が支給されます。これに加えて、社会復帰促進等事業より休業特別支給金として100分の20に相当する額が加算して支給されることになっています。

（2）労災保険の加入要件

労災保険は、正社員、契約社員、日雇、パート、アルバイト、派遣等、名称や雇用形態にかかわらず、すべての労働者が加入の対象となります。

ただし、労働者ごと個別に加入・脱退の手続きをするのではなく、年に1度、会社が対象期間中の賃金の総額と平均人数を申告し、手続きを行います（海外派遣者により特別加入の承認を得ている労働者は別個に申告する）。

代表権・業務執行権を有する役員は、労災保険の対象とはなりませんが、法人の取締役・理事・無限責任社員等の地位にある者であっても、法令・定款等の規定に基づいて業務執行権を有すると認められる者以外の者で、事実上業務執行権を有する取締役・理事・代表社員等の指揮命令下で労働に従事し、その対償として賃金を得ていれば、原則として「労働者」として扱われ、労災保険加入の対象となります。逆に、法令、または定款の規定により業務執行権を有しないと認めら

れる取締役であっても、取締役会規則その他内部規制によって、業務執行権を有する者と認められる者は、「労働者」の扱いにはなりませんので、労災保険の対象とはされません。

監査役および監事は、法令上使用人を兼ねることを得ないものとされていますが、事実上一般の労働者と同様に賃金を得て労働に従事している場合は「労働者」として取り扱われます。

ちなみに、保険料の対象となる賃金は「役員報酬」の部分は含まれず、労働者としての「賃金」部分のみとなります。

(3) 労災保険料

労災保険は、賃金総額に事業種類に応じた労災保険率をかけて算出します。したがって、労災保険に関しては、適用する「事業の種類」が正しく申告されているかを確認する必要があります。しかし、保険関係成立届を提出し、労災保険に加入した当初に登録した事業が、その後、事業を変更したにもかかわらず、旧事業のままの保険率で算定され、変更届がなされていない事例もあるようです。

例えば、不動産業を営んでいた会社が、その後業態変更してビルメンテナンス業へ変更するような場合、労災保険率は1000分の2.5から1000分の5.5に変更されますが（平成30年度の保険料率）、これを、新事業の保険率を適用せず、旧事業の保険率のままで算出すると、正確な保険料の約2分の1程度の額になります。したがって、新事業の労災保険率で算定した額と旧事業の労災保険率で算出した差額が簿外債務となります。

事業の種類		労災保険率 平成30年4月1日以降
木材伐出業		60/1000
その他の林業		
海面漁業（定置網漁業又は海面魚類養殖業を除く。）		18/1000
定置網漁業又は海面魚類養殖業		38/1000
金属鉱業、非金属鉱業（石灰石鉱業又はドロマイト鉱業を除く。）又は石炭鉱業		88/1000
石灰石鉱業又はドロマイト鉱業		16/1000
原油又は天然ガス鉱業		2.5/1000
採石業		49/1000
その他の鉱業		26/1000
水力発電施設、ずい道等新設事業		62/1000
道路新設事業		11/1000
舗装工事業		9/1000
鉄道又は軌道新設事業		9/1000
建築事業（既設建築物設備工事業を除く。）		9.5/1000
既設建築物設備工事業		12/1000
機械装置の組立て又は据付けの事業		6.5/1000
その他の建設事業		15/1000
食料品製造業	食料品製造業（たばこ等製造業を除く。）	6/1000
	たばこ等製造業	
繊維工業又は繊維製品製造業		4/1000
木材又は木製品製造業		14/1000
パルプ又は紙製造業		6.5/1000
印刷又は製本業		3.5/1000
化学工業		4.5/1000
ガラス又はセメント製造業		6/1000
コンクリート製造業		13/1000
陶磁器製品製造業		18/1000
その他の窯業又は土石製品製造業		26/1000
金属精錬業（非鉄金属精錬業を除く。）		6.5/1000
非鉄金属精錬業		7/1000
金属材料品製造業（鋳物業を除く。）		5.5/1000

事　業　の　種　類	労災保険率 平成30年 4月1日以降
鋳物業	16/1000
金属製品製造業又は金属加工業（洋食器、刃物、手工具又は一般金物製造業及びめっき業を除く。）	10/1000
洋食器、刃物、手工具又は一般金物製造業（めっき業を除く。）	6.5/1000
めっき業	7/1000
機械器具製造業（電気機械器具製造業、輸送用機械器具製造業、船舶製造又は修理業及び計量器、光学機械、時計等製造業を除く。）	5/1000
電気機械器具製造業	2.5/1000
輸送用機械器具製造業（船舶製造又は修理業を除く。）	4/1000
船舶製造又は修理業	23/1000
計量器、光学機械、時計等製造業（電気機械器具製造業を除く。）	2.5/1000
貴金属製品、装身具、皮革製品等製造業	3.5/1000
その他の製造業	6.5/1000
交通運輸事業	4/1000
貨物取扱事業（港湾貨物取扱事業及び港湾荷役業を除く。）	9/1000
港湾貨物取扱事業（港湾荷役業を除く。）	9/1000
港湾荷役業	13/1000
電気、ガス、水道又は熱供給の事業	3/1000
農業又は海面漁業以外の漁業	13/1000
清掃、火葬又はと畜の事業	13/1000
ビルメンテナンス業	5.5/1000
倉庫業、警備業、消毒又は害虫駆除の事業又はゴルフ場の事業	6.5/1000
通信業、放送業、新聞業　または出版業	2.5/1000
卸売業、小売業、飲食店　または宿泊業	3/1000
金融業、保険業または不動産業	2.5/1000
その他の各種事業	3/1000
船舶所有者の事業	47/1000

① 加入手続と費用の徴収

　労災保険料は、事業主に労災保険に強制的に加入させることにより、労基法上の使用者の労災補償責任を免責する効果があるため（労基法84条1項）、使用者が保険料の全額を負担することになっています。また、労働者を1人でも雇っている事業主は、労災保険の加入手続を行わなければならず、労働者を最初に雇い入れた日から10日以内に所定の保険関係成立届を労働基準監督署等に提出することにより、労災保険の加入手続を行う必要があります。

　事業主がこの加入手続を怠っていた期間中に業務災害が発生した場合、および事業主に重大な過失がある業務災害について保険給付を行った場合は、政府はその保険給付に要した費用に相当する額の全部または一部を事業主から徴収することができます。また、加入手続を怠っていた場合には、別途遡って保険料も徴収されることになります。

　具体的には以下のとおりです。

（ア）故意または重大な過失により労災保険加入手続をしていない期間中の業務災害

　　事業主が故意に、労災保険に係る保険関係の成立の届出をしていない（いわゆる未手続の）期間中に業務災害・通勤災害が生じた場合については、保険給付の額の100％相当額が支給の都度徴収されます（労災保険法31条1項。療養補償給付（療養給付）、介護補償給付（介護給付）および二次健康診断等給付を除く）。

　　また、事業主が重大な過失により労災保険に係る保険関係の成立の届出をしていない期間中に事故が生じた場合は、上記の保険給付の額の40％相当額がその都度徴収されることになります。

　　「故意」とは、労災の加入につき、訪問、呼び出し等を通じた行政の直接的指導を受けたにもかかわらず、加入手続を行わない場合をいい、「重大な過失」とは、行政から労災保険の加入につ

いて直接指導を受けてはいないものの、労働保険の適用事業となった時から1年を経過してもなお加入手続を行っていない場合をいいます。

　徴収の対象は、療養開始日（即死の場合は事故発生日）の翌日から起算して3年以内に支給事由が生じたもの（年金給付については、この期間に支給事由が生じ、かつ、この期間に支給すべき保険給付）に限られます。

（イ）一般保険料の滞納期間中の労働災害
　事業主が概算保険料のうち一般保険料を納付しない期間（督促状に指定する期限までの期間は除く）中に発生した業務災害・通勤災害について保険給付が行われた場合には、督促状の指定期限の翌日から保険料を完納した日の前日までに発生した事故について行われた保険給付の額のうち、事故発生日から保険料完納日の前日までに支給されることになったものについて、給付額に滞納率を乗じた額が支払いの都度徴収されます（療養補償給付（療養給付）、介護補償給付（介護給付）および二次健康診断等給付を除く）。

　「滞納率」とは、事故発生時に滞納している概算保険料の額と納付すべき概算保険料の額との割合をいい、最高限度は40％とされています。ただし、徴収の対象は、療養開始日（即死の場合は事故発生日）の翌日から起算して3年以内に支給事由が生じたもの（年金給付については、この期間に支給事由が生じ、かつ、この期間に支給すべき保険給付）に限られます。

（ウ）事業主の故意または重大な過失による業務災害
　事業主の故意または重大な過失によって発生した業務災害（通勤災害は含まない）の原因である事故について保険給付が行われた場合には、保険給付の額の30％が支払いの都度徴収されます（療養補償給付、介護補償給付および二次健康診断等給付を除く）。ただし、徴収の対象となるのは、療養開始日（即死の場合は事故

発生日）の翌日から起算して3年以内に支給事由が生じたもの（年金給付については、この期間に支給事由が生じ、かつ、この期間に支給すべき保険給付）に限られます。

（4）雇用保険被保険者の範囲

　雇用保険は、労働者が失業したり、雇用の継続が困難となったりした場合に必要な給付を行うほか、労働者が自ら職業に関する教育訓練を受ける場合に必要な給付を行って労働者の生活および雇用の安定を図るとともに、失業者の求職活動を容易にするなど就職を促進し、あわせて労働者の職業の安定に資するため、失業の予防、雇用機会の拡大、雇用構造の改善、労働者の能力の開発・向上、福祉の増進などを図ることが目的です（雇用保険法1条）。

　雇用保険は労災保険とは異なり、労働者ごとに資格取得等の手続きを行う必要がありますが、非正規労働者を含め、対象とすべき労働者についてすべて加入しているか、確認が必要です。

　平成22（2010）年4月1日の雇用保険法の改正により、雇用保険被保険者の適用範囲は、（ⅰ）31日以上の雇用見込みがあること、（ⅱ）1週間あたりの所定労働時間が20時間以上であることに拡大されました。したがって、これまで雇用保険の適用外だった従業員も雇用保険に加入させる必要が生じることになったのですが、実務上では、特に短時間労働者について適切な加入手続が行われていないケースが見られ、また、そもそも「短時間労働者」「パート・アルバイト」は最初から加入しないと決めている事業所も散見されます。雇用保険被保険者に該当するにもかかわらず未加入になっている、いわゆる「加入漏れ」に対する雇用保険料については、被保険者が負担する分も含めて簿外債務として計上することになりますので、精査が必要です。

（5）労働保険料の基礎となる報酬に含めるもの

　労働保険料の算定基礎に算入する「賃金」については、徴収法2条

2項で、「この法律において「賃金」とは、賃金、給料、手当、賞与その他名称のいかんを問わず、労働の対償として事業主が労働者に支払うもの（通貨以外のもので支払われるものであって、厚生労働省令で定める範囲外のものを除く。）をいう」とあり、かつ、同法施行規則3条で「…通貨以外のもので支払われる賃金の範囲は、食事、被服及び住居の利益のほか、所轄労働基準監督署長又は所轄公共職業安定所長の定めるところによる」と定められています。

例えば、事業所において無料で従業員に提供される軽食等は、「通貨以外のもので支払われる賃金」に該当するので、労働保険料を算定する際には厚生労働大臣が定める公示額に基づき賃金として算入する必要があります。

労働保険料の算出の際、その基礎となる報酬に含めるものは、以下のとおりです。

賃金総額に算入するもの	賃金総額に算入しないもの
・基本給・固定給等基本賃金 ・超過勤務手当・深夜手当・休日手当等 ・扶養手当・子供手当・家族手当等 ・宿、日直手当 ・役職手当・管理職手当等 ・地域手当 ・住宅手当 ・教育手当 ・単身赴任手当 ・技能手当 ・特殊作業手当 ・奨励手当 ・物価手当 ・調整手当 ・賞　与 ・通勤手当 ・定期券・回数券等 ・休業手当 ・雇用保険料その他社会保険料（労働者	・休業補償費 ・結婚祝金 ・死亡弔慰金 ・災害見舞金 ・増資記念品代 ・私傷病見舞金 ・解雇予告手当（労基法20条の規定に基づくもの） ・年功慰労金 ・出張旅費・宿泊費等（実費弁償的なもの） ・制　服 ・会社が全額負担する生命保険の掛金 ・財産形成貯蓄のため事業主が負担する奨励金等（労働者が行う財産形成貯蓄を奨励援助するため事業主が労働者に対して支払う一定の率または額の奨励金等） ・創立記念日等の祝金（恩恵的なもので

賃金総額に算入するもの	賃金総額に算入しないもの
の負担分を事業主が負担する場合) ・住居の利益(社宅等の貸与を受けない者に対し均衡上住宅手当を支給する場合) ・いわゆる前払退職金(労働者が在職中に、退職金相当額の全部または一部を給与や賞与に上乗せするなど前払いされるもの)	なく、かつ、全労働者または相当多数に支給される場合を除く) ・チップ(奉仕料の配分として事業主から受けるものを除く) ・住居の利益(一部の社員に社宅等の貸与を行っているが、他の者に均衡給与が支給されない場合) ・退職金(退職を事由として支払われるものであって、退職時に支払われるものまたは事業主の都合等により退職前に一時金として支払われるもの)

(出所:厚生労働省ウェブサイト　http://www2.mhlw.go.jp/topics/seido/daijin/hoken/980916_6.htm)

3 確認する資料および目的

調査を実施するための資料および目的については、**図表2-XII-1**のとおりです。

図表2-XII-1　調査資料と目的

	資料の名称	目的
☐	労働者名簿	労働者それぞれの勤務時間、勤務日を確認し、雇用保険の加入要件を満たす者を確認する。
☐	雇用保険被保険者資格取得確認通知書	雇用保険の加入要件を満たす者が適切に加入しているかを確認する。
☐	賃金台帳	雇用保険料が給与から適切に天引きされているかを確認する。
☐	タイムカード・ICカードなどの始業・終業時刻を客観的な記録として残しているもの	「賃金台帳にある労働時間の把握」 賃金台帳とタイムカードの労働時間の突合作業。
☐	労働保険料年度更新申告書の控え	労災保険の業種が適切であるか、また正確に労働保険料が申告・納付されているかを確認する。

4 当てはめ

以上の点を踏まえ、冒頭の事例を当てはめると、R社の簿外債務は以下のとおり考えられます。

(1) 労災保険

高田氏の事例の場合は、行政から指導を受けたにもかかわらず加入手続を怠っていたので、R社が徴収される額は以下のとおりとなります。

遺族補償一時金の額（12,000円（高田氏の賃金日額）×1,000日分）×100％＝ 12,000,000円

注：遺族補償年金または遺族補償一時金のいずれが支給されるかは、年金を受け得る遺族の有無等の要件によりますが、本事例では遺族年金一時金としています。後述の「**5 報告書作成例**」でも同様です。

ちなみに、「重大な過失」により手続きが行われなかった場合、保険給付額の40％の金額が徴収されますので、この場合の費用徴収の額は以下のとおりとなります。

遺族補償一時金の額（12,000円（高田氏の賃金日額）×1,000日分）× 40％＝4,800,000円

上記の他にも、2年間遡った保険料と追徴金10％が徴収されることになります。

(2) 雇用保険

馬場氏の事例では「加入漏れ」に当たりますので、2年遡及して加入することとなります。その場合は、確定保険料の訂正を行い、追加納付する必要があります。

また、本来は13年の雇用保険被保険者期間があったはずであるのに、加入手続を怠ったことから馬場氏の加入期間は2年間となり、120日分受給できるはずであった失業手当は、90日分しかもらえないことになります。この場合、馬場氏は受給できなかった基本手当日額の30日分をR社に請求することも十分に考えられます（失業保険民訴）ので、その額が簿外債務になり得ます。

　なお、雇用保険については、保険料を徴収する権利の消滅時効である2年前までしか遡及加入できなかったのですが、平成22年10月1日の改正で、本人の負担する雇用保険料を賃金から天引きしていたにもかかわらず、事業主が当該従業員の雇用保険資格取得の手続きを怠っていた場合、2年を超えて遡及し、加入できるようになりました。

　このケースでは本人に落ち度はなく、保険料の納付実績があるとみなされます。これにより納付が生じる雇用保険料を「特例納付保険料」と呼び、保険料は、以下の計算式で求められた基本額と加算額の合計額となります。

　基本額＝（遡及期間のもっとも古い日から1カ月の賃金＋遡及期間の直近1カ月の賃金）÷2×遡及期間の直近の雇用保険率×遡及期間の月数

　ターゲット会社において、「特例対象者」がいる場合には、特例納付保険料が簿外債務となりますので、雇用保険の加入状況を精査する際にもあわせて確認が必要です。

　また、加入漏れの場合でも特例納付保険料の場合でも、追徴金として基本額の10％が加算されます。

　「失業保険民訴」の訴額の基礎となる、賃金日額および基本手当日額の計算方法は、以下のとおりです。

① 　賃金日額　＝　退職前の6カ月間の給与÷180日

② 基本給付日額

(H30. 8. 1～)

賃金日額（w円）	給付率	基本手当日額（y円）
◆離職時の年齢が29歳以下（※1）		
2,480円以上4,970円未満	80%	1,984円～3,975円
4,970円以上12,210円以下	80%～50%	3,976円～6,105円（※2）
12,210円超13,500円以下	50%	6,105円～6,750円
13,500円（上限額）超	－	6,750円（上限額）
◆離職時の年齢が30～44歳		
2,480円以上4,970円未満	80%	1,984円～3,975円
4,970以上12,210円以下	80%～50%	3,976円～6,105円（※2）
12,210円超14,990円以下	50%	6,105円～7,495円
14,990円（上限額）超	－	7,495円（上限額）
◆離職時の年齢が45～59歳		
2,480円以上4,970円未満	80%	1,984円～3,975円
4,970円以上12,210円以下	80%～50%	3,976円～6,105円（※2）
12,210円超16,500円以下	50%	6,105円～8,250円
16,500円（上限額）超	－	8,250円（上限額）
◆離職時の年齢が60～64歳		
2,480円以上4,970円未満	80%	1,984円～3,975円
4,970円以上10,980円以下	80%～45%	3,976円～4,941円（※3）
10,980円超15,740円以下	45%	4,941円～7,083円
15,740円（上限額）超	－	7,083円（上限額）

※1　離職時の年齢が65歳以上の方が高年齢求職者給付金を受給する場合も、この表を適用します。
※2　$y = 0.8w - 0.3\{(w-4,970)/7,240\}w$
※3　$y = 0.8w - 0.35\{(w-4,970)/6,010\}w$、$y = 0.05w + 4,392$ のいずれか低い方の額

　馬場氏は離職時に50歳、賃金日額は（100,000円×6カ月）÷180＝3,333円なので、賃金基礎日額は、賃金日額の80%（2,666円）となります。30日分なので、失業保険は2,666円×30日＝79,980円となります。

5 報告書作成例

年　月　日

労務デューデリジェンス報告書

株式会社□□□□　御中

　　　　　　　○○社会保険労務士事務所
　　　　　　　　調査担当社会保険労務士　○○○○
　　　　　　　　調査担当社会保険労務士　○○○○

　株式会社R社の労務デューデリジェンス業務が完了いたしましたので…ください。

※ P.47の例参照。

1．潜在債務

　　　　　　　　　　　12,079,980円

　上記に加え、2年分の労災保険料および追徴金10%、および馬場氏にかかる2年分の雇用保険料および追徴金10%（別途要計算）

【内訳】

　　簿外債務
　　　① 労災保険関係　　12,000,000円
　　偶発債務
　　　① 雇用保険関係　　　　79,980円

潜在債務内訳

No.	調査項目	簿外・偶発債務額
1	遺族補償一時金	12,000,000円
2	失業給付金（30日分）	79,980円
3	2年分の労災保険料および追徴金10%	別途要計算
4	馬場氏にかかる2年分の雇用保険料および追徴金10%	別途要計算

2．基準日
　　　　○○年9月1日

3．結果要約

No.	調査項目	違反事項・根拠条文等	調査資料等
1	遺族補償一時金	労災保険の未加入、保険料未納付 労災保険法31条1項、基発0922001号（平成17年9月22日）	労働保険料年度更新申告書控え、賃金台帳
2	雇用保険	雇用保険未加入、保険料未納付 雇用保険法1条	雇用保険被保険者資格取得届控え、タイムカード、賃金台帳

4．調査結果の根拠

　使用者と労働者は労働契約や就業規則に拘束されますが、この当事者間の合意の有無・内容にかかわらず、原則として労働法および判例法理により規律・修正されます。
　例えば、労働基準法13条では「この法律で定める基準に

達しない労働条件を定める労働契約は、その部分については無効とする。…無効となった部分はこの法律で定める基準による」と定め、労働契約や就業規則が労働基準法を下回る労働条件で締結または規定されていた場合、これを強行的に修正する効力があります。

(1) 簿外債務
① 労災保険
　労働者を１人でも雇用する事業主は、労災保険の加入手続を行い、労災保険料を納付する必要があるべきところ、R社は労基署より指導があったにもかかわらず、加入手続・保険料納付を怠っておりました。
　事業主が故意に加入手続を怠っていた期間中に業務災害が発生した場合は、政府は、その保険給付に要した費用に相当する額の全部または一部を事業主から徴収することができます（労災保険法31条１項）。また、この場合には、別途遡って保険料も徴収されることになります。
　この度、高田氏の労災事故の件も、行政指導がなされていたにもかかわらず、加入手続がなされなかった期間に発生しておりますので、下記のとおり遺族補償一時金が、100％の割合で政府より徴収されます。

　遺族補償一時金の額
　（12,000円（高田氏の賃金日額）×1,000日分）×100％＝12,000,000円

　また、上記以外にも２年遡及した労災保険料、および追徴金として当該保険料の10％を納付する必要があるため、こ

の計算が別途必要となります。この保険料・追徴金も簿外債務となることにご留意ください。

② 雇用保険

　馬場氏はR社にて13年間勤務し、その間雇用保険加入要件を満たしていたにもかかわらず、加入手続がなされていませんでした。雇用保険に2年遡及して加入したとしても、本来120日分給付されるはずであった失業手当は90日分しか給付されず、馬場氏より請求された場合は、以下のとおり、30日分の基本手当日額が偶発債務になります。

　馬場氏の賃金日額＝(100,000円×6)÷180＝3,333円

　馬場氏の基本手当日額は、平成30(2018)年8月1日に改定された算定基準に当てはめると2,666円となります。

　したがって、受給できない基本手当日額30日分につき、馬場氏より請求があった場合は、79,980円が偶発債務となります。

以上

XIII　年次有給休暇

1　事　例

　ターゲット会社の卸売業S社における基準日の労働者数は、常時正社員100人、契約社員（所定労働時間は正社員と同様、1年間の有期雇用契約で日給制）70人でした。
　年次有給休暇は労基法に準拠した取扱いとなっており、取得率は概ね正社員が40％・契約社員が80％でした。なお、年次有給休暇を取得したときは、正社員は皆勤手当（月額10,000円）が支給されず、契約社員は日給が一律10,000円のみ支給となっていました。
　なお、買い手企業はIFRSで財務諸表を作成しています。

2　規範・ルール等の定立

(1) 労基法の規定

①　労基法による権利の発生

　労基法では、年次有給休暇（以下、「有給休暇」もしくは「年休」という）について、使用者は、その雇入れの日から起算して6カ月継続勤務し、全労働日の8割以上出勤した労働者に対して、継続し、または分割した10労働日の有給休暇を与えなければならないと定め、さらに1年6カ月以上継続勤務した労働者に対して、1日ずつ（3年6カ月目からは2日ずつ）加算した日数の付与が義務付けられています。

継続勤務年数	6カ月	1年6カ月	2年6カ月	3年6カ月	4年6カ月	5年6カ月	6年6カ月以上
付与日数	10日	11日	12日	14日	16日	18日	20日

　また、有給休暇は労働者の請求する時季に与えなければならず、請求された時季に有給休暇を与えることが事業の正常な運営を妨げる場合においては、他の時季に与えることができるとされています。
　つまり、一定の継続勤務と全労働日の8割以上出勤の2つの要件を満たせば、労働者に年休権が法律上発生し、使用者が使用者時季変更権を行使しない限り、これを受領し年休を付与しなければなりません。

② 年休の繰越について

　未消化の年休については直接の規定がありません。この法律の規定による賃金（退職手当を除く）、災害補償その他の請求権は2年間、この法律の規定による退職手当の請求権は5年間行わない場合においては、時効によって消滅するとされていることから、労基法の有給休暇は、1年に限って繰越が認められる「累積型有給休暇」といえます。

③ 年休の付与順序

　累積型有給休暇であるということは、労働者が持つ年休は「当該年度に付与されたもの」と「繰り越されたもの」の2種類が存在することになります。そのため、これら2種類の年休権を持つ者が年休を消化した場合、「行使したのはどちらの年休なのか」という問題が生じます。
　例えば、期首に10日の繰越があり、当該年度に11日付与されたケースでは、当該年度に5日を消化した場合で、その消化したものが繰越分であればその翌年は当該年度に付与された11日がそのまま翌年度に

繰り越されるのに対し、その消化したものが当該年度に付与されたものであれば、翌年の繰越分は5日少なくなり6日となります。

```
(繰り越されたものを行使する場合)
繰越分              10日    [        5日消化＝行使    ]
当該年度付与分       11日
↓ 新たに年休付与される際に、5日分の行使は繰越分に反映されない
繰越分              11日
当該年度付与分       12日
合計                23日

(当該年度に付与されたものを行使する場合)
繰越分              10日
当該年度付与分       11日   [        5日消化＝行使    ]
↓ 新たに年休付与される際に、5日分の行使が繰越分に反映される
繰越分               6日               繰越できない
当該年度付与分       12日
合計                18日
```

これについては、労基法には規定がなく、行政解釈もありません。また、判例も見当たりません。しかし、民法488条には「債務者が同一の債権者に対して同種の給付を目的とする数個の債務を負担する場合において、弁済として提供した給付がすべての債務を消滅させるのに足りないときは、弁済する者は、給付の時に、その弁済を充当すべき債務を指定することができる」とあります。弁済する者、つまり使用者がどちらかを指定できるとされています。また、同法2項には「弁済をする者が前項の規定による指定をしないときは、弁済を受領する者は、その受領の時に、その弁済を充当すべき債務を指定することができる。ただし、弁済をする者がその充当に対して直ちに異議を述べたときは、この限りでない」とあるため、使用者がどちらかを指定しないときは、弁済を受領する者（従業員）が指定できますが、こ

れに使用者が直ちに異議を述べたときは、使用者が指定できることになります。

民法489条2号においても「すべての債務が弁済期にあるとき、又は弁済期にないときは、債務者のために弁済の利益が多いものに先に充当する」とあることから、債務者（使用者）の利益が多いもの、つまり当年度の年休から消化されるものと解釈できます。

労働者の年休権・時季指定権の行使の際には、繰越分から消化するものと推定すべきで、民法489条2号によるべき必然性はないとする学説も存在します。最終的には就業規則や労働協約などの規定や、労使慣習に従うことになります。

④　年休取得時の給与

年休を取得した日の賃金については、次の3つのいずれかの方式により支払わなければなりません（労基法39条7項）。

（ア）労基法12条の平均賃金
（イ）通常の賃金
（ウ）健康保険法99条2項の標準報酬日額

どの方式で支払うかはあらかじめ就業規則等において明確に決定する必要があり、支払う都度方式を変更することは認められていません（昭和27年9月20日基発第675号）。これにより、使用者が独自に支払額を決定することは認められません。当然のことながら、年休を取得したことによって賃金を減額する等の労働者に不利益な取扱いをすることは許されません。これは「…有給休暇を取得した労働者に対して、賃金の減額その他不利益な取扱いをしないようにしなければならない」と労基法136条に規定されていることによります。

なお、同法では「～しないようにしなければならない」とされていることから、禁止規定とはされておらず、罰則の適用もありません。そのため労務ＤＤにおいて、年休取得時の給与の取扱いについては簿外債務としてではなく、偶発債務として位置付けられます。ただし、

賃金未払等の要素も含まれることから、本稿では簿外債務に準じて取り扱うこととします。

（2）会計上の費用計上に関する規定

① 会計基準における有給休暇の位置付け

　日本の会計基準では、有給休暇を人件費として費用計上する慣行がないため、日本基準で財務諸表を作成している企業では、有給休暇引当金を計上していません。

　しかし、国際会計基準（IFRS）に基づいて財務諸表を作成する場合は、IAS19号16項で「累積型有給休暇」について、負債として計上することが求められています。これは、付与するタイミングではなく、期末において負債として計上することが求められ、計上する費用は、未使用（＝繰越分）の年休のうち、将来の取得が見込まれる日数相当額とされています。

② IFRSにおける有給休暇引当金の算定

　IFRSにおける有給休暇引当金の算定について、繰越分の年休と当該年度に付与された年休のどちらの年休権を行使したとするのかが重要になります。日本経済団体連合会のIFRS実務対応検討会では、「IFRS任意適用に関する実務対応参考事例」の中で、有給休暇引当金について3つの対応事例が公表されています。

> （ア）先入先出法アプローチ
> 　年次有給休暇を繰越分（先に取得した分）から順に消化する場合のアプローチ。有給休暇繰越分のうち、翌期消化見込み分については、当期に提供した勤務に基づき付与されたものであるため、当期末に引当計上する。

> （イ）後入先出法アプローチ
> 　年次有給休暇を当該年度付与分（後に取得した分）から順に消化する場合のアプローチ。当期付与分の有給休暇については、当期の労務費に織り込まれており、引当計上はしない。当期付与分を超えて消化されると見込まれる場合のみ、「追加金額」として引当計上する。
> （ウ）翌期首付与分も含めるアプローチ（見解（ア）＋α）
> 　見解（ア）に加えて、翌期首に発生する年次有給休暇も合わせて考えるアプローチ。有給休暇繰越分のうち翌期消化見込み分に加え、翌期首付与分の有給休暇のうち消化が見込まれる分についても、当期の勤務に伴って発生したものと考え、引当計上する。

　いずれかのアプローチを選択するかについて、IFRSでは「企業が支払うと見込まれる追加金額」について言及されておらず、自社の労働慣行や有給休暇制度の規定、実態に基づいて合理的な会計処理をすることになります。

③　労務DD実行時の有給休暇引当金の算定

　時間的な制約のあるDD実行局面では、個人別に算定することは稀ですし、作業も煩雑となるため現実的ではありません。有給休暇は繰越分から消化するのが一般的であることを踏まえて、企業ごとの有給休暇消化率に着目して次の計算式により算出することで、企業全体の概算引当金額を把握することができます。

> 有給休暇引当金 ＝ 繰越有給休暇日数 × 有給休暇消化率 × 1日あたり平均給与額
>
> ・翌期首付与分も含めるアプローチで考える場合、繰越有給休暇日数に翌期首付与分の日数を加算することも考えられます。

- 従業員の属性（役職・性別・社員区分など）により有給休暇消化率の差が大きい場合は、グルーピングして算定することも考えられます。
- 1日あたりの平均給与額は、給与総額÷総労働日数（もしくは、所定労働日数・平均労働日数等）で求めることも考えられます。

3 確認する資料および目的

調査を実施するための資料および目的については、**図表2－XIII－1**のとおりです。

図表2－XIII－1　調査資料と目的

資料の名称	目的
□ 就業規則 □ 給与規程	年次有給休暇に関する取扱い、および年次有給休暇を取得する際の給与支払いに関する取扱いを確認する。
□ 出勤簿 □ 有給休暇管理簿・有給届 □ 就業規則	年次有給休暇を実際に取得したときの記録と、残日数・繰越日数との整合性を確認する。
□ 賃金台帳 □ 源泉所得税の領収証 □ 給与規程	基準日前1年間の賃金台帳と当該賃金台帳に応じて所得税を納付した人数を突合して、提供された賃金台帳の信用度を担保するとともに、年次有給休暇取得時の給与支払い状況を確認する。
□ 労働者名簿 □ 雇用契約書 　（または労働条件通知書） □ 就業規則 □ 給与規程	採用日・勤続年数の確認と、年次有給休暇の取扱いに係る個々の労働者に対する通知内容を確認し、就業規則・給与規程との整合性を確認する。

4 当てはめ

① 会計基準は IFRS を採用している。
② 有給休暇は繰越分から付与している（付与順序について、就業規則にて明確な規定がないため）。
③ 有給休暇取得時の給与支払状況
- 正社員　皆勤手当月額10,000円を減額支給
- 契約社員　有給手当として日額10,000円のみ支給

（基礎情報）

社員区分	平均給与額	月平均就業日数	平均有給取得率	平均勤続年数
正社員	月額350,000円	21.5日	40%	7.5年
契約社員	日額 12,500円	20.0日	80%	4.5年

④ 有給休暇引当金
- 正社員　20日（平均勤続年数に基づく繰越有給日数）×0.4×（350,000÷21.5）×100人≒13,020,000円（1万円未満端数切捨て）
- 契約社員　14日（平均勤続年数に基づく繰越有給日数）×0.8×12,500×70人＝9,800,000円
- 会社合計　22,820,000円

⑤ 偶発債務（参考、簿外債務に準じて調査）
- 正社員（有給取得月の皆勤手当減額分）
  10,000×（20×0.4）×100人×2年＝16,000,000円
- 契約社員（有給取得日の手当差額分）
  (12,500－10,000)×（14×0.8）×70人×2年＝3,920,000円
- 会社合計　19,920,000円

5 報告書作成例

年　月　日

労務デューデリジェンス報告書

株式会社□□□□　御中

　　　　　　　○○社会保険労務士事務所
　　　　　　　　　調査担当社会保険労務士　○○○○
　　　　　　　　　調査担当社会保険労務士　○○○○

　株式会社S社の労務デューデリジェンス業務が完了いたしましたので、…ください。

※ P.47の例参照。

1．潜在債務
　　　　　　　　　　　　　42,740,000円

【内訳】

　簿外債務
　・有給休暇引当金相当額　　　22,820,000円
　偶発債務（参考）
　・有給休暇取得時の賃金未払相当額　19,920,000円

簿外債務内訳

No.	調査項目	簿外債務額
1	有給休暇引当金相当額（正社員）	13,020,000円
	有給休暇引当金相当額（契約社員）	9,800,000円

偶発債務内訳

No.	調査項目	偶発債務額
2	年次有給休暇取得月の皆勤手当未払い（正社員）	16,000,000円
	年次有給休暇取得月の賃金未払い（契約社員）	3,920,000円

2．基準日
　　　　○○年3月31日

3．結果要約

No.	調査項目	違反事項・根拠条文等	調査資料等
1	有給休暇引当金	累積型有給休暇IAS19号16項（IFRS）	有給休暇管理簿、出勤簿、労働者名簿、雇用契約書、就業規則
2	有給休暇付与時の賃金支払い	年次有給取得時の賃金減額その他不利益な取扱い 労働基準法136条	有給休暇管理簿、出勤簿、給与規程、賃金台帳、源泉所得税の領収証

4．調査結果の根拠
(1) 有給休暇引当金

　労働基準法39条では、使用者は雇入れの日から6カ月間継続勤務し全労働日の8割以上出勤した労働者に対して、継続または分割した10労働日の有給休暇を与えなければならないと定め（同条1項）、1年6カ月以上継続勤務した労働

者に対しては20労働日を上限とした有給休暇の加算を認め（同条２項）、さらに使用者が時季変更権を行使しない限り、請求する時季に有給休暇を付与することが義務付けられています（同条５項）。また、この法律による賃金（退職手当を除く）、災害補償その他の請求権は２年間行わない場合においては時効によって消滅する（同法115条）とされており、これには年次有給休暇も含まれると解されていることから、年次有給休暇は、翌年度に限り繰越が可能な累積型有給休暇ということになります。

　日本の会計基準においては、有給休暇について引当計上することは求められていません。しかし、IFRSを採用する企業においては、累積型有給休暇について、負債として計上することが求められています（計上する費用は、未使用の繰越分の年休のうち、将来の取得が見込まれる日数相当額）。しかしながら、IFRSでは企業が支払うと見込まれる追加金額について具体的な言及がなく、自社の労働慣行や有給休暇制度の規定、実態に基づいて合理的な会計処理をすることとなります。

　本事案においては、ターゲット会社Ｓの労働者（正社員と契約社員）の雇用の実態を踏まえて、現実に取得が予想される有給休暇を引当計上した場合に、その計上額がどの程度の規模になるのかを算出することで、有給休暇の簿外債務額として報告いたします。

（S社労働者の基礎情報）

社員区分	平均給与額	月平均就業日数	平均有給取得率	平均勤続年数
正社員	月額350,000円	21.5日	40%	7.5年
契約社員	日額12,500円	20.0日	80%	4.5年

- 正社員　平均勤続年数に基づく繰越有給日数20日×平均取得率0.4×（平均給与日額350,000÷21.5）×100人≒13,020,000円（1万円未満端数切捨て）
- 契約社員　平均勤続年数に基づく繰越有給日数14日×平均取得率0.8×平均日給12,500×70人＝9,800,000円

有給休暇引当金相当額（簿外債務）
　＝正社員100人分13,020,000円＋契約社員70人分9,800,000円
　＝22,820,000円

(2)　有給休暇付与時の賃金未払い

　労働基準法では、有給休暇を取得した日の賃金について、①労働基準法12条の平均賃金、②通常の賃金、③健康保険法99条2項の標準報酬日額のいずれかによらなければならない、とされています（労基法39条7項）。また、使用者は労働基準法39条の有給休暇を取得した労働者に対して、賃金の減額その他不利益な取扱いをしないようにしなければならない、とされています（労基法136条）。

　しかし、S社の給与規程において、正社員が有給休暇を取得した日の属する月の給与において皆勤手当（月額10,000円）を支給しないと規定され、さらに契約社員については有

給休暇を取得した日については、通常の給与（基本給および手当）を支給せず有給手当（日額10,000円）のみを支給すると規定され、いずれも当該規定どおりに現実に支給されています。

　労働基準法附則136条の規定は、「労働基準法の権利である有給休暇の取得を抑制するすべての不利益な取扱いはしないようにしなければならないものである」こととされ、行政通達においても有給取得に伴う不利益な取扱いについては「①39条の有給休暇の精神に反するものであり、②精皆勤手当や賞与等の減額の程度によっては、公序良俗に反するものとして民事上無効と解される場合もあると考えられる」と説明されています（昭和63年1月1日基発1号）。このことから、正社員の皆勤手当（月額10,000円）が有給休暇取得のために減額となる措置は、従業員にとって大きな不利益な取扱いであると考えざるを得ないところです。

　なお、労働基準法136条の規定は「使用者は（中略）有給休暇を取得した労働者に対して、賃金の減額その他不利益な取扱いをしないようにしなければならない」とされていることから、禁止規定とはされておらず、罰則の適用もありません。そのため、調査では簿外債務には含まれず、偶発債務として取扱うことになります。しかし、正社員の皆勤手当不支給、および契約社員の賃金減額については、賃金未払いの要素も含まれるため、簿外債務に準じて取扱うことといたしました。

　本事案においてはこれらの規定等を踏まえて、有給休暇取得時の皆勤手当の不支給（正社員）、および有給手当の支給（契約社員）について、通常の計算をした支給額との差額相当額を偶発債務として報告いたします。

- 正社員　不支給の皆勤手当月額10,000円×平均勤続年数による繰越有給日数20日×平均取得率0.4×100人×時効2年＝16,000,000円
- 契約社員　（通常の給与日額12,500－有給手当日額10,000）×平均勤続年数による繰越分の有給日数14日×平均取得率0.8×70人×時効2年＝3,920,000円

有給休暇付与時の賃金未払い相当額（偶発債務）
　＝正社員100人分16,000,000円＋契約社員70人分3,920,000円
　＝19,920,000円

年次有給休暇に関する潜在債務（(1)と(2)）合計
　＝有給休暇引当金相当額　22,820,000円　＋　未払賃金相当額　19,920,000円
　＝42,740,000円

以上

XIV　障害者雇用数と雇用納付金

1　事　例

> ターゲット会社の小売業Ｔ社における基準日の労働者数は、常時正社員145人、アルバイト（週所定労働時間が20時間以上30時間未満）20人でした。Ｔ社では、障害者を一人も雇用しておらず、また、障害者雇用納付金も納付していませんでした。

2　規範・ルール等の定立

(1) 障害者雇用促進法

　障害者の雇用の促進等に関する法律（以下、「障害者雇用促進法」という）では、すべての事業主は、社会連帯の理念に基づき、適当な雇用の場を与える共同の責務を有し、進んで障害者の雇入れに努めなければならないと定め（同法37条）、常用労働者数が50人以上の事業主に対して、常用労働者数の2.2％以上（2021年3月31日までには、2.3％）の障害者の雇用を義務付けています（同法43条）。

> **法定雇用障害者数＝常時雇用している労働者数×2.2％**
> 　※１未満の端数は切捨て

　「常時雇用している労働者」とは、次のいずれかに該当する労働者であり、短時間労働者については、1人を0.5人として計算します。

> - 雇用契約期間の定めがなく雇用されている労働者
> - 雇用契約期間の定めがある労働者であって、その雇用期間が反

復更新され雇入れ時から1年を超えて引き続き雇用されると見込まれる労働者、または過去1年を超える期間について引き続き雇用されている労働者
- 週所定労働時間が30時間以上の労働者（短時間以外の常時雇用している労働者）
- 週所定労働時間が20時間以上30時間未満の労働者（短時間労働者）

① 障害者雇用納付金相当額

　義務付けられた障害者雇用人数未達で一定規模の事業主は、赤字決算でも、障害者雇用納付金を納付しなければなりません（障害者雇用促進法53条）。「一定規模」とは、常用労働者数が101人以上の企業であり、「障害者雇用納付金」として、法定雇用障害者数の不足1人あたり、月額50,000円の納付義務を負うことになります（**図表2－XIV－1**）。ただし、平成27年4月1日から平成32年3月31日まで、常用労働者100人超200人以下の企業は障害者雇用納付金の減額特例（1人につき月額「50,000円」を「40,000円」に減額）が適用されます。

図表2－XIV－1　障害者雇用納付金の額

障害者雇用納付金の額
＝（法定雇用障害者数－雇用障害者数）の各月の合計額×月額50,000円

　労務DDの場合、調査に時間的制約があるため、基準日における法定雇用障害者数から雇用障害者数をもとに障害者雇用納付金相当額を算出することを事前に明示し、簿外債務として認識して報告します。なお、障害者雇用納付金の時効は2年（障害者雇用促進法63条）であるため、当該年度のみならず、過年度分も納付していない場合、過年度分

も簿外債務に加算する必要があります。

逆に、常用雇用労働者数100人を超える事業主については、障害者雇用率を超える一人あたり月27,000円の障害者雇用調整金が支給され、常用雇用労働者数100人以下の事業主については一定数を超えて雇用している障害者の人数に21,000円を乗じて得た額の報奨金が支給されます（同50条）。ただし、ターゲット会社において障害者雇用調整金を受給していた場合には、適正に申請しているか確認が必要であり、不正または過剰に受給していた場合は、その額を返金するものとし簿外債務として認識します。

② 除外率設定業種

障害者を雇用することが困難であると認められる業種については、軽減措置として、法定雇用障害者数の算定にあたり常時雇用している労働者からその業種ごとに定められた一定の割合（除外率）の人数を除外することが認められています（**図表2－XIV－2**）。

図表2－XIV－2　除外率設定業種と除外率（平成22年7月改正）

除外率設定業種	除外率	
	改正前	改正後
・有機化学工業製品製造業 ・石油製品・石炭製品製造業 ・輸送用機械器具製造業（船舶製造・修理業及び船用機関製造業を除く。）	5％→0％	
・その他の運輸に附帯するサービス業（通関業、海運仲立業を除く。） ・電気業・郵便局	10％→0％	
・非鉄金属製造業（非鉄金属第一次製錬精製業を除く。） ・倉庫業・船舶製造・修理業、船用機関製造業 ・航空運輸業 ・国内電気通信業（電気通信回線設備を設置して行うものに限る。）	15％→5％	
・窯業原料用鉱物鉱業（耐火物・陶磁器・ガラス・セメント原料用に限る。） ・その他の鉱業・採石業、砂、砂利・玉石採取業	20％→10％	

除外率設定業種	除外率	
	改正前	改正後
・水運業		
・非鉄金属第一次製錬・精製業 ・貨物運送取扱業（集配利用運送業を除く。）	25%→15%	
・建設業鉄鋼業・道路貨物運送業 ・郵便業（信書便業務を含む。）	30%→20%	
・港湾運送業	35%→25%	
・鉄道業・医療業・高等教育機関	40%→30%	
・林業（狩猟業を除く。）	45%→35%	
・金属鉱業　・児童福祉事業	50%→40%	
・特殊教育諸学校（専ら視覚障害者に対する教育を行う学校を除く。）	55%→45%	
・石炭・亜炭鉱業	60%→50%	
・道路旅客運送業・小学校	65%→55%	
・幼稚園	70%→60%	
・船員等による船舶運航等の事業	90%→80%	

　除外率設定業種につきましては、次の計算式により、法定雇用障害者数を算出します（**図表2−XIV−3**）。

図表2−XIV−3　除外率設定業種の法定雇用障害者数算出式

除外率設定業種における法定雇用障害者数
＝（常時雇用している労働者数−常時雇用している労働者数×除外率）×2.2%
　※1未満の端数は切捨て

対象会社が建設業（除外率20%）の法定雇用障害者数
＝（155人−155人×20%）×2.2%≒2人
　※1未満の端数は切捨て

3 確認する資料および目的

　調査を実施するための資料および目的については、**図表2－XIV－4**のとおりです。

図表2－XIV－4　調査資料と目的

資料の名称	目的
□ 労働保険保険料申告書（控）	常時使用する人数、雇用保険被保険者数および労災保険法上の業種を確定し、おおよその労働者数と除外率制度の対象業種である「除外率設定業種」に該当するか否かを確認する。
□ 賃金台帳 □ 源泉所得税の領収書	直近または基準日の属する月の賃金台帳と当該賃金台帳に応じて所得税を納付した人数を突合して、提供された賃金台帳の信用度を担保する。
□ 賃金台帳 □ 労働者名簿 □ タイムカード □ 雇用保険被保険者確認通知書	常時使用する労働者数およびアルバイト（週所定労働時間が20時間以上30時間未満）を確定するため、賃金台帳から非対象者である取締役（兼務取締役を除く）や週所定労働時間が20時間未満の労働者を控除し、賃金台帳、労働者名簿、タイムカード、および雇用保険被保険者取得確認通知書の控を突合して人数を把握する。
□ 障害者雇用納付書・領収済通知書 □ 身体障害者手帳（写） □ 精神障害者手帳（写） □ 判定書（写）	納付しているケースでは、領収済書で納付および金額の妥当性を確認する。なお、障害者雇用納付金には、金融機関の窓口で納付する場合とペイジー（インターネットバンキング）で納付する場合があるが、ペイジーで納付した場合は、領収書が発行されない。細部にわたりＤＤを行うのであれば、納付金部管理課に連絡し、発行してもらうことも可能。
□ 障害者雇用調整金	障害者雇用調整金を受給していた場合、不正に請求していないか、計算根拠を担当者からヒアリングしておく。

4 当てはめ

① 小売り業は除外率設定業種ではない。
② 法定雇用障害者数
   ＝（145人＋20人×0.5）×2.2％ ≒ 3人（1未満の端数は切り捨て）
③ 常用労働者数100人超200人以下。
④ 障害者雇用納付金相当額（簿外債務）
   ＝ 3人×40,000円×24カ月＝2,880,000円

5 報告書作成例

　　　　　　　　　　　　　　　　　　　　　　　　年　　月　　日

　　　　　　　　　労務デューデリジェンス報告書

株式会社□□□□　御中
　　　　　　　○○社会保険労務士事務所
　　　　　　　　調査担当社会保険労務士　○○○○
　　　　　　　　調査担当社会保険労務士　○○○○

　株式会社T社の労務デューデリジェンス業務が完了いたしましたので…ください。
　　※ P.47の例参照。

1．潜在債務
　　　　　　　　　　　　　　2,880,000円
【内訳】
　　　　簿外債務　　　2,880,000円
　　　　偶発債務　　　調査対象外

簿外債務内訳

No.	調査項目	簿外債務額
1	障害者雇用納付金の未払い	2,880,000円

2．基準日
　　　　○○年3月31日

3．結果要約

No.	調査項目	違反事項・根拠条文等	調査資料等
1	障害者雇用納付金	障害者雇用納付金未払い 障害者雇用促進法53条	労働保険保険料申告書（控）、賃金台帳、源泉所得税の領収書、労働者名簿、タイムカード、雇用保険被保険者確認通知書

4．調査結果の根拠

　障害者の雇用の促進等に関する法律（以下、「障害者雇用促進法」という）では、すべての事業主は、社会連帯の理念に基づき、適当な雇用の場を与える共同の責務を有し、進んで障害者の雇入れに努めなければならないと定め（同法37条）、常用労働者数が50人以上の事業主に対して、常用労働者数に障害者雇用率（現在2.2％）を乗じて得た数の障害者の雇用を義務付けています（同法43条）。

　常用労働者数は、雇用契約期間の定めがなく雇用されている労働者、雇用契約期間の定めがある労働者であって、その雇用期間が反復更新され雇入れ時から1年を超えて引き続き雇用されると見込まれる労働者、または過去1年を超える期

間について引き続き雇用されている労働者、週所定労働時間が30時間以上の労働者（短時間以外の常時雇用している労働者）、および週所定労働時間が20時間以上30時間未満の労働者を合計しますが、「週所定労働時間が20時間以上30時間未満の労働者」は短時間労働者として、1人を0.5人として計算します。

義務付けられた障害者雇用人数未達で常用労働者数が101人以上の事業主は、障害者雇用納付金を納付しなければならず（障害者雇用促進法53条）、法定雇用障害者数の不足1人あたり、月額50,000円の納付義務を負うことになります。ただし、平成32年3月31日までについては、常用労働者100人超200人以下の企業は障害者雇用納付金の減額特例（1人につき月額「50,000円」を「40,000円」に減額）が適用されます。

株式会社T社においては、常用労働者が155人なので、障害者雇用促進法上、次の計算式により、法定雇用障害者数は3人となります。

法定雇用障害者
＝（145人＋20人×0.5）×2.2％
≒　3人（1未満の端数は切捨て）

しかし、T社では、障害者を雇用していないため、障害者雇用促進法53条により、減額特例の障害者雇用納付金を納付しなければならず、さらに障害者雇用納付金の納付時効が2年（24カ月）であることから、次の計算式により算出された障害雇用納付金を簿外債務とみなします。なお、法定雇用障害者数および雇用障害者数を算出するにあたり、本来は各月の合計額を集計して算出しますが、当該調査では労務D

D契約で事前に合意したとおり、調査期間を短縮するため簡易的に基準日における人数で算出する方法により算出しています。

　障害者雇用納付金相当額（簿外債務）
　＝　3人　×　40,000円　×　24カ月
　＝　2,880,000円

以　上

第2章の参考文献

- 安西愈 著『トップ・ミドルのための採用から退職までの法律知識〔12訂〕』（中央経済社）
- 安西愈 著『新しい労使関係のための労働時間・休日・休暇の法律実務』（中央経済社）
- 石嵜信憲 編著『就業規則の法律実務〔第4版〕』（中央経済社）
- 石嵜信憲 編著『割増賃金の基本と実務（BASIC & PRACTICE）』（中央経済社）
- 菅野和夫 著『労働法〔第11版補正版〕』（弘文堂）
- 水町勇一郎 著『労働法〔第7版〕』（有斐閣）
- 荒木尚志・菅野和夫・山川隆一 著『詳説 労働契約法〔第2版〕』（弘文堂）
- 村中孝史・荒木尚志 編『労働判例百選〔第9版〕』別冊ジュリスト230（有斐閣）
- 野中健次 著『M&Aの人事労務管理』（中央経済社）
- 社会保険労務士法人 野中事務所 編『M&Aの労務デューデリジェンス〔第2版〕』（中央経済社）
- 西川幸孝 著『中小企業のM&Aを成功させる人事労務の実践的手法』（日本法令）
- 加茂紀久男 著『裁決例による社会保険法〔第2版〕－国民年金・厚生年金保険・健康保険』（民事法研究会）
- 平野嘉秋 著『新しい企業年金制度』（大蔵財務協会）
- 井上雅彦・江村弘志 共著『退職給付会計の実務Q&A』（税務研究会出版局）
- 中村克己・五三智仁・町田悠生子 編著『就業規則の変更をめぐる判例考察』（三協法規出版）
- あずさ監査法人 IFRSアドバイザリー室 編『新IFRSのしくみ』（中央経済社）
- 労働調査会 編『年次有給休暇制度の解説とQ&A〔改訂5版〕』（労働調査会）

参考文献

- 労働行政研究所 編『労働法全書〔平成28年度版〕』（労務行政）
- 厚生労働省労働基準局 編『労働基準法解釈総覧〔第15版〕』（労働調査会）
- 厚生労働省労働基準局 編『平成22年版 労働基準法 上』（労務行政）
- 日労研労働時間研究会 編『割増賃金計算の実務必携〔2005年増補改訂版〕』（日労研）
- 石井妙子 著「割増賃金」労政時報第3693号（2007.1.12）、「実務家のための法律基礎講座（14）」（労務行政）
- 中川恒彦 著「振替休日・代休・代替休暇」労政時報第3790号（2011.1.18）、「実務家のための法律基礎講座（42）」（労務行政）
- 益田浩一郎 著「相談室Q&A＝代替休暇を導入する際に定めておくべき事項とは何か」労政時報第3818号（2012.3.23） 178頁（労務行政）
- 今泉叔徳 著「「社会保険被保険者資格に関する通達」による取得手続と社保調査への影響」ビジネスガイド2014年5月号（日本法令）
- 日本経済団体連合会 著「IFRS任意適用に関する実務対応参考事例（第4版）」Vol.6 有給休暇引当金（経団連経済基盤本部発表資料）
- 別報法学セミナー no.220 新基本法コンメンタール「労働基準法・労働契約法」（日本評論社）
- 「公的年金制度の健全性及び信頼性の確保のための厚生年金保険法等の一部を改正する法律について」厚生労働省公表資料（平成25年法律第63号）
- 厚生労働省年金局長「公的年金制度の健全性及び信頼性の確保のための厚生年金保険法の一部を改正する法律等の施行について」（年発第1号、平成26年3月24日）
- 「企業年金連合会の通算企業年金のおすすめ」他（企業年金連合会）
- 解散、代行返上を決定した厚生年金基金の発表資料（基金ニュース等、関東地区の複数の基金について、平成26年2月から29年5月までのもの）
- その他、厚生労働省発表資料「厚生年金基金制度」

第3章

偶発債務

　本書では、「潜在債務」を「簿外債務」と「偶発債務」に区別して考えています。簿外債務については、法定の手続きに基づく方法により評価するため、調査人の見解の影響を受ける余地はありません。しかし、「偶発債務」は、偶発債務の有無および債務額について、法令、通達および判例等を参考にしますが、最終的には調査人の見解によるものであり、当該偶発債務が顕在化した場合、指摘した偶発債務以上の金銭を支払うことがあることも否定できません。その点、ご理解いただければ幸いです。

　なお、本章では、前章と同様に主な偶発債務の事例をあげ、それに係る規範・ルール等を定立し、確認する資料・目的をあげ、事例を規範等に当てはめた後、労務DD報告書例としてまとめています。

Ⅰ 労基法上の労働時間

【Ⅰ-1】 始業前・終業後の時間帯等

1 事 例

　ターゲット会社の専門商社Ａ社の就労時間は、早番が8時30分から17時30分まで、遅番は9時30分から18時30分までで、所定労働時間はそれぞれ1日8時間、1週間40時間です（年間総労働時間は1,932時間）。

　ただし、総務の町田氏（基本給25万円、通勤手当1.2万円）は1カ月に10日、8時15分には出勤し、会社指定の制服に着替えた後、始業前の時間15分間でオフィス内の清掃をすることになっていました。この朝の清掃は、会社が30年前の会社設立時から今日まで慣例的に行われており、早番で清掃作業に参加しない従業員はいませんでした。

2 規範・ルール等の定立

（1）始業前・終業後の時間帯

① 労働時間の原則

　使用者は、労働者に、休憩時間を除いて、1週40時間を超えて労働させてはならず、かつ、1日8時間を超えて労働させてはなりません（労基法32条）。これを超える労働をさせるときは、法所定の要件を満たさなければならず、かつ、割増賃金を支払う必要があります。

　なお、常時使用する労働者が10人未満の商業・サービス業等では、特例として、法定労働時間が1週44時間・1日8時間とされています（労基法40条、労基則25条の2第1項）。

② 労基法上の労働時間

「労働時間」には、労働契約や就業規則などで労働義務があるものと定められた「労働契約上の労働時間」の概念と、労基法の規制対象となる「労基法上の労働時間」の概念とがあります。このうち、「労働契約上の労働時間」とは、就業規則など労働契約の定めによって労働義務があるとされている時間で、当事者の主観的意思によって決定されるものです。一方、「労基法上の労働時間」は、休憩時間を除き、使用者が実際に労働者を労働させる実労働時間のことをいいます。

「労基法上の労働時間」については労働基準法では明確に定義されていませんが、これまでの判例や行政解釈などから、「客観的に見て、労働者が使用者の指揮命令の下に置かれている」時間であると解釈されています（三菱重工業長崎造船所事件・最一小判平成12年3月9日）。

また、平成29年1月20日に厚生労働省が策定した、「労働時間の適正な把握のために使用者が講ずべき措置に関するガイドライン」（以下、「新ガイドライン」という）において、労働時間とは、「使用者の指揮命令下に置かれている時間のことをいい、使用者の明示又は黙示の指示により労働者が業務に従事する時間は労働時間に当たる。そのため、次のアからウのような時間は、労働時間として扱わなければならない」とされています。

ア　使用者の指示により、就業を命じられた業務に必要な準備行為（着用を義務付けられた所定の服装への着替え等）や業務終了後の業務に関連した後始末（清掃等）を事業場内において行った時間

イ　使用者の指示があった場合には即時に業務に従事することを求められており、労働から離れることが保障されていない状態で待機等している時間（いわゆる「手待時間」）

ウ　参加することが業務上義務付けられている研修・教育訓練の

> 受講や、使用者の指示により業務に必要な学習等を行っていた時間

 ただし、これら以外の時間についても、使用者の指揮命令下に置かれていると評価される時間については労働時間として取り扱う必要があります。
 なお、「労働時間に該当するか否かは、労働契約、就業規則、労働協約等の定めの如何によらず、労働者の行為が使用者の指揮命令下に置かれたものと評価することができるか否かにより客観的に定まるもの」であり、「客観的に見て使用者の指揮命令下に置かれていると評価されるかどうかは、労働者の行為が使用者から義務付けられ、又はこれを余儀なくされていた等の状況の有無等から、個別具体的に判断されるもの」である必要があります。たとえ就業規則等に「○○作業にかかる時間は労働時間に含まれない」と規定されていても、客観的に見てそれが使用者の指揮命令下に置かれていると判断される場合は、その作業にかかる時間は労働時間に含まれることになります。
 では、「客観的に見て指揮命令下にある」とはどのような状態を指すのでしょうか。指揮命令下にあることを判断するのは困難なケースもありますが、一般的に、使用者により特定の行為が労働者に対し義務付けられていること（またはそれと同視される状況）、労働者にとってはそれを行うこと以外の選択肢がないような場合であると考えられます。ただし、「客観的に見て指揮命令下にある」時間とみなされる場合でも、当該行動の職務との関連性もあわせて判断する必要があります。例えば、ビル管理会社の従業員が警備業務等の途中に与えられる夜間の仮眠時間は、仮眠場所が制約されることや、仮眠中も突発事態への対応を義務付けられていることを理由に、労働時間に当たるとされた判例があります（大星ビル管理事件・最一小判など平成14年2月28日）。

③ 始業前、終業後の時間帯の作業時間について

始業前の時間帯は、どこまでが労基法上の労働時間といえるのでしょうか。

(ア) 更衣時間

例えば、実作業に入る前や作業終了後の更衣時間について最高裁は、使用者が労働者に事業所内での作業服等の着脱を義務付けていた場合には、就業規則等での定めにかかわらず、そうした更衣時間も労働時間にあたるとしました（三菱重工業長崎造船所事件）。

なお、冒頭の事例のような、始業前に従業員が行っている清掃作業にかかる時間についても新ガイドラインの「ア」に該当し（P.259参照）、使用者の黙示の指揮命令下にあると考えられます。また、その清掃の内容が業務遂行上必要な「準備」のための作業であり、全員参加が強制されている場合は、業務との関連性ありと判断され、この清掃にかかる時間は時間外手当の対象とされる可能性があります。ただし、このような時間がすべて労働時間とされるべきかどうかは、業務との関連性や必要性、そして「社会通念上必要と認められる」かどうかを総合的に判断する必要があります。

(イ) 就業後の労働時間

従業員への研修やQCサークルなどの小集団活動、その他の会社行事などは、終業後や所定労働時間外に行われることがありますが、「労働時間」とみなされるには、これらの活動が強制されたものかどうか、また職務とどの程度関連性があるか、で判断される必要があります。例えば、社員の研修が業務命令かつ強制参加である場合は、新ガイドラインの「ウ」に該当し（P.259参照）、労基法上の労働時間となる可能性が高く、参加が任意であれば、原則として労基法上の労働時間にはあたらないものと考えられます。行政解釈でも、「就業規則上の制裁等の不利益取り扱いによる出席の強制がなく自由参加のものであれば、時間外労働にはならない」としてい

ます（昭和26年1月20日基収2875号、昭和63年3月14日基発150号、婦発47号）。

　業務への関連性が高い研修に業務命令で出席させたり、明らかな業務命令がなくとも、従事する業務に関連する内容のものに参加させたり、業務を遂行するために必要不可欠な研修については、研修に参加している時間を含めると法定労働時間を超えるにもかかわらず、賃金が支払われていなければ、未払賃金が偶発債務となり得ますので、その内容について精査が必要です。

（ウ）残業時間

　自発的な残業や持ち帰り残業は、特に使用者の指示がなくても、使用者がそれを黙認していたような場合には労働時間となるとされています。例えば、部下が自発的に居残り残業をしているのを、上司が、本人に任せて特に中止を命じていない場合など、それが直ちに黙示の残業命令とされ、割増賃金の支払いが義務付けられるというわけではなく、業務上の必要性、緊急性等の事情と使用者が残業を容認しているという事実・意思とをあわせて判断する必要があります。すなわち、単に自主的に、または結果的に居残って残業をしたという事実のみではなく、業務上やむを得ない事由があって残業を行ったか否かが問題になります。

　判例でも、「時間外労働といえども、使用者の指示に基づかない場合には割増賃金の対象とならないと解すべきであるが、原告の業務が所定労働時間内に終了し得ず、残業が恒常的になっていたと認められるような場合には、残業について被告の具体的な指示がなくても、黙示の指示があったと解すべきである」（とみた建設事件・名古屋地判平成3年4月22日）として、黙示の時間外労働を認めたケースもあります。しかし、一方で、「就業開始時刻である午前8時より前に行った労働及び公団職員の退庁後にしたものであっても翌日の就業開始後にすれば足りる後片付け等をした労働は、指示に基づくものとは認められず、自発的な行為」であり労働時間には含まれない（吉田興業事件・名古屋高判平成2年5月30日）と判示されるなど、具体的

事案の実態に応じて判断されています。

　労働者自身が残業しても、自発的な残業であるとして会社には時間外手当を請求しない（労働時間として申告しない）いわゆるサービス残業の時間について厚労省は、「労基法においては、労働時間、休日、深夜残業等について規定を設けていることから、使用者は、労働時間を適正に把握するなど労働時間を適切に管理する義務を有していることは明らかである」（労働時間適正把握基準）として、使用者に労働時間を把握することを義務付けています。残業時間として申告されないからといって、従業員が業務遂行にあてた時間外労働時間を把握することなくそのまま見過ごすと、その時間外労働が100時間を超えるなど過剰なものになり、従業員がうつ病を発症するなどした場合などには、使用者の安全配慮義務が問われることもあり得ます。

　また、労基法上の管理監督者には、労基法上の労働時間 (32条)、休憩 (34条)、休日 (35条)、および割増賃金 (37条) を適用しないと規定され、使用者は労基法上、労働時間の把握義務はありません。しかし、使用者には労働者に対して、労契法上の安全配慮義務の観点から、当該管理監督者に対して労働時間の把握義務があるとされています。

（2）健康診断・医師面接時間の時間帯

① 健康診断の時間

　健康診断は、安衛法66条で「事業者は、労働者に対し、厚生労働省令で定めるところにより、医師による健康診断を行なわなければならない」として、使用者に対して実施義務が課されていますが、労働者が健康診断を受診しなければ使用者としての義務を果たせないことから、同法66条5項で「労働者は、…事業者が行なう健康診断を受けなければならない」と、労働者に対しても受診義務を課しています。このように労使双方に課せられた義務については、所定労働時間外に行

われた場合、健康診断に要する時間を労働時間とすることで使用者にのみ賃金の支払義務を課すのは公平ではありません。

　定期健康診断については、行政解釈では「業務遂行との関連において行われるわけではないので、その受診のために要した時間については、当然には事業者の負担とすべきものではなく、労使で協議して定めるべきものであるが、労働者の健康の確保は、事業の円滑な運営の不可欠な条件であることを考えると、その受診に要した時間の賃金を事業者が支払うことが望ましい」（昭和47年9月18日基発602号）としています。賃金を支払う場合、労使が協議して、健康診断1回にかかる時間に対し支払われる賃金を定めることになりますが、労使間の協議がなされていなければ、使用者が労働者に賃金を支払わなくても、安衛法に抵触することはありません。

　なお、労働者が使用者の指定する医師による健康診断を受診せず、労働者自身が希望する医師の健康診断を受ける場合、その時間については使用者からの時間的、場所的な拘束下にはないので、労働時間にはあたりません（安衛法66条5項の但書）。

　ただし、健康診断の中でも、特定の有害な業務に従事する労働者を対象に実施される「特殊健康診断」については、行政解釈で「事業の遂行にからんで当然実施されなければならない性格のものであり、それは所定労働時間内に行われるのを原則とし、当該健康診断が時間外に行われた場合には、当然割増賃金を支払わなければならないものであること」（昭和47年9月18日基発602号）とあることから、特殊健康診断が所定時間外に行われ、特殊健康診断に要した時間に対する賃金が未払いであれば、この時間にかかる未払賃金については偶発債務として認識する必要があります。

② 医師による面接指導時間

　安衛法66条の8では、「事業者は、その労働時間の状況その他の事項が労働者の健康の保持を考慮して厚生労働省令で定める要件に該当する労働者に対し、厚生労働省令で定めるところにより、医師による面接指導…を行わなければならない」として、労働者の労働時間等が一定の要件に該当した場合に、使用者に医師による面接指導を義務付けています。この「厚生労働省令で定める要件」とは安衛則52条の2で「休憩時間を除き1週間当たり40時間を超えて労働させた場合におけるその超えた時間が1月当たり100時間を超え、かつ、疲労の蓄積が認められる者」であり、同条の3で「面接指導は、前条第1項の要件に該当する労働者の申出により行うものとする」とされています。しかし、労働者に対しても、安衛法66条の8第2項で「労働者は、前項の規定により事業者が行う面接指導を受けなければならない」として、受診義務を課しています。このように、労使双方に課せられた義務については、労使各々の責務であるため、所定労働時間外に行われた場合、必ずしも賃金の支払義務の対象となる労働時間となるわけではありません。

　行政解釈では、医師の面接指導についても、「面接指導を受けるのに要した時間に係る賃金の支払いについては、当然には事業者の負担とすべきものではなく、労使協議して定めるべきものであるが、労働者の健康の確保は、事業の円滑な運営の不可欠な条件であることを考えると、その面接指導を受けるのに要した時間（の賃金）を事業者が支払うことが望ましい」（平成18年2月24日基発0224003号）としています。

　なお、労働者が「事業者の指定した医師が行う面接指導を受けることを希望しない場合において、他の医師の行う同項の規定による面接指導に相当する面接指導を受け、その結果を証明する書面を事業者に提出したときは、この限りでない。」（安衛法66条の8第2項の但書）とあることから、労働者自身が希望する医師の面接指導を受けるような場

合、その時間については、使用者から時間的、場所的に拘束されることはないので、労働時間にはあたりません。

（3）休憩時間の確保

① 休憩時間

　使用者は、労働時間が6時間を超え8時間以内の場合には少なくとも45分、8時間を超える場合は少なくとも1時間の休憩を、労働時間の途中に与えなければなりません（労基法34条1項）。この休憩時間は、事業場の全労働者に一斉に与えるのが原則ですが、事業場の過半数代表との労使協定がある場合にはその例外が認められます（同条2項）。また、休憩時間は労働からの解放を保障する時間ですので、労働者に自由に利用させなくてはならず、行政解釈では、休憩時間を「労働者が権利として労働から離れることを保障されている時間」と定義しています。例えば、自席で昼食をとりながら、電話番をしているような場合は休憩時間とはみなされず、労働時間とされる場合もあります。

　電話当番に限らず、ビル管理人や警備員が仮眠している時間、店員が来客を待っている時間、およびトラック運転手が小口の貨物を持ち込まれるのを待つ時間帯も、実際には作業をしているわけではありませんが、使用者の指揮命令下にあって、ただちに就労し得る態勢で待機している以上、労働時間となります。

　なお、前述の判例（大星ビル管理事件）では、「仮眠時間等」に対する賃金については、「本件仮眠時間は労基法上の労働時間に当たるべきであるが、労基法上の労働時間であるからといって、当然に労働契約所定の賃金請求権が発生するわけではなく、当該労働契約において仮眠時間に対していかなる賃金を支払うものと合意されているかによって定まるものである」と判示されています。

　したがって、仮眠時間は通常の労働と比較して労働密度が薄く、軽微な業務であることから、最低賃金法に抵触しない限り、仮眠時間に

対する賃金について通常の業務とは別の業務として、労使間で自由に決定することが可能となります（当直手当など）。ただし、仮眠時間について別途区分した賃金が定められていない場合、同判例では「労働契約は労働者の労務提供と使用者の賃金支払いに基礎を置く有償双務契約であり、労働と賃金の対価関係は労働契約の本質的部分を構成しているというべきであるから、労働契約の合理的解釈としては、労基法上の労働時間に該当すれば、通常は労働契約上の賃金支払いの対象となる時間としているものと解するのが相当である」と判示していることから、使用者は労働契約で定めた賃金を支払うことになるので、このような労働形態を持つ事業場については、就業規則、賃金規程の見直しが必要です。

なお、たまたま自由な休憩時間中に居合わせた社員が本人の自由意思で電話を受け、それが僅少な時間である場合は「休憩時間」とみなされるので、賃金を支払う必要はありません。

3 確認する資料および目的

調査を実施するための資料および目的については、**図表3－Ⅰ－1**のとおりです。

図表3－Ⅰ－1 調査資料と目的

資料の名称	目的
□ 就業規則	「所定労働時間」 1日の所定労働時間数を把握する。また就業規則と実態に乖離がないか（昼休憩は規定どおり取得できているか、就業前に作業の準備などで従業員が指揮命令下にないかなど）、人事労務担当者からヒアリングをする必要がある。
□ 賃金規程	仮眠時間や手待時間など、断続的労働に対する賃金が規定されているかどうかを確認する。
□ タイムカード・ICカードな	実労働時間を把握する。

資料の名称	目　的
どの始業・終業時刻を客観的な記録として残しているもの	

4　当てはめ

　以上の点を踏まえ、冒頭の事例を当てはめると、A社の偶発債務は以下のように算出されます。

① 　1カ月平均所定労働時間数＝1,932時間÷12カ月＝161時間
　　　時間外労働手当＝時間単価×1.25×超過時間数
　　　　　時間単価＝基本給÷161時間

② 　退職前2年間の町田氏の残業手当を計算すると次のとおりです。
　【朝の清掃時間】
　　25万円÷161時間＝1,552.8円（50銭未満切捨て、50銭以上切上げ）
　　時間外労働単価＝1,553×1.25＝1,941.3（50銭未満切捨て、50銭以上切上げ）
　　1カ月に10日として、賃金請求消滅時効の2年（24カ月）を乗じる
　　　15分×10＝2.5時間
　　残業手当＝1,941円×2.5時間×24カ月分＝116,460円
　　　　　　　　　　偶発債務：116,460円

5　報告書作成例

年　月　日

労務デューデリジェンス報告書

株式会社□□□□　御中

　　　　　　　　　○○社会保険労務士事務所
　　　　　　　　　　　調査担当社会保険労務士　○○○○
　　　　　　　　　　　調査担当社会保険労務士　○○○○

　株式会社A社の労務デューデリジェンス業務が完了いたしましたので、…ください。

※ P.47の例参照。

1．潜在債務

　　　　　　　　　　　　　　　116,460円

【内訳】

　　　　簿外債務　　　　調査対象外
　　　　偶発債務　　　　116,460円

偶発債務内訳

No.	調査項目	偶発債務額
1	未払賃金	116,460円

2．基準日

　　　○○年9月1日

3．結果要約

No.	調査項目	違反事項・根拠条文等	調査資料等
1	未払賃金	時間外労働割増賃金の未払い。労働基準法施行規則19条1項4号、労働基準法37条5項および労働基準法施行規則21条	就業規則、賃金規程、タイムカード等

4．調査結果の根拠

　使用者と労働者は労働契約や就業規則に拘束されますが、この当事者間の合意の有無・内容にかかわらず、原則として労働法および判例法理により規律・修正されます。

　例えば、労働基準法13条ではこの法律で定める基準に達しない労働条件を定める労働契約は、その部分については無効とする。無効となった部分は「この法律で定める基準による」と定め、労働契約や就業規則が労働基準法を下回る労働条件で締結または規定されていた場合、これを強行的に修正する効力があります。

（1）偶発債務
① 　賃金未払い

　労働基準法32条では「1週間については40時間を超えて、1日については8時間を超えて」労働させることを禁止しています。この法定労働時間を超過する場合、同法37条で「1日8時間または1週40時間を超えて、労働時間を延長し、又は1週1日または4週4日の法定休日に労働させた場合においては、その時間又はその日の労働については、通常の労働時間又は労働日の賃金の計算額の2割5分以上5割以下の

範囲内でそれぞれ政令で定める率以上の率で計算した割増賃金の支払」うこと、さらに、中小企業を除き、「１カ月について60時間を超えた場合においては、その超えた時間の労働については、通常の労働時間の賃金の計算額の５割以上の率で計算した割増賃金を支払」うことを義務付けています（なお、当該猶予は2023年４月１日より廃止されます）。

　この割増賃金の計算方法について、月給者に対しては労働基準法施行規則19条１項４号で「月によって定められた賃金については、その金額を月における所定労働時間数（月によって所定労働時間数が異なる場合には、１年間における１カ月平均所定労働時間数）で除した金額」に割増率を乗じて算出することになります。

　なお、この賃金には、労働基準法37条５項で「①家族手当、②通勤手当および、その他厚生労働省令で定める賃金」は算入しないとあり、その他厚生労働省令で定める賃金とは、労働基準法施行規則21条にある「③別居手当、④子女教育手当、⑤住宅手当、⑥臨時に支払われた賃金、⑦一箇月を超える期間ごとに支払われる賃金」と限定列挙されています。

　Ａ社では、Ａ社就業規則によると年間の所定労働日数を定めておらず、月によって所定労働時間が異なり、また、賃金規程では賃金体系は月給制を採用しているため、労働基準法施行規則19条１項４号、労働基準法37条５項および労働基準法施行規則21条に基づき、割増賃金を計算することになります。

　まず、Ａ社における１カ月平均所定労働時間数は、年間暦日数から年間所定休日数を控除し、これに１日の所定労働時間を乗じたものを12カ月で除して求めることになるため、

下記の計算式より161時間となります。

161時間＝(365日－123日)×8時間÷12ヵ月

次に、基本給に諸手当（労働基準法37条5項および労働基準法施行規則21条を除く）を加算し、これを1ヵ月平均所定労働時間数で除した額に割増率を乗じたものが割増賃金の1時間あたりの単価になります。

時間外労働単価＝(基本給＋諸手当)÷161時間×1.25

町田氏の時間外労働単価は、基本給に諸手当を加算したものに1カ月平均所定労働時間数で除して算出されますが、通勤手当は割増賃金の計算基礎には算入しないため、基本給を1カ月平均所定労働時間数で除し、割増率を乗じた1,941円が町田氏の時間外労働単価となります。

1,941円＝250,000÷161時間×1.25

町田氏の退職日直前の2年間で計上されなかった時間労働時間は、下記のとおり計算されます。

【朝の清掃時間】
　掃除当番は1カ月に10日として、1カ月あたりの時間外労働単価に労働基準法115条の賃金請求消滅時効の2年(24カ月)を乗じた額を偶発債務とします。

　　15分×10日＝2.5時間
　　残業手当＝1,941円×2.5時間×24カ月＝116,460円

以上

【Ⅰ-2】裁量労働制

1　事 例

> ターゲット会社のゲーム用ソフトウェア制作業B社では、調査時点より2年以上前から専門業務型裁量労働制を導入していました。対象としていた従業員50人（すべて直接雇用の正社員）には、ゲームソフトの制作には携わっていない総務部の従業員（時給換算1,600円）3名が含まれていました。総務部の従業員は、休日出勤をすることはなかったものの、所定労働日の実労働時間は休憩時間を除き毎日9時間でした。
>
> なお、B社の所定労働時間は1日8時間、1週40時間です。年間休日数は125日で、年所定労働日数は365日－125日＝240日、1カ月平均所定労働日数は240日÷12カ月＝20日です。割増賃金の率は法定どおりとします。

2　規範・ルール等の定立

（1）専門業務型裁量労働制

　専門業務型裁量労働制とは、労基法38条の3第1項に基づく制度です。業務の性質上、業務遂行の手段や方法、時間配分等を大幅に労働者の裁量にゆだねる必要がある業務として、法令等（労働基準法施行規則第24条の2の2第2項および同項6号の規定に基づき厚生労働大臣の指定する業務を定める平成9年2月14日労働省告示第7号）により定められた19業務の中から、対象となる業務を労使協定で定め、労働者を実際にその業務に就かせた場合、労使協定であらかじめ定めた時間を労働したものとみなす制度です。

◆**専門業務型裁量労働制の対象19業務とその内容**

(1) 新商品もしくは新技術の研究開発または人文科学もしくは自然科学に関する研究の業務

　「新商品もしくは新技術の研究開発」とは、材料、製品、生産・製造工程等の開発または技術的改善等をいう。

(2) 情報処理システム（電子計算機を使用して行う情報処理を目的として複数の要素が組み合わされた体系であってプログラムの設計の基本となるものをいう。(7)において同じ。）の分析または設計の業務

　「情報処理システム」とは、情報の整理、加工、蓄積、検索等の処理を目的として、コンピュータのハードウェア、ソフトウェア、通信ネットワーク、データを処理するプログラム等が構成要素として組み合わされた体系をいう。

　「情報処理システムの分析または設計の業務」とは、(i)ニーズの把握、ユーザーの業務分析等に基づいた最適な業務処理方法の決定及びその方法に適合する機種の選定、(ii)入出力設計、処理手順の設計等アプリケーション・システムの設計、機械構成の細部の決定、ソフトウェアの決定等、(iii)システム稼働後のシステムの評価、問題点の発見、その解決のための改善等の業務をいう。プログラムの設計または作成を行うプログラマーは含まれない。

(3) 新聞もしくは出版の事業における記事の取材もしくは編集の業務または放送法（昭和25年法律第132号）第2条第4号に規定する放送番組もしくは有線ラジオ放送業務の運用の規正に関する法律（昭和26年法律第135号）第2条に規定する有線ラジオ放送もしくは有線テレビジョン放送法（昭和47年法律第114号）第2条第1項に規定する有線テレビジョン放送の放送番組（以下、「放送番組」という）の制作のための取材もしくは編集の業務

　「新聞または出版の事業」には、新聞、定期刊行物にニュースを

提供するニュース供給業も含まれる。新聞または出版の事業以外の事業で記事の取材または編集の業務に従事する者、例えば社内報の編集者等は含まれない。

　「取材または編集の業務」とは、記事の内容に関する企画および立案、記事の取材、原稿の作成、割付け・レイアウト・内容のチェック等の業務をいう。記事の取材にあたって、記者に同行するカメラマンの業務や、単なる校正の業務は含まれない。

　「放送番組の制作のための取材の業務」とは、報道番組、ドキュメンタリー等の制作のために行われる取材、インタビュー等の業務をいう。取材に同行するカメラマンや技術スタッフは含まれない。

　「編集の業務」とは、上記の取材を要する番組における取材対象の選定等の企画および取材によって得られたものを番組に構成するための内容的な編集をいい、音量調整、フィルムの作成等技術的編集は含まれない。

(4)　衣服、室内装飾、工業製品、広告等の新たなデザインの考案の業務

　「広告」には、商品のパッケージ、ディスプレイ等広く宣伝を目的としたものも含まれる。考案されたデザインに基づき、単に図面の作成、製品の制作等の業務を行う者は含まれない。

(5)　放送番組、映画等の制作の事業におけるプロデューサーまたはディレクターの業務

　「放送番組、映画等の制作」には、ビデオ、レコード、音楽テープ等の制作および演劇、コンサート、ショー等の興行等が含まれる。

　「プロデューサーの業務」とは、制作全般について責任を持ち、企画の決定、対外折衝、スタッフの選定、予算の管理等を総括して行うことをいう。

　「ディレクターの業務」とは、スタッフを統率し、指揮し、現場の制作作業の統括を行うことをいう。

(6) 広告、宣伝等における商品等の内容、特長等に係る文章の案の考案の業務

　いわゆるコピーライターの業務をいう。

　「広告、宣伝等」には、商品等の内容、特長等に係る文章伝達の媒体一般が含まれ、また、営利目的か否かを問わず、啓蒙、啓発のための文章も含まれる。

　「商品等」とは、単に商行為たる売買の目的物たる物品にとどまるものではなく、動産であるか不動産であるか、また、有体物であるか無体物であるかを問わない。

　「内容、特長等」には、キャッチフレーズ（おおむね10文字前後で読み手を引きつける魅力的な言葉）、ボディコピー（より詳しい商品内容等の説明）、スローガン（企業の考え方や姿勢をわかりやすく表現したもの）等が含まれる。

　「文章」については、その長短を問わない。

(7) 事業運営において情報処理システムを活用するための問題点の把握またはそれを活用するための方法に関する考案もしくは助言の業務

　いわゆるシステムコンサルタントの業務をいう。

　「情報処理システムを活用するための問題点の把握」とは、現行の情報処理システムまたは業務遂行体制についてヒアリング等を行い、新しい情報処理システムの導入または現行情報処理システムの改善に関し、情報処理システムを効率的、有効に活用するための方法について問題点の把握を行うことをいう。

　「それを活用するための方法に関する考案もしくは助言」とは、情報処理システムの開発に必要な時間、費用等を考慮したうえで、新しい情報処理システムの導入や現行の情報処理システムの改善に関しシステムを効率的、有効に活用するための方法を考案し、助言（専ら時間配分を顧客の都合に合わせざるを得ない相談業務は含まない）することをいう。

アプリケーションの設計または開発の業務、データベース設計または構築の業務は含まれず、当該業務は労基法施行規則24条の2の2第2号の業務に含まれる。

(8) 建築物内における照明器具、家具等の配置に関する考案、表現または助言の業務

いわゆるインテリアコーディネーターの業務をいう。

「照明器具、家具等」には、照明器具、家具の他、建具、建装品（ブラインド、びょうぶ、額縁等）、じゅうたん、カーテン等繊維製品等が含まれる。

「配置に関する考案、表現または助言の業務」とは、顧客の要望を踏まえたインテリアをイメージし、照明器具、家具等の選定またはその具体的な配置を考案したうえで、顧客に対してインテリアに関する助言を行う業務、提案書を作成する業務、模型を作製する業務または家具等の配置の際の立ち会いの業務をいう。

内装等の施工など建設業務、専ら図面や提案書等の清書を行う業務、専ら模型の作製等を行う業務、家具販売店等における一定の時間帯を設定して行う相談業務は含まれない。

(9) ゲーム用ソフトウェアの創作の業務

「ゲーム用ソフトウェア」には、家庭用テレビゲーム用ソフトウェア、液晶表示装置を使用した携帯ゲーム用ソフトウェア、ゲームセンター等に設置される業務用テレビゲーム用ソフトウェア、パーソナルコンピュータゲーム用ソフトウェア等が含まれる。

「創作」には、シナリオ作成（全体構想）、映像制作、音響制作等が含まれる。

専ら他人の具体的指示に基づく裁量権のないプログラミング等を行う者または創作されたソフトウェアに基づき単にCD-ROM等の製品の製造を行う者は含まれない。

(10) 有価証券市場における相場等の動向、または有価証券の価値等の分析、評価またはこれに基づく投資に関する助言の業務

いわゆる証券アナリストの業務をいう。
　「有価証券市場における相場等の動向」とは、株式相場、債券相場の動向のほか、これに影響を与える経済等の動向をいう。
　「有価証券の価値等」とは、有価証券に投資することによって将来得られる利益である値上がり益、利子、配当等の経済的価値および有価証券の価値の基盤となる企業の事業活動をいう。
　「分析、評価またはこれに基づく投資に関する助言の業務」とは、有価証券等に関する高度の専門知識と分析技術を応用して分析し、当該分析の結果を踏まえて評価を行い、これら自らの分析または評価結果に基づいて運用担当者等に対し有価証券の投資に関する助言を行う業務をいう。
　ポートフォリオを構築または管理する業務、一定の時間を設定して行う相談業務、専ら分析のためのデータの入力・整理を行う業務は含まれない。

(11)　金融工学等の知識を用いて行う金融商品の開発の業務
　「金融工学等の知識を用いて行う金融商品の開発」とは、金融取引のリスクを減らしてより効率的に利益を得るため、金融工学のほか、統計学、数学、経済学等の知識をもって確率モデル等の作成、更新を行い、これによるシミュレーションの実施、その結果の検証等の技法を駆使した新たな金融商品の開発をいう。
　「金融商品」とは、金融派生商品（金や原油などの原資産、株式や債権などの原証券の変化に依存してその値が変化する証券）および同様の手法を用いた預貯金等をいう。
　金融サービスの企画立案または構築の業務、金融商品の売買の業務、市場動向分析の業務、資産運用の業務、保険商品または共済の開発に際してアクチュアリーが通常行う業務、商品名の変更のみをもって行う金融商品の開発の業務、専らデータの入力・整理を行う業務は含まれない。

(12)　学校教育法（昭和22年法律第26号）に規定する大学における教授研

究の業務（主として研究に従事するものに限る）。

当該業務は、学校教育法に規定する大学の教授、助教授または講師の業務をいう。

「教授研究」とは、学校教育法に規定する大学の教授、助教授または講師が、学生を教授し、その研究を指導し、研究に従事することをいう。患者との関係のために、一定の時間帯を設定して行う診療の業務は含まれない。

「主として研究に従事する」とは、業務の中心はあくまで研究の業務であることをいい、具体的には、講義等の授業や、入試事務等の教育関連業務の時間が、多くとも、1週の所定労働時間または法定労働時間のうち短いものについて、そのおおむね5割に満たない程度であることをいう。

なお、患者との関係のために、一定の時間帯を設定して行う診療の業務は教授研究の業務に含まれないことから、当該業務を行う大学の教授、助教授または講師は専門業務型裁量労働制の対象とならない。

(13)　公認会計士の業務
(14)　弁護士の業務
(15)　建築士（一級建築士、二級建築士および木造建築士）の業務

他の「建築士」の指示に基づいて専ら製図を行うなど補助的業務を行う者は含まれない。

(16)　不動産鑑定士の業務
(17)　弁理士の業務
(18)　税理士の業務
(19)　中小企業診断士の業務

中小企業診断士の資格を有する者であっても、専ら中小企業診断士の業務以外の業務を行う者は含まれない。

※(1)～(5)は労基法施行規則24条の2の2第2項、(6)～(19)は同項第6号により厚生労働大臣が指定する業務を定める平成9年2月14日労働

省告示第7号による。

　専門業務型裁量労働制の導入にあたっては、原則として次の事項を労使協定により定めたうえで、所轄労働基準監督署長に届け出ることが必要です。

◆**労使協定において定めることが必要な事項**

(1) 制度の対象とする業務
(2) 対象となる業務遂行の手段や方法、時間配分等に関し労働者に具体的な指示をしないこと
(3) 労働時間としてみなす時間
(4) 対象となる労働者の労働時間の把握方法と把握した労働時間の状況に応じて実施する健康・福祉を確保するための措置の具体的内容
(5) 対象となる労働者からの苦情の処理のため実施する措置の具体的内容
(6) 協定の有効期間（※3年以内とすることが望ましい。）
(7) (4)および(5)に関し労働者ごとに講じた措置の記録を協定の有効期間およびその期間満了後3年間保存すること

　なお、**専門業務型裁量労働制を導入し、労働時間のみなしに関する規定が適用される場合でも、休憩、深夜業、休日、年次有給休暇に関する規定は排除されないため、深夜・休日労働に係る割増賃金を支払うべきことに注意が必要**です。また、労基法上の年少者・妊産婦等の規定における労働時間の算定についても、労働時間のみなしに関する規定は適用されません。

（2）企画業務型裁量労働制

　企画業務型裁量労働制は、労基法38条の4および「労働基準法第38条の4第1項の規定により同項第1号の業務に従事する労働者の適正な労働条件の確保を図るための指針」(平成11年12月27日労働省告示149号（改正平成15年10月22日厚生労働省告示353号））に基づいて定められた、対象事業場において対象業務に対象労働者を就かせた場合に、その事業場に設置された使用者および事業場の労働者を代表する者からなる労使委員会で決議した時間を労働したものとみなすことができる制度です。

◆企画業務型裁量労働制の要件

①　**対象事業場の要件**
1．本社・本店である事業場
2．1のほか、次のいずれかに掲げる事業場
　(1)　当該事業場の属する企業等に係る事業の運営に大きな影響を及ぼす決定が行われる事業場
　(2)　本社・本店である事業場の具体的な指示を受けることなく独自に、当該事業場に係る事業の運営に大きな影響を及ぼす事業計画や営業計画の決定を行っている支社・支店等である事業場
※個別の製造等の作業や当該作業に係る工程管理のみを行っている事業場や本社・本店または支社・支店等である事業場の具体的な指示を受けて、個別の営業活動のみを行っている事業場は該当しないものと解される。

②　**対象業務の要件**
1．事業の運営に関する事項についての業務であること
　　対象事業場の属する企業等に係る事業の運営に影響を及ぼす事項または当該事業場に係る事業の運営に影響を及ぼす独自の事業計画

や営業計画をいい、対象事業場における事業の実施に関する事項が直ちにこれに該当するものではない。したがって、担当者が個別に行う営業活動、個別の製造等の作業や当該作業に係る工程管理等は該当しない。

2．企画、立案、調査および分析の業務であること

　「企画」、「立案」、「調査」および「分析」という相互に関連し合う作業を組み合わせて行うことを内容とする業務をいう。ここでいう「業務」とは、部署が所掌する業務ではなく、個々の労働者が使用者に遂行を命じられた業務をいう。したがって、対象事業場に設けられた企画部、調査課等の「企画」、「立案」、「調査」または「分析」に対応する語句をその名称に含む部署において行われる業務のすべてが直ちに「企画、立案、調査および分析の業務」に該当するものではない。

3．当該業務の性質上これを適切に遂行するにはその遂行の方法を大幅に労働者の裁量にゆだねる必要がある業務であること

　使用者が主観的にその必要があると判断しその遂行の方法を大幅に労働者にゆだねている業務をいうものではなく、当該業務の性質に照らし客観的にその必要性が存するものであることが必要である。

4．当該業務の遂行の手段および時間配分の決定等に関し使用者が具体的な指示をしないこととする業務であること

　当該業務の遂行にあたり、その内容である「企画」、「立案」、「調査」および「分析」という相互に関連し合う作業をいつ、どのように行うか等についての広範な裁量が、労働者に認められている業務をいう。したがって、日常的に使用者の具体的な指示の下に行われる業務や、あらかじめ使用者が示す業務の遂行方法等についての詳細な手順に即して遂行することを指示されている業務は該当しない。

③ **対象労働者の要件**
1．対象業務を適切に遂行し得る知識・経験を有する者
※少なくとも3年ないし5年程度の職務経験を経た労働者が想定されている。
2．対象業務に常態として従事している者

④ **労使委員会に関する要件**
1．労働者を代表する委員と使用者を代表する委員で構成されており、労働者を代表する委員が半数以上を占めていること
2．労働者を代表する委員は、過半数組合または過半数代表者に任期を定めて指名を受けていること（使用者を代表する委員は、使用者の指名で選任）
3．議事録が作成・保存されるとともに、当該事業場の労働者に対する周知が図られていること

⑤ **必要な決議事項の内容**
1．対象業務
2．対象労働者の範囲
3．みなし労働時間（1日あたり）
4．対象労働者の健康および福祉を確保するための措置の具体的内容
5．対象労働者からの苦情の処理のため実施する措置の具体的内容
6．実施にあたり対象労働者の同意を得ることおよび不同意を理由に不利益取扱をしないこと
7．決議の有効期間（3年以内とすることが望ましい）
8．実施状況に係る対象労働者ごとの記録を保存すること（決議の有効期間中およびその満了後3年間）

労使委員会の決議は委員の5分の4以上の多数決である必要があ

り、決議事項は所轄労働基準監督署長に届け出ることが必要です。

上記①～⑤の要件を満たしたとしても、対象労働者に制度を適用するためには、対象となる労働者の個別の同意を得ることが必須です。また、不同意の労働者に対して、解雇その他不利益な取扱いをしてはなりません。

制度導入後は、労使委員会の決議が行われた日から起算して6カ月以内ごとに1回、対象となる労働者の労働時間の状況や対象となる労働者の健康および福祉を確保するための措置の実施状況について、所定様式により所轄労働基準監督署長へ定期報告を行うことが必要です。

なお、労働時間のみなしに関する規定についての留意点は、前述の専門業務型裁量労働制と同様です。

3 確認する資料および目的

調査を実施するための資料および目的は、**図表3－Ⅰ－2**のとおりです。

図表3－Ⅰ－2　調査資料と目的

	資料の名称	目的
☐	就業規則	（専門業務型裁量労働制の場合） 労使協定の締結により専門業務型裁量労働制を命じることがあることや、始業・終業等の規定の例外があること等が規定されているかどうかを確認する。 （企画業務型裁量労働制の場合） 労使委員会の運営規定、労使委員会の決議により定められた業務に従事する個別同意を得た対象労働者が企画業務型裁量労働を行うことや、始業・終業等の規定の例外があること等が規定されているかどうかを確認する。
☐	（専門業務型裁量労働制の場合）労使協定	P.280「◆労使協定において定めることが必要な事項」の要件を満たし、所轄労働基準

	資料の名称	目的
		監督署に届け出られているかを確認する。
☐	（企画業務型裁量労働制の場合）労使委員会の議事録および決議書	P.283「◆企画業務型裁量労働制の要件」④および⑤を満たした労使委員会の議事録が保存され、決議については書面で所轄労働基準監督署に届け出られているかを確認する。
☐	（企画業務型裁量労働制の場合）対象労働者の個別同意書等	同意書等、対象労働者から個別に同意を得た証跡があるかを確認する（就業規則での包括的同意では足りない）。
☐	賃金台帳 源泉所得税の領収書	直近または基準日の属する月の賃金台帳と当該賃金台帳に応じて所得税を納付した人数を突合して、提供された賃金台帳の信用度を担保する。
☐	賃金台帳 労働者名簿 タイムカード・ICカードなどの始業・終業時刻を客観的な記録として残しているもの	労働者名簿に記載されている業務内容を確認することにより、対象外の従業員を裁量労働制の対象者として割増賃金の支払いを怠っていないかを確認する。また、賃金台帳とタイムカード等を突合することにより、裁量労働制の対象者であっても、深夜・休日労働に対する割増賃金の支払いがなされているかを確認する。
☐	組織図等	組織図等で部署等を確認することにより、対象外の従業員を裁量労働制の対象者としていないかを確認する。

4 当てはめ

① 総務部の従業員3名は、専門業務型裁量労働制の対象者とはいえない。

② B社においては、企画業務型裁量労働制が導入されているとはいえない。

上記①および②により、総務部の従業員3名の、所定労働日における8時間超の労働時間1時間に対して、賃金請求権の時効2年を考慮した未支給の割増賃金の合計額は下記のとおり算出される。

1,600円 × 1 時間 × 1.25 × 240 日 × 2 年 × 3 名 = 2,880,000 円

5 報告書作成例

年　月　日

労務デューデリジェンス報告書

株式会社□□□□　御中

　　　　　　　　　　　○○社会保険労務士事務所
　　　　　　　　　　　　調査担当社会保険労務士　○○○○
　　　　　　　　　　　　調査担当社会保険労務士　○○○○

　株式会社B社の労務デューデリジェンス業務が完了いたしましたので、…ください。

※ P.47の例参照。

1．潜在債務

　　　　　　　　　　　　　　　　2,880,000円

【内訳】

　　　　　　簿外債務　　　　確認されず
　　　　　　偶発債務　　　　2,880,000円

偶発債務内訳

No.	調査項目	偶発債務額
1	未払賃金（総務部従業員3名分）	2,880,000円

2．基準日

　　　　　〇〇年3月31日

3．結果要約

No.	調査項目	違反事項・根拠条文等	調査資料等
1	未払賃金（総務部従業員3名分）	時間外労働割増賃金の未払い 労働基準法37条1項、労働基準法施行規則19条1項4号、および労働基準法施行規則21条、労働基準法115条	就業規則、労使協定、賃金台帳、源泉所得税の領収書、労働者名簿、タイムカード、組織図
2	未払賃金（従業員B分）	深夜労働割増賃金の未払い 労働基準法37条4項、労働基準法施行規則19条1項4号、および労働基準法施行規則21条	就業規則、労使協定、賃金台帳、源泉所得税の領収書、労働者名簿、タイムカード、組織図

4．調査結果の根拠

　裁量労働制とは、行う業務の性質上、業務の遂行の手段や時間の配分などに関し、使用者が具体的な指示をしないため、労働時間の計算を実労働時間ではなくみなし時間によって行うことを認める制度です。裁量労働には、特定の専門業務が対象である「専門業務型裁量労働制」（労働基準法38条の3）と、事業の運営に関する事項についての企画、立案、調査および分析の業務が対象である「企画業務型裁量労働制」（労働基準法38条の4）の2種類があります。

株式会社Ｂ社（以下、「Ｂ社」という）では、従業員50名に対して専門業務型裁量労働制を適用しているということでしたが、総務部所属の従業員３名については、専門業務型裁量労働制の対象業務であるゲームソフトの制作に従事していないため、同制度の適用対象外となります。

　なお、Ｂ社においては、企画業務型裁量労働制が導入されているとはいえません。

　上記によって、総務部の従業員３名の所定労働日における８時間超の労働時間１時間に対して割増賃金の支払いが必要となります。賃金請求権の時効２年（労働基準法115条）を考慮した未支給の割増賃金の合計額は下記のとおり算出されます。

　　　1,600円×１時間×1.25×240日×２年×３名
　　　＝2,880,000円

　したがって、上記未支給分合計の2,880,000円が偶発債務として認められます。

以上

第3章　偶発債務
Ⅱ　管理監督者の該当性

Ⅱ　管理監督者の該当性

1　事　例

　ターゲット会社のC社に勤める目黒氏（基本給449,800円、通勤手当13,770円）は3年前に営業部長に昇進し、部長の職責に対して役職手当（5万円）が支給されていました。毎月1カ月50時間程度の法定を超える時間外労働をしていましたが、残業手当については営業部長への就任時に労働組合から脱退して以降、支給されていませんでした。部長の目黒氏は重要な経営会議に参加することはなく、部下10名の人事評価については行っていましたが、営業部員を採用する権限や解雇する権限については付与されていませんでした。また、目黒氏の労働時間はタイムカードで厳格に管理され、欠勤や遅刻した場合、それぞれの日給や時給が控除されていました。

2　規範・ルール等の定立

（1）労基法上の管理監督者

　労働時間等に関する規定の適用除外者として、労基法41条2号において、「事業の種類にかかわらず監督若しくは管理の地位にある者」（いわゆる「管理監督者」）と定めがあります。すなわち、労基法上の管理監督者に該当する者に対しては、1日8時間、1週40時間を超えて労働させても、休日を与えなくても労基法に抵触しないことになり、時間外労働および休日労働をさせても、労基法上の割増賃金を支払う必要はありません。

　ただし、深夜の時間帯に労働した場合に対する深夜割増賃金の支払いや年次有給休暇に関する労基法上の保護規定は、労基法上の管理監

督者についても排除されていないので、留意する必要があります。

　労基法上の管理監督者については、会社が会社組織上の管理監督者を労基法上の管理監督者と位置付けたうえで、時間外および休日労働に対する割増賃金を支払わないケースが散見されます。しかし、会社組織上の管理監督者だった者から、割増賃金を請求されて紛争化した場合、裁判所等によって、労基法上の管理監督者該当性を否定され、当該割増賃金の支払いを余儀なくされるリスク（労基法115条により賃金請求消滅時効は2年であるため2年分）があるため、ターゲット会社における労基法上の管理監督者の該当性について、調査する必要があります。

（2）労組法上の管理監督者

　労組法上の管理監督者については、同法2条1号で、「役員、雇入・解雇・昇進又は異動に関して直接の権限を持つ監督的地位にある労働者、使用者の労働関係についての計画と方針とに関する機密の事項に接し、そのためにその職務上の義務と責任とが当該労働組合の組合員としての誠意と責任とに直接に抵触する監督的地位にある労働者」は、使用者の利益を代表する者であり、これらの労働者の参加を許す労働組合は、労組法の労働組合に該当しないとしています。つまり、労組法上の管理的地位にある労働者とは、労働組合の自主性の確保の観点から非組合員の範囲を定めたものであり、労基法上の管理監督者の労働者保護規定適用外の観点とは明らかに異なるものです。したがって、両者の範囲は必ずしも一致して連動しているわけではないので、労組法上の管理監督者に該当すれば、労基法上の管理監督者に該当するわけでありません。

（3）行政解釈

　通達（昭和29年9月13日発基17号、昭和63年3月14日基発150号）では、「監督若しくは管理の地位にある者とは、部長、工場長等の名称にとらわ

れず、労働条件の決定その他労務管理について経営者と一体的な立場にある者を指し、実態に即して判断すべきものであり、具体的な判断にあたっては、下記の考え方による」としています。

◆通達（昭和29年9月13日発基17号、昭和63年3月14日基発150号）

記

（1）原　則

　法に規定する労働時間、休憩、休日等の労働条件は、最低基準を定めたものであるから、この規制の枠を超えて労働させる場合には、法所定の割増賃金を支払うべきことは、すべての労働者に共通する基本原則であり、企業が人事管理上あるいは営業政策上の必要等から任命する職制上の役付者であればすべてが管理監督者として例外的取扱いが認められるものではないこと。

（2）適用除外の趣旨

　これらの職制上の役付者のうち、労働時間、休憩、休日等に関する規制の枠を超えて活動することが要請されざるを得ない、重要な職務と責任を有し、現実の勤務態様も労働時間等の規制になじまないような立場にある者に限って管理監督者として法41条による適用の除外が認められる趣旨であること。したがって、その範囲はその限りに、限定しなければならないものであること。

（3）実態に基づく判断

　一般に、企業においては、職務の内容と権限等に応じた地位（以下、「職位」という）と経験、能力等に基づく格付（以下、「資格」という）とによって人事管理が行われている場合があるが、管理監督者の範囲を決めるにあたっては、かかる資格および職位の名称にとらわれることなく、職務内容、責任と権限、勤務態様に着目する必要があること。

（4）待遇に対する留意

管理監督者であるかの判定にあたっては、上記のほか、賃金等の待遇面についても無視しえないものであること。この場合、定期給与である基本給、役付手当等において、その地位にふさわしい待遇がなされているか否か、ボーナス等の一時金の支給率、その算定基礎賃金等についても役付者以外の一般労働者に比し優遇措置が講じられているか否か等について留意する必要があること。なお、一般労働者に比べ優遇措置が講じられているからといって、実態のない役付者が管理監督者に含まれるものではないこと。

（5）スタッフ職の取扱い

　法制定当時には、あまり見られなかったいわゆるスタッフ職が、本社の企画、調査等の部門に多く配置されており、これらスタッフの企業内における処遇の程度によっては、管理監督者と同様に取扱い、法の規制外においても、これらの者の地位からして特に労働者の保護に欠けるおそれがないと考えられ、かつ、法が監督者のほかに管理者も含めていることに着目して、一定の範囲の者については、同法41条2号該当者に含めて取り扱うことが妥当であると考えられること。

　さらに、日本マクドナルド事件で注目された「名ばかり管理職」問題の社会的な関心の高まりを受けて、「多店舗展開する小売業、飲食業等の店舗における管理監督者の範囲の適正化」について、次の通達（平成20年9月9日基発0909001号）が発出されました。

◆通達（平成20年9月9日基発0909001号）

記
1 「職務内容、責任と権限」についての判断要素
　店舗に所属する労働者に係る採用、解雇、人事考課および労働時間の管理は、店舗における労務管理に関する重要な職務であることから、これらの「職務内容、責任と権限」については、次のように判断されるものであること。
（1）採　用
　店舗に所属するアルバイト・パート等の採用（人選のみを行う場合も含む）に関する責任と権限が実質的にない場合には、管理監督者性を否定する重要な要素となる。
（2）解　雇
　店舗に所属するアルバイト・パート等の解雇に関する事項が職務内容に含まれておらず、実質的にもこれに関与しない場合には、管理監督者性を否定する重要な要素となる。
（3）人事考課
　人事考課（昇給、昇格、賞与等を決定するため労働者の業務遂行能力、業務成績等を評価することをいう。以下同じ。）の制度がある企業において、その対象となっている部下の人事考課に関する事項が職務内容に含まれておらず、実質的にもこれに関与しない場合には、管理監督者性を否定する重要な要素となる。
（4）労働時間の管理
　店舗における勤務割表の作成または所定時間外労働の命令を行う責任と権限が実質的にない場合には、管理監督者性を否定する重要な要素となる。

2 「勤務態様」についての判断要素
　管理監督者は「現実の勤務態様も、労働時間の規制になじま

いような立場にある者」であることから、「勤務態様」については、遅刻、早退等に関する取扱い、労働時間に関する裁量および部下の勤務態様との相違により、次のように判断されるものであること。

（1）遅刻、早退等に関する取扱い

遅刻、早退等により減給の制裁、人事考課での負の評価など不利益な取扱いがされる場合には、管理監督者性を否定する重要な要素となる。

ただし、管理監督者であっても過重労働による健康障害防止や深夜業に対する割増賃金の支払いの観点から労働時間の把握や管理が行われることから、これらの観点から労働時間の把握や管理を受けている場合については管理監督者性を否定する要素とはならない。

（2）労働時間に関する裁量

営業時間中は店舗に常駐しなければならない、あるいはアルバイト・パート等の人員が不足する場合にそれらの者の業務に自ら従事しなければならないなどにより長時間労働を余儀なくされている場合のように、実際には労働時間に関する裁量がほとんどないと認められる場合には、管理監督者性を否定する補強要素となる。

（3）部下の勤務態様との相違

管理監督者としての職務も行うが、会社から配布されたマニュアルに従った業務に従事しているなど労働時間の規制を受ける部下と同様の勤務態様が労働時間の大半を占めている場合には、管理監督者性を否定する補強要素となる。

3 「賃金等の待遇」についての判断要素

管理監督者の判断にあたっては「一般労働者に比し優遇措置が講じられている」などの賃金等の待遇面に留意すべきものである

が、「賃金等の待遇」については、基本給、役職手当等の優遇措置、支払われた賃金の総額および時間単価により、次のように判断されるものであること。

（1）基本給、役職手当等の優遇措置

基本給、役職手当等の優遇措置が、実際の労働時間数を勘案した場合に割増賃金の規定が適用除外となることを考慮すると十分でなく、当該労働者の保護に欠けるおそれがあると認められるときは、管理監督者性を否定する補強要素となる。

（2）支払われた賃金の総額

1年間に支払われた賃金の総額が、勤続年数、業績、専門職種等の特別の事情がないにもかかわらず、他店舗を含めた当該企業の一般労働者の賃金総額と同程度以下である場合には、管理監督者性を否定する補強要素となる。

（3）時間単価

実態として長時間労働を余儀なくされた結果、時間単価に換算した賃金額において、店舗に所属するアルバイト・パート等の賃金額に満たない場合には、管理監督者性を否定する重要な要素となる。

特に、当該時間単価に換算した賃金額が最低賃金額に満たない場合は、管理監督者性を否定する極めて重要な要素となる。

当該通達で示された判断要素は、管理監督者に係る基本的な判断基準（昭和22年発基17号・昭和63年基発150号）において示された職務内容、責任と権限、勤務態様および賃金等の待遇に関する基準の枠内において、いわゆるチェーン展開する店舗における店長等の実態を踏まえ、最近の裁判例も参考にしたうえで、特徴的に認められる「名ばかり管理職」の管理監督者性を否定する要素を整理したものです。

当該通達で示された否定要素は、すべて管理監督者性を否定する要素であり、これに一つでも該当する場合には、管理監督者に該当しな

い可能性が大きいと考えらます。一方、こうした否定要素の性格から、「これに該当しない場合は管理監督者性が肯定される」という反対解釈も可能ですが、仮に当該通達で示された否定要素に当てはまらない場合であっても、業務実態を「基本的な判断基準」に照らして総合的に管理監督者性を判断し、その結果、管理監督者性が否定されることは当然あり得ます。

また、当該通達では、「重要な要素」と「補強要素」を区分けしていますが、その中でも「重要な要素」は、監督指導において把握した実態を踏まえ、これらの事項すら満たされていないのであれば、管理監督者性が否定される可能性が特に大きいと考えられる逸脱事例を強調して示しているのが特徴的です。

（4）裁判所の判断

労基法上の管理監督者に該当するか否かにおいて、裁判では通達を参考にするも、主に①経営者と一体的な立場にあるといえるほど重要な権限と責任のある職務に従事していたか、②出退勤について厳格な規制を受けず、自己の勤務時間について自由裁量権を有していたか、③地位に相応しい処遇を受けていたか等の要素に従って判断する傾向があります。しかし、裁判例の一貫した傾向として、管理監督者は労基法の定める例外であることを正面から捉え、過度に広範に該当性を認めることには否定的であると思います。つまり、労基法は使用者に対し、原則として労働者に対する厳格な労働時間管理義務を課し、例外的に管理監督者について係る労働時間管理義務を免除しているにすぎず、管理監督者該当性を広範に認めることは、使用者に労働時間管理を義務付けた法の趣旨を没却しかねないからと推測できます。そのため、裁判例においても、認定した種々の事実関係を前提としたうえで、管理監督者に該当するか否かという法的評価を行う際、管理監督者該当性が過度に広範に及ぶことがないよう配慮されているものと評価することができます。

（5）役職手当と時間外割増賃金との関係

　管理監督者をめぐる裁判の結果、労基法上の管理監督者に該当しないと判示された場合、当該従業員に対しそれまで支払われてきた役職手当等が、時間外労働等の割増賃金として充当できるか否かが重要な問題となります。すなわち、当該役職手当が「職務上の責任」に対する対価であれば、時間外労働等の割増賃金が支払われているとはいえず、「残業」に対する対価であれば、当該役職手当が時間外労働等の割増賃金として充当できることになります。この点につき、裁判（関西事務センター事件・大阪地判平成11年6月25日）では「地位の昇進に伴う役職手当の増額は、通常は職責の増大によるものであって、昇進によって監督管理者に該当することになるような場合でない限り、時間外勤務に対する割増賃金の趣旨を含むものではないというべきである。仮に、被告としては、右役職手当に時間外勤務手当を含める趣旨であったとしても、そのうちの時間外勤務手当相当部分または割増賃金相当部分を区別する基準は何ら明らかにされておらず、そのような割増賃金の支給方法は、法所定の額が支給されているか否かの判定を不能にするものであって許されるものではない。そうすると、原告には時間外勤務手当に相当する手当が実質的にも支給されていたとは認められない。以上によれば、被告が、原告に時間外勤務手当を支給してこなかった扱いは違法というほかなく、被告は原告に対して就業規則に従った時間外勤務手当を支給すべき義務がある。」と判示しています。

　すなわち、割増賃金相当部分が区別されていないときは、地位、職務、権限、責任の対価であると認められることになり、当該役職手当が時間外手当とは関係なく、職務の対価として支払われていた場合、毎月定期的に支払われる賃金であることから、割増賃金の算定基礎から控除される賃金に当たらない手当であり、当該役職手当を加えて時間外労働等の割増賃金を計算して支払わなければならないことになり

ます。

　また、役職手当が規定上では明白ではありませんでしたが、「職責」に対する対価ではなく、「残業」に対する対価として支払われていたものであるとし、役職手当を除外したものを計算基礎として、かつ役職手当分を控除した残業手当を支払えとした裁判例もあります。当該裁判（ユニコン・エンジニアリング事件・東京地判平成16年6月25日）では、「①被告の給与規則上、課長以上の役職手当の支給を受けている者には超過勤務手当を支給しないことが明示されていること。②原告は、被告在職中、給与規則に基づき、超過勤務手当は支給されないと理解していたこと、③原告の担当職務自体は、必ずしも高度な経営判断を要するものでなく、日々、定型作業が中心で、基本的に原告一人のみで遂行することが可能な程度の範囲の限定されたもので、原告に部下が配置された時期があるものの、部下の勤怠管理に対する原告の意識は、希薄であったもので、原告に支給されていた役職手当は、職責に対する対価ではなく、残業等に対する対価として支払われていたものというべきである。したがって、原告に支給されていた役職手当は、残業等に係る賃金の計算の基礎に算入すべきでなく、本俸297,000円と技能手当50,000円が計算の基礎となるというべきである」と判示しました。

3　確認する資料および目的

　調査を実施するための資料および目的については、**図表3－Ⅱ－1**のとおりです。

図表3－Ⅱ－1　調査資料と目的

資料の名称	目的
□ 組織図 □ 職務権限規程	監理監督者の組織上の位置付け、全体との割合、職務権限を確認する。

資料の名称	目　的
☐ 賃金規程 ☐ 賃金台帳 ☐ 出勤簿（タイムカード）	役職手当の定義を確認し、「職責」に対するものか、割増賃金に対するものかを検討する。管理監督者としての金額の妥当性の確認。時間単価が適正に算出されているかの確認。賃金規程の役職手当と賃金台帳の役職手当の突合し、整合性を確認。 監理監督者に対する遅刻、欠勤に対する取扱いの確認。深夜労働の有無と手当の支給の有無の確認。
☐ 就業規則	平均月額所定労働時間について、就業規則と賃金規程を突合し、齟齬はないかを確認。

4 当てはめ

　以上の点を踏まえ、冒頭の事例を当てはめると、C社の偶発債務は以下のように算出されます。

　部長の目黒氏については、部下が10人おり、労働組合からは管理職であるとの理由で脱退し、人事評価権については付与されていましたが、採用権限や解雇権限は付与されておらず、経営会議等の重要な会議にも出席した形跡がありません。したがって、経営者と一体的な立場にあるといえるほど重要な権限と責任のある職務に従事していたとはいえません。

　さらに、遅刻や欠勤した場合、賃金控除などの不利益を被ることから、自己の勤務時間について自由裁量権を有していたとはいえず、また、処遇についても、時間外労働に対する手当（162,500円＝449,800円÷173時間×1.25×50時間）を支給されるほうが役職手当を支給されるよりも上回るため、特段優遇されていたとはいえません。

　以上の点を考慮すると、目黒氏は労基法上の管理監督者に該当するとはいえず、目黒氏に対して1カ月につき50時間程度の割増賃金の未払いが認められます。なお、目黒氏には役職手当を支給していますが、当該役職手当は職責に対して支給されているものであるため、未

払いの割増賃金に充当することはできず、役職手当を割増賃金に係る賃金の計算の基礎に算入しなければなりません。

・時給単価
 ＝（449,800円＋50,000円）÷173時間≒2,889円
・割増時給単価
 ＝2,889円×1.25＝3,611円
・1カ月未払割増賃金
 ＝3,611円×50時間＝180,550円
・過去2年の未払割増賃金
 ＝180,550円×24カ月＝4,333,200円

5 報告書作成例

年　月　日

労務デューデリジェンス報告書

株式会社□□□□ 御中

　　　　　　　　　　〇〇社会保険労務士事務所
　　　　　　　　　　　調査担当社会保険労務士 〇〇〇〇
　　　　　　　　　　　調査担当社会保険労務士 〇〇〇〇

　株式会社C社の労務デュージェリデンス業務が完了いたしましたので、…ください。
　　※ P.47の例参照。

1．潜在債務
　　　　　　　　　　　　　　　4,333,200円

【内訳】

       簿外債務   調査対象外
       偶発債務   4,333,200円

偶発債務内訳

No.	調査項目	偶発債務額
1	労基法上の管理監督者の該当性	4,333,200円

2．基準日
　　　　〇〇年3月31日

3．結果要約

No.	調査項目	違反事項・根拠条文等	調査資料等
1	労基法上の管理監督者の該当性	割増賃金の未払い 労基法37条、労基法41条2号、労基法115条 昭和29年9月13日発基17号、昭和63年3月14日基発150号等	就業規則、賃金規程、職務権限規程、組織図、賃金台帳、出勤簿（タイムカード）

4．調査結果の根拠

　労働基準法41条2号の「監督若しくは管理の地位にある者（いわゆる「管理監督者」）に該当する者につきましては、労基法上の労働時間等に関する規定の適用除外者となります。したがって、労働基準法上の管理監督者に対して、1日8時間、1週40時間を超えて労働させても、休日を与えなくても労働基準法に抵触しないことになり、労働基準法上の割増賃金を支払う義務はありません。ただし、深夜の時間帯に労働した場合に対する深夜割増賃金の支払いや、年次有給

休暇に関する労基法上の保護規定は労働基準法上の管理監督者についても排除されていないので、留意する必要があります。

また、労働組合法2条1号の「監督的地位にある労働者」については、労働組合の自主性の確保の観点から非組合員の範囲を定めたものであり、労働基準法上の管理監督者の労働者保護規定適用外の観点とは明らかに異なるものです。したがって、両者の範囲は必ずしも一致して連動しているわけではないので、労働組合法上の管理監督者に該当すれば、労働基準法上の管理監督者に該当するわけでありません。

管理職に対して、会社が会社組織上の管理監督者を労働基準法上の管理監督者と位置付けたうえで、時間外および休日労働に対する割増賃金を支払わないケースが散見されますが、会社組織上の管理監督者だった者から割増賃金を請求されて紛争化した場合、裁判所等によって労働基準法上の管理監督者該当性を否定され、当該割増賃金の支払いを余儀なくされるリスクがあるため、労働基準法上の管理監督者の該当性については、調査し、検討する必要があります。

なお、労働基準法上の管理監督者の該当性の判断要素については、行政解釈、裁判等で示されていますが、ここでは、①経営者と一体的な立場であるか、②出退勤について厳格な規制を受けず、自己の勤務時間について自由裁量権を有していたか、③地位に相応しい処遇を受けていたかを重視して、該当性を検討します。

まず、「経営者と一体的な立場であるか」については、目黒氏は重要な経営会議に参加したことはなく、人事評価以外の採用権限や解雇権限は付与されていないため、経営者と一体的な立場であったとはいえないと思われます。

次に、「出退勤の裁量」については、労働時間がタイムカードで厳格に管理され、欠勤や遅刻した場合、それぞれの日給や時給が控除されていたので、裁量権は付与されたとはいえません。
　そして、「地位にふさわしい処遇」については、時間外労働に対する残業手当（162,500円＝449,800円÷173時間×1.25×50時間）が支給される場合と役職手当（50,000円）が支給された場合とを比較すると、むしろ時間外労働に対する残業手当を支給したほうが役職手当を112,500円も上回ることから、地位にふさわしい処遇がなされているとは認められません。
　以上、検討した結果、目黒氏は労働基準法上の管理監督者には該当しないと思われますので、法定労働時間を超えた1カ月につき50時間に対する労働基準法上の割増賃金（労働基準法115条により賃金請求消滅時効は2年であるため2年分）を支払う義務が生じます。
　月給者に対する時間単価の算出方法については、労働基準法施行規則19条1項4号に「月によって定められた賃金については、その金額を月における所定労働時間数（月によって所定労働時間数が異なる場合には、1年間における1月平均所定労働時間数）で除した金額」とあるので、まずは、「その金額」と「平均所定労働時間」を確定する必要があります。
　その金額については、割増賃金の計算基礎に算入しない賃金として、労働基準法37条5項で①家族手当、②通勤手当および、その他厚生労働省令で定める賃金は算入しないとあり、その他厚生労働省令で定める賃金とは、労働基準法施行規則21条の③別居手当、④子女教育手当、⑤住宅手当、⑥

臨時に支払われた賃金、⑦1箇月を超える期間ごとに支払われる賃金の7つであり、限定列挙されています。なお、目黒氏に支払われた通勤手当は計算基礎に算入しない賃金となりますが、役職手当については、法定の計算基礎に算入しない賃金に指定されておらず、また、職責に対して支払われていた手当であることから、「その金額」から控除することはできません。

　平均所定労働時間については、就業規則から年間の所定労働日数が決まっていることが判明したため、173時間（＝260日×8時間÷12カ月）となります。

　したがって、次の計算式で算出された未払割増賃金がC社に対する偶発債務となります。

・時給単価
　＝（449,800円＋50,000円）÷173時間≒2,889円
・割増時給単価
　＝2,889円×1.25＝3,611円
・1カ月未払割増賃金
　＝3,611円×50時間＝180,550円
・過去2年の未払割増賃金
　＝180,550円×24カ月＝4,333,200円

以上

Ⅲ　取締役の労働者性の調査

1　事　例

　ターゲット会社のD株式会社は、主に建築材料の製造販売等を営業内容とし、本社のほか6つの支店を有しています。従業員は約50名で、取締役は7名います。調査の結果、取締役の門前氏について次のような事情が判明しました。

　門前氏は大学卒業後、D社に採用されE支店勤務となり、約10年後に支店長に就任しました。その営業上の実績が認められ、翌年6月の株主総会で取締役に就任し、その旨の登記がなされました。取締役就任時の経緯、就任前後の具体的な職務内容、権限等については以下のとおりです。

- D社の就業規則には、従業員の当然退職事由として「当社の役員に就任したとき」を定めている。門前氏は、取締役就任承諾書（「定款，取締役会規程その他会社規則並びに会社法の規定を遵守します。」と記載）を提出した。
- 支店の出勤簿には取締役就任前から、門前氏の氏名の記載や押印は存在しない。
- 支店は従業員が8名で、門前氏は他の従業員と同様に、日常的に得意先の各工務店を回って建材の売込み、代金回収等の営業活動に従事し、営業時間内に同支店を留守にすることも多く、職務内容は、取締役就任の前後を通じてほとんど変更がなく、その担当する得意先軒数も一般の営業マンの平均と変わらなかった。
- 支店では、仕入れや売上等業務に関する日報等を本社の仲町専務に提出し、専務がこれを検討したうえで、門前氏に対し各取引先への売上状況等、支店の営業に関する個別的具体的な質問や指示を行い、門前氏はこれに従って支店の業務を遂行していた。
- 支店従業員の採用については、支店長である門前氏がまず初期面接をす

るが、最終的な採否や給与等の待遇の決定は本社が行っていた。
- 取締役就任前の給与は合計50万円で、給与支給明細書上の内訳は、基本給40万円、地域手当2万円、役付手当8万円と記載されていた。
- 取締役就任後の報酬は、給与支給明細書上、基本報酬40万円、役員手当4万円、役員調整手当6万円と記載されるようになったが、一時体調を崩して出社しなかった期間の報酬は全額支給されず、遅刻、欠勤控除も一般の従業員と同様に行われた。
- 門前氏は、平成29年6月末日開催された被告の株主総会において、取締役に再任されなかった。総会終了後、門前氏は取締役としての留任を求め、その後も門前氏は従前どおり出社していたが、3日後、専務から辞めてもらう旨告げられ、社長から退職金の明細書を交付された。

2 規範・ルール等の定立

(1) 問題の所在

　株式会社の取締役については、会社法330条で「株式会社と役員及び会計監査人との関係は、委任に関する規定に従う」と定められています。しかし、わが国においては、使用人（従業員）として会社に採用された者が、取締役に就任して「取締役営業本部長」等の肩書が付され、従業員と取締役を兼務する場合など、取締役でありながら一方で労働者性が肯定されるような実態（使用人（従業員）兼務取締役）が多く存在します。そのため現実の訴訟では、取締役が実際は労働者であるとして地位確認請求をする事件、解雇予告手当を請求する事件、従業員としての退職金を請求する事件、その他には、業務遂行中に労働災害にあった場合に労災認定申請に対する不支給処分についての取消訴訟など、「労働者」に該当するか否かが争点となるケースが少なくありません。

　労務DDの対象としては、上記の①使用人兼務取締役（会社との間

に、労働契約と委任契約が併存している関係）と、②名目的な取締役で実際には労働者（労働者性のみが肯定される）となります（取締役としての報酬の未払リスクについては本稿ではとりあげない）。

労働者性が肯定される場合は、それぞれのケースに応じて、個別の論点について調査をすることとなります。例えば、

- **割増賃金（管理監督者性が肯定されるケースは深夜割増、管理監督者性も否定されるケースでは、時間外割増および休日割増も）**
- 解雇予告手当
- 従業員としての賃金のバックペイ
- 退職金の未払い
- 労働保険料の未納
- 雇用保険未加入の場合の損害賠償

などです。それぞれの調査方法については各章を参照してください。

ここでは、労働者性の判断基準を中心に紹介します。

（2）労働者性の判断基準

労基法で適用される労働者については、「この法律で『労働者』とは、職業の種類を問わず、事業又は事務所に使用される者で、賃金を支払われる者をいう」と定義されています（労基法9条）。労契法、最賃法、安衛法、労災保険法なども、明文または解釈によって、労働者概念は労基法と同一と解されていますので（横浜南労基署長（旭紙業）事件・最判平成8年11月28日）、以下、労基法上の労働者の判断基準を検討します。

これについて「一般論」を判示した最高裁判例はありませんが、具体的な判断基準（要素）としては裁判例や解釈例規の積み重ねを整理した、昭和60年12月19日労働基準法研究会報告「労働基準法の『労働者』の判断基準について」では、「「労働者性」の判断に当たっては、雇用契約、請負契約といった形式的な契約形式のいかんにかかわらず、実質的な使用従属性を、労務提供の形態や報酬の労務対償性及び

これらに関連する諸要素をも勘案して総合的に判断する必要がある」として、一般的な判断基準を示しています。

なお、実際には以下の要素の総合判断によって労働者性の有無が導かれるもので、後述のとおり実際の裁判例では事案によって重視される要素が異なります。しかし、労務DDでは限られた時間内で調査を行わなければならないため、次のように、まず①の（ア）で使用従属性の有無を判断し、①の（イ）の要素が肯定される場合は使用従属性が補強されるとして、これらの観点のみで判断できない場合に、②の事項で補強するというステップで行うとよいでしょう。

① 「使用従属性」に関する判断基準

　（ア）「指揮監督下の労働」に関する判断基準
　　　（ⅰ）仕事の依頼、業務従事の指示等に対する諾否の自由の有無
　　　　　・諾否の自由がなければ指揮監督を推認
　　　（ⅱ）業務遂行上の指揮監督の有無
　　　　　・業務の内容および遂行方法に対する指揮命令の有無
　　　　　・使用者の命令、依頼等により通常予定されている業務以外の業務に従事することがあるか等
　　　（ⅲ）拘束性の有無（勤務場所、勤務時間）
　　　　　・業務の性質上当然に生ずるものか、指揮命令によるものか
　　　（ⅳ）代替性の有無 ―指揮監督関係の判断を補強する要素
　　　　　・本人に代わって他の者が労務を提供することが認められているか否か
　　　　　・本人が自らの判断によって補助者を使うことが認められているか否か
　（イ）報酬の労務対償性に関する判断基準
　　　報酬の性格が一定時間労務を提供していることに対する対価と判断される場合には、「使用従属性」を補強する。
　　　（ⅰ）報酬が時間給を基礎として計算される等、労働の結果によ

る較差が少ないか
　（ⅱ）　欠勤時に応分の報酬が控除され、残業時には別の手当が支給される等

② 「労働者性」の判断を補強する要素

※　①の（ア）（イ）の観点で「使用従属性」の判断が困難な場合は、以下の要素をも勘案して総合判断する。
　（ア）　事業者性の有無（程度）
　　（ⅰ）　機械・器具の負担関係
　　（ⅱ）　報酬の額
　　（ⅲ）　その他（業務遂行上の損害に対する責任、商号使用の有無等）
　（イ）　専属性の程度
　　（ⅰ）　制度上の制約の有無、事実上の困難性の有無
　　（ⅱ）　報酬の生活保障的な要素・程度
　（ウ）　その他
　　（ⅰ）　採用、委託等の際の選考過程が正規従業員の場合と比べてどうか
　　（ⅱ）　給与所得としての源泉徴収
　　（ⅲ）　労働保険の適用対象
　　（ⅳ）　服務規律の適用
　　（ⅴ）　退職金制度、福利厚生の適用

（3）裁判例

　裁判例では事案によって重視される要素が異なり、ほとんどの裁判例は事例判断となっています（いわゆる規範である「判例」部分は確立されていないため）。概要は以下のとおりです。

① 使用従属性

（ア）法令・定款上の業務執行権限の有無

　法令・定款によって業務執行権限を有している者（例：代表取締役（会社法363条1項1号）、業務執行取締役※（会社法363条1項2号）は自ら指揮監督を行う立場なので、原則として、労働者性は否定されます。行政解釈でも、代表者・業務執行権を有する者は否定しています。

※会社法上の概念で、一般に使用される「執行役員」とは異なります。

（イ）会社の業務執行に関する意思決定を行っていない場合（同族企業、一人株主、ワンマン経営等で、代表者の意向に基づいて経営されている、取締役会が開催されていない、会社の意思決定に参加する機会がなく、経営に関与していない）は労働者性が肯定されます。

（ウ）例外的に、業務執行に関する意思決定を行っていても、取締役就任前と同様の仕事をしていた、就任後も雇用保険に加入、源泉徴収票に給与、賞与と記載があるといったケースで労働者性が肯定されています。

（エ）勤怠管理を受けるなど拘束性が認められる場合は、労働者性が肯定されます。

　ただし、労働者であっても管理監督者のように労働時間の規定が適用されない場合もあるので、拘束性のないことを労働者性の判断において重視することは相当ではないでしょう。

（オ）他の従業員と同様の業務内容に従事していた場合は、労働者性を肯定しやすいといえます。ただし、会社の規模が小さく代表取締役自身も同様の業務を行うような小規模会社においては、この要素をもって労働者性を肯定することはできません。

（カ）取締役就任の経緯として「当初から取締役」であるものは、会社設立に中心的役割をはたしている場合には、労働者性を否定

する要素となりますが、それ以外は判断に影響しません。その一方で、もともと従業員として雇用（労働）契約を締結していた者が取締役に選任された場合は、従前の雇用（労働）契約が終了したか否かという観点からの検討が必要となり、従業員としての地位が清算されていない（取締役就任時に、退職金の支給、退職届提出などの手続きがとられていない、就業規則の退職事由として取締役主任があげられていない）場合には、労働者性は肯定されます。ただし、中には取締役就任時に一旦退職すると同時に新たに従業員たる地位を取得したと認定されているケースもあるので、場合によっては新たな雇用（労働）契約の成否も検討することとなります。

② 報酬の労務対償性

　報酬の性質や額が賃金として税務処理されている場合や、一般従業員と比べて高額ではない場合、労働者性は肯定される。一方で、会計上、役員報酬として処理、報酬の額が一般従業員に比べ高額、勤務時間や欠勤等に関係なく支給されているケースでは、否定例も肯定例もあり、判断要素としては補足的なものと考えられます。

③ その他

　（ア）　雇用保険料の加入手続がとられていた場合、労働者性を肯定する裁判例は多く、逆に加入手続がとられていないことを理由に否定している裁判例も多いようです。ただし、同族会社で経営者と従業員の差が小さい場合に、加入手続がとられていても労働者性を否定した例もあります。逆に、従業員の労災保険加入手続もしていないような会社であれば、雇用保険の加入手続がとられていないことを認定しながらも労働者性が肯定された例もあります。

　（イ）　当事者の認識を考慮することは慎重であるべきですが、少な

くとも会社が労働者と認識していたことをうかがわせる場合には、労働者性を肯定する要素の一つになるでしょう。

3 確認する資料および目的

調査を実施するための資料および目的については、**図表3-Ⅲ-1**のとおりです。

図表3-Ⅲ-1 調査資料と目的

	資料の名称	目　的
☐	就業規則・賃金規程	労働者性の判断
☐	退職後の給与に関する契約（退職金規程を含む）	〃
☐	その他、従業員や役員に適用される規程	〃
☐	取締役就任承諾書	〃
☐	雇用契約書、誓約書、その他取締役と締結した各種契約書	〃
☐	組織図	〃
☐	労働者名簿（退職者含む）	〃
☐	賃金台帳	〃
☐	労働時間の管理、時間外・休日労働の実態に関する資料	〃
☐	雇用保険資格取得・喪失届	〃
☐	給与（報酬）明細書	〃
☐	定款	〃
☐	商業登記簿謄本	〃
☐	取締役会議事録	〃
☐	株主総会議事録	〃

また、前述の判断要素に照らして、**ヒアリングで実態確認を行う必要**があります。

なお、労働者性が肯定された場合は、さらに各論点（割増賃金、従業員としての賃金のバックペイ、労働保険料未納等）の調査資料について、各章を参照してください。

4 当てはめ

　以上の点を踏まえ冒頭の事例を当てはめると、D社の門前氏については、取締役就任後、具体的な職務内容は取締役就任以前と変わりがなく、支店の業務に関する基本的な営業方針、人事、予算の策定、具体的な支出等を独自に決定し実施する権限はなく、日常的に支店の営業内容等について本社、特に仲町専務に報告し、その具体的な指示に従って業務を行っていました。また、欠勤時に応分の報酬が控除されていました。取締役就任後の報酬は、取締役就任前の基本給に対応する給与支給明細書上の名称が「基本報酬」に変更されたのみで、就任前の諸手当（地域手当2万円および役付手当8万円）についても給与支給明細書上の名称および金額の区分けが就任後は「役員手当4万円、役員調整手当6万円」に変更されたのみで、取締役就任前の諸手当の合計額（10万円）に見合うように支給されていたことがうかがえます。以上により、取締役就任後も継続してD社との間で労働契約を締結していたものと認められます。

　なお、支店における出退勤に関する取扱いは、門前氏が支店長という責任ある立場にあることから、勤務時間中は当然勤務していることを前提として、出勤簿による確認を求めるまでもないとの考えに基づくものと推認され、出勤簿から除外されていることを根拠に、D社から指揮命令を受けていなかったということはできません。

　また、就業規則において当然退職事由として「当社の役員に就任したとき」が定められていますが、これは必ずしもD社における従業員兼務取締役の存在を否定するものとは解されず、上記退職事由は条理上当然に、従業員が従前の従業員たる地位を兼務したまま取締役に就任する場合を含まないものと解されます。また、門前氏は取締役就任承諾書を提出していますが、一般的な法令等の遵守を約する文言が記載されたのみで、当該文言から門前氏が就業規則の上記退職事由に該当することを自認する旨の趣旨を読み取ることまではできないものと解

されます。

　以上のように、門前氏については労働者性が肯定されますので、関係する論点ごとに偶発債務を算出します（各章参照）。

5　報告書作成例

　　　　　　　　　　　　　　　　　　　　　　　年　月　日

　　　　　　　　　労務デューデリジェンス報告書

株式会社□□□□　御中

　　　　　　　　　　　○○社会保険労務士事務所
　　　　　　　　　　　　調査担当社会保険労務士　○○○○
　　　　　　　　　　　　調査担当社会保険労務士　○○○○

　株式会社D社の労務デューデリジェンス業務が完了いたしましたので…ください。

　※ P.47の例参照。

1．潜在債務

　　　　　　　　　　　　　　4,500,000円

【内訳】

　　　　　　偶発債務　　　4,500,000円

偶発債務内訳

No.	調査項目	偶発債務額
1	バックペイ	4,500,000円

2．基準日
　　　　〇〇年3月31日

3．結果要約

No.	調査項目	違反事項・根拠条文等	調査資料等
1	バックペイ	民法536条2項	

4．調査結果の根拠
　取締役は、会社と委任契約関係にあり（会社法330条）、取締役会を通じて会社の業務執行に関する意思決定を行う権限が認められるので、取締役に就任することにより労働契約については合意解除したとみるべき場合もあります。しかしながら、取締役に就任したとしても、当該取締役が担当する具体的な職務内容、会社内での地位・権限等によっては、実質的には労働者としての性格を有しているいわゆる、使用人（従業員）兼務取締役である場合もあり、この場合には、委任契約と労働契約を併存して締結していると解すべきこととなります。
　門前氏については、取締役就任後、具体的な職務内容は取締役就任以前と変わりがなく、支店の業務に関する基本的な営業方針、人事、予算の策定、具体的な支出等を独自に決定し実施する権限はなく、日常的に支店の営業内容等について本社、特に仲町専務に報告し、その具体的な指示に従って業務を行っています。また、欠勤時に応分の報酬が控除されています。
　以上により、門前氏は、取締役就任後も労働者性が認められ、委任契約と労働契約が併存していたと考えられます。そのため、株主総会で取締役の地位を失った後も、なおD社と

の間で労働契約関係が存続していたものと考えられ、門前氏からD社に対し労働契約上の地位確認請求の訴訟が提起された場合には、請求が認容される可能性があります。その場合、民法536条2項本文によって、債権者である使用者の責めに帰すべき事由による就労債務の履行不能は賃金請求権を失わないと考えられますので（いわゆるバックペイ）、門前氏が就労を拒否されていた期間の賃金の計算の根拠として、取締役解任時の賃金月額を検討します。

門前氏の取締役就任後の報酬は、取締役就任前の基本給に対応する給与支給明細書上の名称が「基本報酬」に変更されたのみで、取締役就任前の諸手当（地域手当2万円および役付手当8万円）についても、対応する給与支給明細書上の名称および金額の区分けが「役員手当4万円、役員調整手当6万円」に変更されたものであり、これらの諸手当が、取締役就任前の諸手当の合計額（10万円）に見合うように支給されていたことが推認されます。したがって、門前氏については「役員手当」や「役員調整手当」を取締役としての報酬と認めることは困難であり、取締役解任時の賃金月額は50万円として、基準日までの期間（9カ月間）のバックペイを偶発債務として計上します。

なお、実際の訴訟では、この間、門前氏が収入を得ていれば中間収入控除の計算が行われますが、本報告書では考慮しておりません。

偶発債務：月額500,000円×9カ月＝4,500,000円

以上

Ⅳ　個人請負型就業者の労働者性

1　事　例

　ターゲット会社のソフトウェア開発業Ｆ社には、3年前から外注扱いにしている浜松氏がいます。依頼する仕事は、ソフトウェア開発や計算業務で、浜松氏とは個別に業務請負契約を結んでいます。業務の依頼を行って、月額40万円の報酬を支払っています。
〔浜松氏についての聞き取り内容〕（〇〇年8月31日）
① 　契約関係：業務請負契約
② 　業務依頼を拒否できるか：認められない。
③ 　Ｆ社からの指示：業務内容は、仕様書等に従ってプログラムの設計等の細かな指示がある。従業員と同様に毎日出勤を義務付けられていて、始業時刻に遅れた場合や、欠勤した場合には賃金控除がなされていた。
④ 　時間の拘束について：勤務時間は正規従業員と同じく午前9時から午後6時（休憩1時間）と決められている。
⑤ 　報酬額：報酬は一般社員と同じく月給制（固定給）である。
⑥ 　専属制：他社からの依頼、他社への就業は禁止されている。
⑦ 　機械・器具の負担：末端機器および電話代等のすべての経費はＦ社が全額負担している。

2　規範・ルール等の定立

　個人請負型就業者は、会社との間に業務請負契約を結んでいます。業務請負契約は労働契約ではないので、個人請負型就業者は労働者に該当せず労働法が適用されることはありません。しかし、形式的に会社と業務請負契約を締結しても、実質的に会社と使用従属関係が認められる場合、労働契約が締結されているとみなされ、当該個人請負型

就業者は労基法上の労働者の保護を受けられることになります。

　個人請負型就業者が労働者に該当するかどうかは、「労働基準法の「労働者」の判断基準について」（労働基準法研究会報告　昭和60年12月19日）が参考になります。労基法９条により、「使用される＝指揮監督下の労働という労務提供の形態」および「賃金支払という労務に対する報酬」が提供された労務であったかどうかで、労働者であるかどうかが判断されます。この２つの基準を総称して、「使用従属関係」と呼びます。

　当該報告で示された具体的な判断基準は以下のとおりです。

① 　仕事の依頼、業務従事の指示等に対する諾否の自由

　使用者の具体的な仕事の依頼、業務従事の指示等に対して諾否の自由を有していれば、他人に従属して労務を提供するとはいえず、対等な当事者間の関係となり、指揮監督関係を否定する重要な要素となります。

② 　業務遂行上の指揮監督の有無

　業務の内容および遂行方法について、使用者の具体的な指揮命令を受けていることは、指揮監督関係の基本的かつ重要な要素です。しかしながらこの点は、指揮命令の程度が問題であり、通常、注文者が行う程度の指示等に止まる場合には、指揮監督を受けているとはいえません。また、使用者の命令、依頼等により通常予定されている業務以外の業務に従事することがある場合には、使用者の指揮監督を受けているとの判断を補強する重要な要素となります。

③ 　拘束性の有無

　勤務場所および勤務時間が指定され、管理されていることは、一般的には、指揮監督関係の基本的な要素です。しかし、必然的に勤務場所および勤務時間が指定される場合があるため、当該指定が業務の性

質等によるものか、業務遂行を指揮命令する必要があるものかを見極めます。

④ 代替性の有無

その他の要素（指揮監督を補強する要素）として、代替性の有無も考えらます。つまり、本人に代わって他の者が労務を提供することが認められているか否か、また、本人自らの判断によって補助者を使うことが認められているか否か等、労務提供に代替性が認められているか否かは、指揮監督そのものに関する基本的な判断基準ではありませんが、労務提供の代替性が認められる場合、指揮監督関係を否定する要素となります。

特に①から③までは、使用従属関係を判断するうえで重要です。判断基準を具体的に当てはめて労基法上の労働者性が認められる場合、賃金の未払い、時間外労働の未払い、社会保険の未加入問題につながります。受託者が仕事上でけがをして休業した場合の所得保障が必要なケース、また、請負契約や委託契約の契約解除をする場合に労働者性が問われるトラブルになりやすいので、注意が必要です。

3 「労働者性」が争われた裁判例

(1) 横浜南労基署長事件（最判平成8年11月28日）

車持ち込み運転手の労働者性が争われた横浜南労基署長事件で、事実関係を上記の判断要素に当てはめてみます。

ルール・規範	事実関係
① 仕事の依頼、業務従事の指示等に対する諾否の自由	専属的に製品の運送業務に携わっており、同社の運送係の指示を拒否する自由はなかった。
② 業務遂行上の指揮監督の有無	運送物品、運送先および納入時刻の指示をしていた以外、業務遂行に関しては、特段の指揮監督を行っていたとはいえない。
③ 拘束性の有無	労働時間、場所等の拘束は、他の従業員と比べて、緩やかであった。
④ 代替性の有無	記述なし。
⑤ その他の要素	自己の危険と計算の下に運送業務をしていて、事業主性が認められる。

　会社は運送業務の性質上当然に必要とされる運送物品、運送先および納品時刻の指示をしていたにすぎず、労働時間、場所等の拘束も緩やかで、運転手が会社の指揮命令の下で労務を提供していたとはいえず、報酬の支払方法、公租公課の負担等からみて、労災保険法上の労働者とはいえないと判断されました。

（2）中労委（ソクハイ）事件（東京地判平成24年11月15日）

　運送請負契約を締結した自転車便メッセンジャーは、労働組合法上の労働者に該当するとされた事件です。事実関係を上記の判断要素に当てはめてみます。

ルール・規範	事実関係
① 仕事の依頼、業務従事の指示等に対する諾否の自由	メッセンジャーは個々の業務依頼を基本的には引き受けるべきものとされていた。
② 業務遂行上の指揮監督の有無	メッセンジャーの報酬は本来出来高払制であるが、その出来高は労務提供量に依存する側面がある。
③ 拘束性の有無	メッセンジャーの稼働について、時間・場所の各面につき、一定程度の拘束を受けているというべきである。
④ 代替性の有無	第三者への再委託が禁止されていた。
⑤ その他の要素	契約内容を会社が一方的に決めていた（定型化された

ルール・規範	事実関係
	運送請負契約書に基づき契約締結されていた) つまり、メッセンジャーの事業者性が高いとは評価し難い。

　メッセンジャーは、労働契約または労働契約に類する契約によって労務を供給して収入を得る者として、労組法3条所定の労働者にあたる(ソクハイ社との関係では、労組法7条の「雇用する労働者」にもあたる)と認めるのが相当であると判断されています。

(3) 裁判例のポイント整理

　(1)と(2)の裁判例で労働者性があるというには、①から③までが重要な判断基準となります。独立した事業者としての実態を備えているかも判断要素となり、事業者としての側面が薄い場合、労働者性が認められやすくなります。

4　確認する資料および目的

　調査を実施するための資料および目的については、**図表3－Ⅳ－1**のとおりです。

図表3－Ⅳ－1　調査資料と目的

資料の名称	目的
□　就業規則	「従業員の採用・服務規律の適用」 選考過程が正規従業員の採用と違っていないか、会社の統一性を保つため服務規律の遵守をさせているかを確認する。
□　委託契約書 　　(請負契約書)	「時間・場所の拘束性」・「契約書の汎用性」 時間・場所の拘束の程度について確認する。また、定形化された委託(請負)契約書になっていないかを確認する。
□　賃金規程	受託者の月額の報酬と正規従業員の月額給与を比較する。

資料の名称	目　的
	比較した結果、月額給与が同額であった場合、人事担当者に両者の勤務状況をヒアリングする必要がある。
☐ 退職金規程	「退職金制度の適用」 正規従業員と同様に退職金制度が適用されているか確認する。
☐ タイムカード・ICカードなど勤怠管理の資料	正規従業員と同様に勤怠管理をしていないかを確認する。
☐ 注文書	受託者が会社から依頼された業務を拒否することができるか確認する。
☐ 仕事に必要な備品の状況	仕事に関連して必要な備品、例えば、携帯電話やパソコン、FAX類は、会社負担になっていないかを確認する。

5 当てはめ

　以上の点を踏まえて、これらの基準や要素を本事例に当てはめてみると、
① 業務の具体的内容について、仕様書等により、業務の性質上必要な指示がなされていること。
② 勤務時間が定められていること。
③ 会社から指示された業務を拒否することができないこと。
④ 報酬が固定給の月給制であること。
　また、労働者性を補強する要素については、
① 業務の遂行に必要な末端機器および電話代を会社が負担していること。
② 報酬額が他の正規従業員と同等であること。
③ 他社の業務に従事することが禁止されていること。
　以上から、本事例の浜松氏は労働者であると考えられ、社会・労働保険の未加入が問題となります。
　つまり、1日の就業時間が正社員と同じなので、社会・労働保険に

加入する必要があります。F社において被保険者資格取得手続を行うのは、過去2年間（保険料の徴収時効）で、常用的使用関係が認められる日からです。よって、その日まで遡及して生じるF社が負担すべき社会保険料と労働保険料を偶発債務として認識することになります。

【社会保険料】

	月額保険料（円）			
	健康保険料	介護保険料	厚生年金保険料	月額合計
全　額	40,631.0	0.0	75,030.00	115,661.00
折半額	20,315.5	0.0	37,515.00	57,830.50
2年間分の合計：上記は月額のため、各24ヵ月分を総合計します。			全　額	2,775,864.00
			折半額	1,387,932.00

月額の各保険料の計算：上段は全額、下段は折半額（※）。

【労働保険料（雇用保険料）】

	月額保険料（円）	2年間分の合計額
労働者負担	400,000×3/1000＝1,200	28,800
事業主負担	400,000×6/1000＝2,400	57,600
合　計		108,600

月額給与は期間を通して400,000円とする。

【労働保険料（労災保険料）】

月額保険料（円）	2年間分の合計額
400,000×3/1000＝1,200	28,800

全額事業主負担。

6 報告書作成例

　　　　　　　　　　　　　　　　　　　　　年　月　日

　　　　　　　　　労務デューデリジェンス報告書

株式会社□□□□　御中

　　　　　　　　　　　〇〇社会保険労務士事務所
　　　　　　　　　　　　調査担当社会保険労務士　〇〇〇〇
　　　　　　　　　　　　調査担当社会保険労務士　〇〇〇〇

　株式会社Ｆ社の労務デューデリジェンス業務が完了いたしましたので、…ください。

　※ P.47の例参照。

1．潜在債務
　　　　　　　　　　　　　　　　　　2,913,264円

【内訳】
　　　　　　簿外債務　　　　　調査対象外
　　　　　　偶発債務　　　　　2,913,264円

偶発債務内訳

No.	調査項目	偶発債務額
1	個人請負型就業者の労働者性	2,913,264円

2．基準日
　　　　〇〇年12月31日

3．結果要約

No.	調査項目	違反事項・根拠条文等	調査資料等
1	個人請負型就業者の労働者性	仕事の依頼、業務従事の指示等に対する諾否の自由 業務遂行上の指揮監督の有無 拘束性の有無	業務請負契約書、注文書、組織図、就業規則、賃金規程

4．調査結果の根拠

　当事者間の契約は、形式的に請負契約や業務委託契約であっても、使用従属関係の実態が認められれば、労働契約が締結されるとみなされます。F社と浜松氏とは業務請負契約を締結していますが、仕事の依頼に対して諾否の自由がなく、業務遂行上の指示があり、場所的、時間的に拘束され、本人の代わりが許されず、費用もF社で全額負担していました。さらに報酬についても、遅刻、欠勤した場合には控除されるなど、賃金の性格が強いものでした。したがって、F社と浜松氏との関係は労働契約関係であり、浜松氏は、正規従業員と同様に就労していたため、社会・労働保険に加入する義務があります。社会・労働保険の未納額については次の表から算出します。

【社会保険料】

	月額保険料（円）			
	健康保険料	介護保険料	厚生年金保険料	月額合計
全額	40,631	0	75,030	115,661
折半額	20,315	0	37,515	57,830
2年間分の合計：上記は月額のため、各24ヵ月分を総合計します。			全　額	2,775,864
			折半額	1,387,932

月額の各保険料の計算：上段は全額、下段は折半額です。

【労働保険料（雇用保険料）】

	月額保険料（円）	2年間分の合計額
労働者負担	400,000×3/1000＝1,200	28,800
事業主負担	400,000×6/1000＝2,400	57,600
合　計		108,600

月額給与は期間を通して400,000円とします。

【労働保険料（労災保険料）】

月額保険料（円）	2年間分の合計額
400,000×3/1000＝1,200	28,800

全額事業主負担です。

この結果、F社の偶発債務は、2,913,264円となります。

以上

V 解雇

1 事例

> ターゲット会社である運送業を営むG社において、1年前にトラック運転手（基本給25万円、職務手当4万円、通勤手当1万円）の日比谷氏に対して、髪を茶色に染めたことにより、解雇の予告をせず、また予告手当も支払わずに即時解雇したことが労務DDの調査で判明しました。なお、G社には、賞与も退職金制度もありません。

2 規範・ルール等の定立

（1）解雇の予告

　民法によると、期間の定めのない雇用契約は2週間の予告期間を置けばいつでも解約できるとされています（民法627条1項）。しかし、労基法20条では、労働者への影響を緩和するために、労働者を解雇しようとする場合においては、少くとも30日前にその予告をしなければならず、予告をしない使用者は、30日分以上の平均賃金を支払わなければならないとしています。ただし、天災事変その他やむを得ない事由のために事業の継続が不可能となった場合または労働者の責に帰すべき事由に基いて解雇する場合においては、予告なく即時解雇できるとされています（労基法20条1項）。

　解雇予告をせずに予告手当も支払わないでなされた解雇の効力については、学説上、無効説、有効説、労働者選択説などといった見解が見られますが、判例（細谷服装事件・最判昭和35年3月11日）では、解雇後30日が経過した時点または予告手当を支払った時点で解雇の効果が発生するという相対的無効説の立場をとっています。

(2) 解雇の時期的規制

　解雇の時期的規制とは、労基法19条1項で、労働者が業務上の負傷や疾病による療養のために休業する期間およびその後30日間と、産前（6週間）産後（8週間）の期間およびその後30日間の時期について、当該労働者を解雇することはできないとしているものです。したがって、当該時期の解雇は本条に違反するものとして無効とされます。ただし、業務上の負傷については、打切補償[1]を支払った、または支払ったとみなされる場合、および天災事変その他やむを得ない事由により事業の継続が不能になった場合には解雇制限は適用されません（同法19条1項ただし書）。

(3) 解雇の手続的規制

　解雇の手続的規制とは、労働協約や就業規則において、使用者が解雇を行うときには労働組合と事前に協議し、または同意を得ることを要件とする場合には、使用者の解雇権を契約上規制するものです。当該手続的規制が要件となっているにもかかわらず、協議または同意を得ることなく解雇がなされた場合には、解雇は無効となります。

(4) 解雇理由の規制

　解雇理由の規制とは、法令で定める理由によるもの、および就業規則に定める理由によるものがあります。
　まず、法令で定める理由による規制には、「差別的なもの」および「法律上の権利を行使したことによるもの」の2つに大別することができます（**図表3－Ｖ－1**）。当該理由による解雇は、いずれも無効とされます。

---

[1] 療養開始後3年を経過したときに、平均賃金の1,200日分を支払うことを条件として、その後の療養補償、休業補償、障害補償、その他のすべての補償についての使用者責任を免除させるもの。

図表3－V－1　法令による解雇の規制

	内　容	根拠法
差別的なもの	国籍・信条・社会的身分を理由としたもの	労基法3条
	組合員・組合活動を行ったことを理由としたもの	労組法7条
	性別を理由としたもの	男女雇用機会均等法6条
	婚姻・妊娠・出産を理由としたもの	男女雇用機会均等法9条
権利行使をしたことによるもの	育児・介護休業の申出・取得したことによるもの	育児介護休業法10条、16条など
	裁判員休暇の申出・取得したことによるもの	裁判員法100条
	裁量労働制の導入を拒否したことによるもの	労基法38条の4第1項6号
	労基署に労基法違反を申告したことによるもの	労基法104条2項
	労働紛争の助言・指導、あっせんを申請したことによるもの	個別労働紛争解決促進法4条3項、5条2項
	公益通報者保護法上の通報したことによるもの	公益通報者保護法3条
	均等法上の紛争解決の援助や調停を申請したことによるもの	男女雇用機会均等法17条2項、18条2項
	労働者派遣法違反を申告したことによるもの	派遣法49条の3第2項
	パート労働法上の紛争解決の援助や調停を申請したことによるもの	パート労働法24条2項、25条2項

出所：社会保険労務士法人野中事務所編『M&Aの労務デューデリジェンス』153頁（中央経済社、2018、第2版）

　次に、就業規則に定める理由による規制とは、解雇の事由に関し、就業規則に定める以外の理由は認めないとするものです。解雇の事由については、労基法89条3号に就業規則の絶対記載事項とする旨の定めがあり、その趣旨は、就業規則に記載されている解雇事由に限られる「限定列挙」とする見方と、解雇事由が限定されていなくても包括的事由が規定（その他全各号に掲げる事由に準じる重大な事由など）されていさえすれば、就業規則等に記載されている解雇事由に限られない「例示列挙」とする見方があります。裁判例では、限定列挙とされることが多いです。したがって、包括的事由により解雇されたケースがあった場合、解雇が無効となるおそれがあるので注意が必要です。

（5）解雇権の濫用法理

　労契法16条に「解雇は、客観的に合理的な理由を欠き、社会通念上相当であると認められない場合は、その権利を濫用したものとして、無効とする」とあります。

　この「客観的に合理的な理由」で労働者側に理由があるものとして、労働者の労働能力や適格性の低下・喪失によるもの（普通解雇）、労働者の義務違反や規律違反行為によるもの（懲戒解雇）があります。

　普通解雇の場合は、労働者の労働能力や適格性の低下・喪失による客観的事実があったとしても、その程度が解雇に値するほどの重大なものか、会社はその能力の改善のための具体的な指導および研修を行っていたか、職種の変更、配転、降格、雇用形態の変更、退職勧奨等の解雇回避措置を実施していたかも重要視され、総合的に社会通念上の相当性が判断されることになります。

　懲戒解雇の場合は、懲戒処分の中でも最も重い処分であり、通常は労基法上の解雇予告もなく、解雇予告手当も支払われず、かつ退職金も全額ないし一部不支給となる[2]場合が多く、労働者にとってはまさに極刑です。懲戒処分については、労契法15条で「使用者が労働者を懲戒することができる場合において、当該懲戒が、当該懲戒に係る労働者の行為の性質及び態様その他の事情に照らして、客観的に合理的な理由を欠き、社会通念上相当であると認められない場合は、その権利を濫用したものとして、当該懲戒は無効とする」とあり、まずは就業規則に懲戒処分の対象、懲戒処分の内容等の根拠規定を記載し、従業員に周知させておくなど懲戒が可能な状況にして、懲戒権の濫用にならないようにすることが前提となります。そして、社内の懲罰委員

---

[2]　懲戒解雇の場合だと退職金が支給されないため、会社側から労働者に退職を勧告し、退職願を提出させ、退職金を支給する「諭旨解雇（退職）」がある。

会において、事実関係の存否を検証し、対象となる行為と処分のバランスを考慮して慎重に審議を行います。なお、最終的に懲戒処分を決定する前に本人に弁明の機会を与えることが手続き上重要であり、これを怠ったことにより懲戒解雇を無効とした裁判（千代田学園事件・東京高判平成16年6月16日）もあります。

（6）整理解雇の法理

整理解雇の場合は、労働者には何ら落ち度がないため、普通解雇よりもハードルが高く設定されます。裁判例上、①人員削減の必要性の有無、②解雇回避義務の履行、③合理的な対象者の選定、④解雇に至る手続きの妥当性の4つの基準を整理解雇の効力の判断材料にしています。

① 人員削減の必要性の有無

一時的な売上げの落込みではなく、経営上、人員削減を選択せざるを得ないことが必要であり、整理解雇と並行して新規採用を行うような矛盾した行動がとられていたならば、必要性がなかったものと判断されます。

② 解雇回避義務の履行

残業の削減、非正規従業員の雇止め、新規採用の抑制、一時休業、希望退職者の募集、役員報酬や給料の減額等、解雇を回避する努力を行っていることが求められます。

③ 合理的な対象者の選定

年齢、懲戒処分の回数、勤怠状況、扶養家族の有無等、会社側の恣意的要素が入らないような客観的なものでなければなりません。

④ 解雇に至る手続きの妥当性

　労働組合や労働者に対して、できるだけ早い時期に人員削減の必要性、解雇回避の方法、整理解雇の時期、規模、人選の方法等について説明を行い、特に被解雇者には個別意見を聞くなどの配慮が必要とされます。

　整理解雇が社会通念上相当であると認められるためには、以上の4つの基準をすべて満たさなければなりません（4要件説）。しかし、近年の裁判（東京自動車健康保険組合事件・東京地判平成18年11月29日）の傾向では、4要件を4要素と理解して、総合的に判断して整理解雇の有効性を判断するというものが多くなっています（4要素説）。例えば、解雇回避努力が完全でなくても、人員整理の必要性が非常に高ければ、整理解雇が有効であるという結論を導くことも可能となっています。

（7）バックペイ

　バックペイとは、解雇期間中の賃金相当額を支払うことです。例えば、解雇された後、労働者が解雇に納得できずに解雇無効と提訴した場合、裁判で解雇が無効と判示されれば、解雇時から現在まで労働契約は継続していたことになります。そうなると、民法536条2項「債権者の責めに帰すべき事由によって債務を履行することができなくなったときは、債務者は、反対給付を受ける権利を失わない」が適用され、会社は解雇が無効となった社員から請求された場合、賃金を遡及して支払わなければなりません。

　なお、原則して、基本給および各種手当がバックペイの対象となりますが、通勤手当のように実費補償的なものや、残業手当のように現実に残業に従事して初めて請求権が発生するものなどは除外され、賞与については、最も蓋然性が高い基準（最低評価額、解雇前の実績）を用いて算出されます（武富士事件・東京地判平成6年11月29日）。

また、実務上問題となるのが、解雇から現職復帰までに他に就職して得た中間収入です。判例では中間収入控除必要説に立ち、労基法26条の（使用者の責めによる）休業手当相当分を超える金額に控除の上限額を抑えるという考え方を採用しています。すなわち、解雇された労働者に解雇期間中の中間収入がある場合には、解雇期間中の平均賃金の６割までは訴求賃金の支払いが確保されますが、その額を超えた解雇期間中の賃金については中間収入控除の対象となります。ただし、労務DDの局面では、中間収入の有無および金額まで調査することはできないため、偶発債務から控除することはしません。

３ 確認する資料および目的

調査を実施するための資料および目的については、**図表３－Ⅴ－２**のとおりです。

図表３－Ⅴ－２　調査資料と目的

	資料の名称	目　的
1	就業規則	解雇手続、解雇事由、懲戒事由を確認する。
2	賃金規程	基本給、各種手当の定義、賞与支給ルールを確認する。
3	賃金台帳	正確に退職金が算出されているかを確認するため、バックペイの退職者の退職時の基本給を確認する。
4	労働者名簿	勤続年数を算出するため、退職日を確認する。
5	離職票	労働者名簿記載の退職日と退職理由を突合し、整合性を確認する。
6	退職金規程および、過去５年間に支払われた退職金に係る帳票	退職金規程の有無。規程がある場合、計算方法で、退職金が算出されているかを確認する。支給された退職金額と退職金規程で算出された退職金に差額がある場合、偶発債務となるため。

4 当てはめ

　以上の点を踏まえ、冒頭の事例を当てはめると、G社の偶発債務は以下のように算出されます。

　事例では、労基法20条の解雇の予告をせず、また予告手当を支払っていませんが、労基法20条違反の解雇でも、判例では、解雇後30日が経過した時点または予告手当を支払った時点で解雇の効果が発生するという相対的無効説の立場をとっているので、当該事例は既に解雇後30日が経過しているため、労基法20条違反により解雇が無効になることはありません。

　また、労基法19条1項では、労働者が業務上の負傷や疾病による療養のために休業する期間およびその後30日間と、産前（6週間）産後（8週間）の期間およびその後30日間の時期について、当該労働者を解雇することはできないとして、解雇の時期的規制をしていますが、解雇した日比谷氏はいずれにも該当しないので、労基法19条1項にも抵触しません。

　さらにG社では、労働協約や就業規則において、使用者が解雇を行うときには労働組合と事前に協議し、または同意を得ることを要件とするようなルールはなく、当該解雇理由が労働法制上規制する差別的なものや申告したことによる解雇でもなく、整理解雇ではないので、それらを理由とする解雇にも該当しません。ただし、当該解雇は労働者側に理由がある懲戒解雇であり、労契法15条の懲戒権、または16条の解雇権の濫用にあたる場合には、無効となります。

　まずは、就業規則に懲戒処分の対象、懲戒処分の内容等の根拠規定を記載し、従業員に周知させておくことが前提となります。G社では、作業室に就業規則が置かれており、いつでも見られる状態であったため、周知はされていたと理解してよいでしょう。しかし日比谷氏の懲戒解雇では、社内の懲罰委員会が開催されず、事実関係の存否の検証もなく、また「髪を茶色に染めた」という非違行為の重大性・悪

質性と懲戒内容とのバランスを欠き、さらに懲戒処分を決定する前に本人に弁明の機会も与えていないことから、手続上重要な瑕疵があり、懲戒権を濫用したものと思われます。仮に、懲戒権の濫用にあたらなくとも、「髪を茶色に染めた」という事情だけで解雇することは、社会通念上の相当性は到底認められないことから、解雇権を濫用したものとして、当該解雇の有効性を争った場合には無効と判示されると思います。

解雇が無効で労働者から請求があった場合には、解雇期間中の賃金を支払わなければなりません（バックペイ）。基本給および各種手当がバックペイの対象となりますが、通勤手当のように実費補償的なものや、残業手当のように現実に残業に従事して初めて請求権が発生するものなどは除外され、G社には賞与制度もありませんので、次の計算式により算出された金額をバックペイとして、偶発債務と評価します。

バックペイ（偶発債務）
＝（基本給25万円＋職務手当4万円）×12カ月＝348万円

5 報告書作成例

年　月　日

労務デューデリジェンス報告書

株式会社□□□□　御中

　　　　　　　　　　○○社会保険労務士事務所
　　　　　　　　　　　調査担当社会保険労務士　○○○○
　　　　　　　　　　　調査担当社会保険労務士　○○○○

　株式会社G社の労務デューデリジェンス業務が完了いたしましたので…ください。

※ P.47の例参照。

1．潜在債務
　　　　　　　　　　　　　　　3,480,000円
【内訳】
　　　　　簿外債務　　　　　調査対象外
　　　　　偶発債務　　　　　3,480,000円

偶発債務内訳

No.	調査項目	偶発債務額
1	解雇（バックペイ）	3,480,000円

2．基準日
　　　　〇〇年3月31日

3．結果要約

No.	調査項目	違反事項・根拠条文等	調査資料等
1	解雇権の適法性	解雇予告手当の未払い　労基法20条、労契法15条、16条	就業規則、賃金規程、退職金規程、賃金台帳、労働者名簿、離職票等

4．調査結果の根拠
　当該解雇は、労働者側に帰責事由がある懲戒解雇であり、懲戒解雇をする場合には、労働契約法15条の懲戒権の行使および16条の解雇権の行使が濫用にあたる場合、当該解雇は無効となります。
　懲戒処分について、まずは就業規則に懲戒処分の対象、懲

戒処分の内容等の根拠規定を記載し、従業員に周知させておくことが前提となりますが、G社では、作業室に就業規則が置かれており、いつでも見られる状態であったため、周知はされていたと理解してもよいと思います。しかし、日比谷氏の懲戒解雇では、社内の懲罰委員会が開催されず、事実関係の存否の検証もなされておりません。また、「髪を茶色に染める」非違行為の重大性・悪質性と懲戒内容（懲戒解雇）とのバランスを欠き、懲戒処分を決定する前に本人に弁明の機会も与えていないことから、手続上重要な瑕疵があるので、懲戒権を濫用したものとされると思います。

また、たった一度、髪を茶色に染めただけで即時解雇することは、社会通念上の相当性も認められないと思われますので、解雇権の行使も認められません。したがって、本人と当該懲戒解雇の有効性を争った場合、無効となるものと思われ、解雇期間中の賃金について支払うおそれがあると考えます。

労働者の日比谷氏から未払賃金の請求があった場合には、解雇日である1年前に遡って、解雇期間中の賃金を支払わなければなりません（バックペイ）。この場合、基本給および各種手当がバックペイの対象となりますが、通勤手当のように実費補償的なものや、残業手当のように現実に残業に従事して初めて請求権が発生するものなどは除外されますので、次の計算式より算出された金額がバックペイとなり、偶発債務と評価します。

バックペイ（偶発債務）
　＝（基本給250,000円＋職務手当40,000円）×12カ月
　＝3,480,000円

以上

Ⅵ 労災民訴

1 事例

> ターゲット会社のH社では、営業部に所属する府中氏(月給25万円、賞与なし)は、営業部長のパワー・ハラスメントが原因でうつになり、6カ月間(180日)休職していました。営業部長はすぐに感情的になり、営業成績の悪い府中氏を所構わず怒鳴りつけていました。さらに、他の部員に府中氏と会話することを禁じたり、合理的な理由なく府中氏だけ営業会議に参加させなかったり、いわゆる「いじめ」を繰り返していました。
> 　営業部長の直属の部下においては、過去に精神的に病んで退職する者が3人いました。しかし、H社は営業部長に対して何ら注意もせず、また社員の苦情を受け付ける相談窓口等も設置しておりませんでした。府中氏の疾病については、業務以外でメンタルに負荷がかかる出来事がなかったことから、労災が認定され、治療代金と休業補償給付が労災保険から支給されました。現在は職場に復帰していて、通常の業務は問題ないものの、軽微な業務に支障をきたすとして、障害等級の14級に該当し、障害補償一時金および障害特別支給金を労災保険から支給されました。なお、府中氏に対して会社は慰謝料等を支払っていません。

2 規範・ルール等の定立

　労働災害によって労働者が損害を被った場合、使用者に不法行為責任や安全配慮義務違反があると、刑事上および民事上の責任を問われることがあります。
　刑事上の責任とは、労災を防止するための安衛法上の諸規定を遵守していなかった場合、7年以下の懲役や300万円以下の罰金が科せられることであり、業務上必要な注意を怠ったことにより労働者を死亡

させた場合は、刑法211条により5年以下の懲役もしくは禁錮または100万円以下の罰金に処せられることもあります。

民事上の責任とは、被災労働者等に対する労災保険制度でカバーされない損害に対する賠償責任です。損害には、精神的損害、積極損害、消極損害、および休業損害等があります。これらの損害について、被災者やその遺族の請求（「労災民訴」という）により、使用者に安全配慮義務違反等が認められると、民事上の損害賠償義務を負うことになります。

なお、使用者に対する損害賠償請求の法的根拠は、まずは民法709条の不法行為責任が考えられます。しかし、不法行為による損害賠償請求は、消滅時効が3年（民法724条）であり、かつ、被災労働者が使用者の故意・過失の存在を立証する責任を負うことから、判例（陸上自衛隊八戸車両整備工場事件・最判昭和50年2月25日）では、使用者は労働契約上の信義則に基づき、安全配慮義務を負うとして、使用者に民法415条の債務不履行責任を問うことを認めています。

債務不履行として被災労働者等が使用者に責任を追及する場合、民法167条により、損害賠償請求権の時効は10年になるので、ターゲットの会社で過去10年間における労働災害の有無を調査しておく必要があります（2020年4月1日改正後も当該損害賠償請求権の消滅時効は10年）。

(1) 損害額の算定

損害には、**精神的損害**（慰謝料）、**積極損害**（労働災害によって被災者が支出するもの。例えば、入院雑費、付添看護費等）、**消極損害**（労働災害がなければ得られたであろう利益。例えば、後遺障害逸失利益、死亡逸失利益等）、および**休業損害**（労災保険で補てんされない収入部分）等があります。

労務DDの局面では、被災した状況等を細部にわたり調査することはできませんので、ここでは、①精神的損害（慰謝料）、②消極損害

(後遺障害逸失利益、死亡逸失利益等)、③休業損害（労災でカバーされない部分）について、調査の対象とします。

① 精神的損害（慰謝料）

死亡（**図表3－Ⅵ－1**）・後遺障害（**図表3－Ⅵ－2**）・入通院（**図表3－Ⅵ－3**）に対する精神的な損害に対するものであり、労災保険ではカバーされていません。財産的な損害と異なり、算定するのが困難であるため、最終的には裁判所の判断になりますが、本書では、交通事故のケースで一般的に用いられる基準を参考に慰謝料を算出します。

図表3－Ⅵ－1　死亡慰謝料

1. 弁護士会（日弁連交通事故相談センターの交通事故損害額算定基準）

　　一家の支柱……………2,600万円～3,000万円
　　一家の支柱に準ずる……2,300万円～2,600万円
　　その他…………………2,000万円～2,400万円

※「一家の支柱」とは、その死亡事故の被害者の世帯が、主として被害者の収入によって維持されているケースであり、「一家の支柱に準ずる」とは、例えば、専業主婦、養育を必要とする子を持つ母親、独身者であっても高齢な父母や幼い兄弟を扶養している、あるいはこれらの人に仕送りをしているケースを指す。

2. 任意保険のおおむねの基準

　　一家の支柱……………1,500万円～2,000万円
　　高齢者（65歳以上）……1,200万円～1,500万円
　　上記以外………………1,100万円～1,400万円

3. 自賠責保険基準

　　一律……………………350万円

図表3－Ⅵ－2　後遺症慰謝料

1．弁護士会（日弁連交通事故相談センターの交通事故損害額算定基準）

第1級	2,800万円	第8級	830万円
第2級	2,370万円	第9級	690万円
第3級	1,990万円	第10級	550万円
第4級	1,670万円	第11級	420万円
第5級	1,400万円	第12級	290万円
第6級	1,180万円	第13級	180万円
第7級	1,000万円	第14級	110万円

2．任意保険のおおむねの基準

第1級	1,900万円	第8級	400万円
第2級	1,500万円	第9級	300万円
第3級	1,250万円	第10級	200万円
第4級	950万円	第11級	150万円
第5級	750万円	第12級	100万円
第6級	600万円	第13級	60万円
第7級	500万円	第14級	40万円

3．自賠責保険基準

別表1第1級	1,600万円	第7級	409万円
第2級	1,163万円	第8級	324万円
別表2第1級	1,100万円	第9級	245万円
第2級	958万円	第10級	187万円
第3級	829万円	第11級	135万円
第4級	712万円	第12級	93万円
第5級	599万円	第13級	57万円
第6級	498万円	第14級	32万円

図表3－Ⅵ－3　入・通院慰謝料表（民事交通事故訴訟 損害賠償額算定基準）

入院 \ 通院		1月	2月	3月	4月	5月	6月	7月	8月	9月	10月	11月	12月	13月	14月	15月
		53	101	145	184	217	244	266	284	297	306	314	321	328	334	340
1月	28	77	122	162	199	228	252	274	291	303	311	318	325	332	336	342
2月	52	98	139	177	210	236	260	281	297	308	315	322	329	334	338	344
3月	73	115	154	188	218	244	267	287	302	312	319	326	331	336	340	346
4月	90	130	165	196	226	251	273	292	306	316	323	328	333	338	342	348
5月	105	141	173	204	233	257	278	296	310	320	325	330	335	340	344	350
6月	116	149	181	211	239	262	282	300	314	322	327	332	337	342	346	
7月	124	157	188	217	244	266	286	304	316	324	329	334	339	344		
8月	132	164	194	222	248	270	290	306	318	326	331	336	341			
9月	139	170	199	226	252	274	292	308	320	328	333	338				
10月	145	175	203	230	256	276	294	310	322	330	335					
11月	150	179	207	234	258	278	296	312	324	332						
12月	154	183	211	236	260	280	298	314	326							
13月	158	187	213	238	262	282	300	316								
14月	162	189	215	240	264	284	302									
15月	164	191	217	242	266	286										

注：通院のみ2カ月であれば、52万円、入院のみ3カ月であれば、145万円、入院1カ月後に通院2カ月であれば、98万円になる。

出所：日弁連交通事故相談センター。

② 消極損害

(ア) 後遺障害逸失利益

消極損害である後遺障害逸失利益とは、労働災害により障害（第1級～第14級）が残った場合、障害により労働能力が低下しなければ得られたであろう利益のことであり、労働保険では十分カバーされておらず、一般的に稼働年数を症状固定日から67歳までとして、次の計算式で算出された額を後遺障害逸失利益として、使用者は賠償義務を負うことになります。

【後遺障害逸失利益の計算式】

> 被災労働者の年収[3]×労働能力喪失率（図表3－Ⅵ－4）×稼働年数に対するライプニッツ係数[4]

図表3－Ⅵ－4　労働能力喪失率表

障害等級	労働能力喪失率	障害等級	労働能力喪失率
第1級	100/100	第8級	45/100
第2級	100/100	第9級	35/100
第3級	100/100	第10級	27/100
第4級	92/100	第11級	20/100
第5級	79/100	第12級	14/100
第6級	67/100	第13級	9/100
第7級	56/100	第14級	5/100

出所：労働基準局長通牒昭和32年7月2日基発551号

---

[3] 賃金センサス（賃金構造基本統計調査）の平均賃金額を下回る場合は平均賃金額とする。死亡逸失利益も同様。

[4] 生涯収入を一度に受けることで得る利益（中間利息）を控除するためにライプニッツ係数を用いて修正する。なお、以前は東京地裁ではライプニッツ係数（複利計算）、大阪地裁では新ホフマン係数（単利計算）を使っていたが、現在はライプニッツ係数で統一されている。

図表3－Ⅵ－5　ライプニッツ係数表（18歳以上）

労働能力喪失期間(年)	ライプニッツ係数	1年毎の増加数	労働能力喪失期間(年)	ライプニッツ係数	1年毎の増加数	労働能力喪失期間(年)	ライプニッツ係数	1年毎の増加数
1	0.9524	0.9524	31	15.5928	0.2203	61	18.9803	0.0510
2	1.8594	0.9070	32	15.8027	0.2099	62	19.0288	0.0485
3	2.7232	0.8638	33	16.0025	0.1998	63	19.0751	0.0463
4	3.5460	0.8228	34	16.1929	0.1904	64	19.1191	0.0440
5	4.3295	0.7835	35	16.3742	0.1813	65	19.1611	0.0420
6	5.0757	0.7462	36	16.5469	0.1727	66	19.2010	0.0399
7	5.7864	0.7107	37	16.7113	0.1644	67	19.2391	0.0381
8	6.4632	0.6768	38	16.8679	0.1566	68	19.2753	0.0362
9	7.1078	0.6446	39	17.0170	0.1491	69	19.3098	0.0345
10	7.7217	0.6139	40	17.1591	0.1421	70	19.3427	0.0329
11	8.3064	0.5847	41	17.2944	0.1353	71	19.3740	0.0313
12	8.8633	0.5569	42	17.4232	0.1288	72	19.4038	0.0298
13	9.3936	0.5303	43	17.5459	0.1227	73	19.4322	0.0284
14	9.8986	0.5050	44	17.6628	0.1169	74	19.4592	0.0270
15	10.3797	0.4811	45	17.7741	0.1113	75	19.4850	0.0258
16	10.8378	0.4581	46	17.8801	0.1060	76	19.5095	0.0245
17	11.2741	0.4363	47	17.9810	0.1009	77	19.5329	0.0234
18	11.6896	0.4155	48	18.0772	0.0962	78	19.5551	0.0222
19	12.0853	0.3957	49	18.1687	0.0915	79	19.5763	0.0212
20	12.4622	0.3769	50	18.2559	0.0872	80	19.5965	0.0202
21	12.8212	0.3590	51	18.3390	0.0831	81	19.6157	0.0192
22	13.1630	0.3418	52	18.4181	0.0791	82	19.6340	0.0183
23	13.4886	0.3256	53	18.4934	0.0753	83	19.6514	0.0174
24	13.7986	0.3100	54	18.5651	0.0717	84	19.6680	0.0166
25	14.0939	0.2953	55	18.6335	0.0684	85	19.6838	0.0158
26	14.3752	0.2813	56	18.6985	0.0650	86	19.6989	0.0151
27	14.6430	0.2678	57	18.7605	0.0620			
28	14.8981	0.2551	58	18.8195	0.0590			
29	15.1411	0.2430	59	18.8758	0.0563			
30	15.3725	0.2314	60	18.9293	0.0535			

(イ) 死亡逸失利益

　死亡逸失利益とは、労働災害によって死亡しなかったら得られたであろう利益のことであり、労働保険では十分カバーされていないため、次の計算式で算出された額を死亡逸失利益として、使用者は賠償義務を負うことになります。なお、稼働年数については、後遺障害と同様67歳までですが、死亡の場合、生活費の負担が減少するので、生活費割合を控除することになります（**図表3－Ⅵ－6**）。

【死亡逸失利益の計算式】

> 被災労働者の年収×稼働年数に対するライプニッツ係数×（1－生活費割合）

図表3－Ⅵ－6　生活費割合

```
1．民事交通事故訴訟　損害賠償額算定基準

    死亡した者が一家の支柱
        被扶養者1名の場合……………40%
        被扶養者2名以上の場合…………30%

    死亡した者が一家の支柱以外
        女性の場合……………………30%
        男性の場合……………………50%

2．任意保険のおおむねの基準

        被扶養者が3人以上いる場合……30%
        被扶養者が2人いる場合…………35%
        被扶養者が1人いる場合…………40%
        被扶養者がいない場合……………50%

3．自賠責保険基準

        被扶養者がいる場合………………35%
        被扶養者がいない場合……………50%
```

③ 休業損害

休業損害とは、被災した労働者が休業を余儀なくされ、当該休業期間において使用者から賃金の支払いも労災保険からも何ら補填が行われない場合、または、賃金の支払いがあったり、労災保険から休業補償給付（労災保険の休業補償は4日目から、給付基礎日額の6割が支給される）がなされたりしても、通常の賃金との差額が生じる場合、使用者が負う損害賠償のことをいいます。

（2）損害賠償の調整

労災保険給付の支給要件と民法上の不法行為や債務不履行の成立要件とは異なり、労災保険は業務上の災害であれば無過失責任として補償されるのに対して、労災民訴では、使用者に安全配慮義務違反等があれば、労災として認定されないケースでも責任の度合いに応じた損害賠償が認められます。

2つの請求権が併存し、同一の労働災害について、労災保険と損害賠償との両方から同一の事由で重複して損害を補てんされる場合には、労災保険給付と損害賠償との間で調整が行われます（労基法84条2項、労災保険法64条）。

ただし、労災保険から給付される特別支給金[5]と損害賠償との調整については、判例（コック食品事件・最判平成8年2月23日）で、「労働福祉事業（現在の社会復帰促進等事業）の一環として支給される特別支給金は、被災労働者の療養生活の援護等によりその福祉を増進させるためのものであり、損害の填補の性質を有するものでないから、労働災害による損害の賠償に際し損害額から控除することは許されない」

---

[5] 特別支給金には、1日につき給付基礎日額の100分の20が支給される「休業特別支給金」、障害の等級に応じて支給される「障害特別支給金」、300万円の一時金で支給される「遺族特別支給金」等がある。

とし、特別支給金を見舞金的な性質なものとして、損害賠償額から特別支給金の控除を認めていません。

また、被災労働者が同一の事由によって経済的な利益を得た場合、例えば、労災上乗せ補償金や厚生年金保険から支給される障害厚生年金・遺族厚生年金が支給されるときには、その経済的な利益を損害賠償額から減額することになります（損益相殺）。なお、労災保険から支給される障害補償年金や遺族補償年金と厚生年金保険から支給される障害厚生年金や遺族厚生年金について、同一の理由で支給される場合には併給調整が行われることに留意しなければなりません。

すなわち、厚生年金保険からは全額受け取れますが、労災保険から支給される年金は調整され、全額を受け取ることはできません。例えば、障害厚生年金を受け取っている者が労災保険の障害補償年金を受け取る場合、障害厚生年金は全額受け取ることができますが、障害補償年金は0.73の調整率が乗じられるので、全額を受け取ることはできません（**図表3－Ⅵ－7**）。

図表3－Ⅵ－7 労災補償年金と厚生年金等の調整率

社会保険の種類	労災年金 併給される年金給付	障害補償年金 障害年金	遺族補償年金 遺族年金
厚生年金および国民年金	障害厚生年金および障害基礎年金	0.73	－
	遺族厚生年金および遺族基礎年金	－	0.80
厚生年金	障害厚生年金	0.83	－
	遺族厚生年金	－	0.84
国民年金	障害基礎年金	0.88	－
	遺族基礎年金	－	0.88

ただし、当該減額にあたり、調整された障害補償年金の額と障害厚生年金の額の合計が、調整前の障害補償年金の額より低くならないように考慮されます。また、障害厚生年金を受け取っている人が遺族補償年金を受け取る場合、支給事由が異なるため調整は行われず、厚生

年金保険・労災保険ともに全額受け取れます。

（3）過失相殺と寄与度

　過失相殺および寄与度については留意が必要です。過失相殺については、民法722条2項で「被害者に過失があったときは、裁判所は、これを考慮して、損害賠償の額を定めることができる」とあり、また、安全配慮義務違反に基づく損害賠償請求においては、同法418条で「債務の不履行に関して債権者に過失があったときは、裁判所は、これを考慮して、損害賠償の責任及びその額を定める」とあるので、被災労働者に過失があった場合、債務者の主張の有無にかかわらず、損害の公平な負担という観点から、裁判では職権でその過失の割合に応じて損害賠償額が減額されることがあります。

　さらに、労災事故の中でも、過労死・過労自殺や、心臓や脳の疾患による死亡の場合は、労働者の心因的要因や、高血圧などの基礎疾患、既往病の存在などの要因について、損害の発生に関与した割合（寄与度）を考慮して、過失相殺などの理由で、使用者が負うべき損害賠償額の減額がなされる場合もあります。

　ただし、労務DDの局面で過失相殺および寄与度について調査するには深く掘り下げて調査する必要があり、現実的には困難であるので、過失相殺および寄与度については検討しません。

3　確認する資料および目的

　調査を実施するための資料および目的については、**図表3－Ⅵ－8**のとおりです。

図表３−Ⅵ−８　調査資料と目的

	資料の名称	目　的
1	休業補償給付支給請求書（様式第８号）の写し	休業補償給付で支給された金額を確認するため休業期間を確認する。
2	賃金台帳	休業期間に対する賃金の支払いの有無およびその額を確認する。
3	出勤簿	休業期間を確認する。
4	就業規則	見舞金等の支給の有無を確認する。
5	障害補償給付支給請求書（様式第10号）の写し	支給の申請の有無を確認する。

4　当てはめ

冒頭の事例を当てはめると、H社の偶発債務は以下のように算出されます。

営業部長はすぐに感情的になり、営業成績の悪い府中氏を所構わず怒鳴りつけていました。さらに、他の部員に府中氏と会話することを禁じたり、府中氏だけ合理的理由もなく営業会議に参加させなかったりと、「いじめ」を繰り返していました。しかし、H社では営業部長に対して何ら注意もせず、また社員の苦情を受け付ける相談窓口等も設置していませんでした。

したがって、当該労働災害に対しH社は安全配慮義務を果たしていたとはいえず、民事上の損害賠償責任（休業損害金、後遺障害逸失利益および後遺症慰謝料）は免れないものと推測できます。

休業損害金については、休業180日のうち労災保険でカバーできなかった部分、すなわち（給付基礎日額×３日＋給付基礎日額×0.4×177日分）から算出することができます。おおよその給付基礎日額（平均賃金相当額）は8,242円（＝25万円×３カ月÷91日）とみなし、上記の計算式に当てはめると、休業損害金は608,259円となります。

後遺障害逸失利益については、（年収×労働能力喪失率×ライプ

ニッツ係数）で求められるので、2,573,865円（＝25万円×12カ月×5％×17.1591）と算出できます。また、後遺症慰謝料については、弁護士会の基準表の障害等級第14級を引用し、110万円となり、これに休業損害金と後遺障害逸失利益を合計すると、損害賠償額は4,282,124円となります。ただし、障害等級14級の障害補償一時金として461,552円（＝8,242円×56日）および障害特別支給金8万円が労災保険から支給されているので、見舞金である障害特別支給金を除き、障害補償一時金のみ損害賠償額から控除した、3,820,572円を損害賠償額として、偶発債務とみなします。

5 報告書作成例

年　月　日

労務デューデリジェンス報告書

株式会社□□□□　御中

〇〇社会保険労務士事務所
調査担当社会保険労務士　〇〇〇〇
調査担当社会保険労務士　〇〇〇〇

株式会社H社の労務デューデリジェンス業務が完了いたしましたので、…ください。

※ P.47の例参照。

1. 潜在債務

3,820,572円

【内訳】

簿外債務　　　調査対象外

第3章　偶発債務
Ⅵ　労災民訴

　　　　　偶発債務　　　　　3,820,572円

偶発債務内訳

No.	調査項目	偶発債務額
1	労災民訴	3,820,572円

2．基準日
　　　　〇〇年3月31日

3．結果要約

No.	調査項目	違反事項・根拠条文等	調査資料等
1	労災民訴	安全配慮義務違反 民法415条、労契法5条	就業規則、賃金台帳、出勤簿、労災請求書（8号、10号）の写し

4．調査結果の根拠

　労働災害によって労働者が損害を被った場合、使用者に不法行為責任や安全配慮義務違反等があると、刑事上および民事上の責任を問われることがあります。

　刑事上の責任とは、労働安全衛生法等に違反するなど労災を防止するための諸規定を遵守していなかった場合、7年以下の懲役や300万円以下の罰金が科せられることであり、業務上必要な注意を怠ったことにより、労働者を死亡させた場合は、刑法211条により5年以下の懲役もしくは禁錮または100万円以下の罰金に処せられることもあります。

　民事上の責任とは、被災労働者等に対する労災保険制度でカバーされない損害に対する賠償責任であり、損害には、精

神的損害、積極損害、消極損害、および休業損害等があります。これらの損害について、使用者に安全配慮義務違反等が認められると、被災者やその遺族の請求(「労災民訴」という)により、民事上の損害賠償義務を負うことになります。なお、使用者に対する損害賠償請求の法的根拠は、民法415条または労働契約法5条の債務不履行責任(安全配慮義務違反)となります。

　うつ病を罹患した府中氏については、労災認定されていることから業務上の因果関係が認められたと判断することができます。既に、労災保険から休業補償給付、障害等級14級の障害補償一時金461,552円(＝8,242円×56日)、障害特別支給金が支給されているため、障害特別支給金を除き(特別支給金については見舞金と解されるため控除できません)、休業損害金、後遺障害逸失利益および慰謝料を損害として民事請求された場合、会社はこれを支払わなければならないおそれがあることから、これらを次の計算式から算出し、合計した額を偶発債務として認識する必要があります(過失相殺および寄与度は考慮しません)。

- 休業損害金
　＝給付基礎日額×3日＋給付基礎日額×0.4×177日分
　　※給付基礎日額(≒25万円×3カ月÷91日≒8,242円)
　＝8,242円×3日＋8,242×0.4×177日分
　＝608,259円

- 後遺障害逸失利益
　＝(年収×労働能力喪失率×ライプニッツ係数)
　＝25万円×12カ月×5％×17.1591

=2,573,865円

- 慰謝料（弁護士会の基準表）
  =1,100,000円

- 偶発債務
  =(608,259円＋2,573,865円＋1,100,000円)－
    461,552円
  =3,820,572円

以上

Ⅶ 年金民訴

1 事例

　保谷氏（昭和30年4月10日生、配偶者なし）は、50歳からターゲット会社のⅠ社に契約社員として採用され（平成18年4月1日入社）、入社から現在までの給料は変わらず月額36万円（賞与の支給はない）でした。Ⅰ社とは常用的使用関係がありましたが、厚生年金保険に加入すると手取り額が減るため、保谷氏から厚生年金保険に加入したくない申出があり、Ⅰ社では保谷氏の社会保険の加入手続をしていませんでした。
　なお、保谷氏は国民年金を含め、過去に年金に加入したことはありません。

2 規範・ルール等の定立

　労使間で厚生年金保険に加入しないという合意があったとしても、適用事業所において常用的使用関係にある者は、厚生年金保険法12条の適用除外に該当しない限り、厚生年金保険の被保険者となります。
　ターゲット会社が社会保険の適用事業所であるにもかかわらず、常用的使用関係がある者が被保険者として資格取得手続がなされていない場合、一次的には社会保険料の未納額を簿外債務として認識することになります。さらに、事業主の保険料納付懈怠により、被保険者または被保険者であった者が年金を受給できなくなったり、または年金額が少なくなったりする場合には、被保険者であった者は事業主に対して民事訴訟により逸失利益額（「得べかりし年金額」という）を損害として賠償請求することが可能です（「年金民訴」と呼ぶ）。本節では当該逸失利益額を偶発債務として認識することにします。
　逸失利益額の算出については、社会保険に加入していた場合に受給できる年金額に受給開始年齢から平均寿命（厚生労働省の平成28年簡

易生命表では、男性80.98歳、女性87.14歳）までの期間を乗じた額を、（将来受け取る年金額を損害賠償として一度に受け取ることにより中間利息を控除する必要があるので）一定利率（ライプニッツ係数）（**図表3－Ⅶ－1**）で割り引くことにします。

　なお、被保険者の申出による手続漏れや、被保険者資格の確認請求を行わなかった場合の過失相殺については、これまでの裁判でも過失相殺が争われたことがありました。しかし、一般に公法は法律行為の当事者の意思に従う必要のない強行法規ですし、また、届出をしないという合意は公序良俗違反とも考えられるので、ここでは過失相殺を考慮しないこととします。

　さらに、被保険者となるべき者が余儀なく支払った国民年金・国民健康保険の保険料が、被保険者として負担すべきだった厚生年金保険・健康保険の保険料を上回る場合、これも損害として認識することも可能ですが、労務DDの局面で調査対象を国民年金保険料や国民健康保険料まで広げて調査することは極めて困難であり、またそれを調査することによって、当該M&Aの過程であることが従業員に悟られるリスクもあることから、過剰に負担した保険料については偶発債務としての調査は行わないこととします。

　かつては、被保険者であった者が事業主に対して民事訴訟により逸失利益額を損害として賠償請求することについて、裁判所（大真実業事件・大阪地判平成18年1月26日）では年金受給権が発生していない者の逸失利益を認めない傾向が見られました。しかし、平成29（2017）年8月1日施行の年金受給資格期間短縮法（年金強化法の一部改正）よって、年金の受給資格期間が25年から10年に短縮されることになり、新たに約64万人に年金受給権が発生することになったことから、年金民訴は増加すると思います。つまり、かつての逸失利益の一部は法の手当てにより解消されたことになります。

　厚生年金保険の被保険者であった者に支給される老齢厚生年金については、**図表3－Ⅶ－2**に示すように、60歳以上65歳未満の者に支給

図表 3－Ⅶ－1　平均余命年数とライプニッツ係数表

年令	男 平均余命年数	男 係数	女 平均余命年数	女 係数	年令	男 平均余命年数	男 係数	女 平均余命年数	女 係数	年令	男 平均余命年数	男 係数	女 平均余命年数	女 係数
歳	年		年		歳	年		年		歳	年		年	
0	78	19.555	85	19.684	27	52	18.418	59	18.876	54	27	14.643	33	16.003
1	77	19.533	84	19.668	28	51	18.339	58	18.820	55	26	14.375	32	15.803
2	76	19.509	83	19.651	29	50	18.256	57	18.761	56	25	14.094	31	15.593
3	75	19.485	82	19.634	30	49	18.169	56	18.699	57	24	13.799	30	15.372
4	74	19.459	81	19.616	31	48	18.077	55	18.633	58	23	13.489	29	15.141
5	73	19.432	80	19.596	32	47	17.981	54	18.565	59	22	13.163	28	14.898
6	72	19.404	79	19.576	33	46	17.880	53	18.493	60	21	12.821	27	14.643
7	71	19.374	78	19.555	34	45	17.774	52	18.418	61	20	12.462	26	14.375
8	70	19.343	77	19.533	35	44	17.663	51	18.339	62	19	12.085	25	14.094
9	69	19.310	76	19.509	36	43	17.546	50	18.256	63	18	11.690	24	13.799
10	68	19.275	75	19.485	37	42	17.423	49	18.169	64	18	11.690	24	13.799
11	67	19.239	74	19.459	38	41	17.294	48	18.077	65	17	11.274	23	13.489
12	66	19.201	73	19.432	39	40	17.159	47	17.981	66	16	10.838	22	13.163
13	65	19.161	72	19.404	40	39	17.017	46	17.880	67	16	10.838	21	12.821
14	64	19.119	71	19.374	41	38	16.868	45	17.774	68	15	10.380	20	12.462
15	63	19.075	70	19.343	42	37	16.711	44	17.663	69	15	10.380	19	12.085
16	62	19.029	69	19.310	43	37	16.711	43	17.546	70	14	9.899	18	11.690
17	62	19.029	68	19.275	44	36	16.547	42	17.423	71	13	9.394	18	11.690
18	61	18.980	67	19.239	45	35	16.374	41	17.294	72	13	9.394	17	11.274
19	60	18.929	66	19.201	46	34	16.193	40	17.159	73	12	8.863	16	10.838
20	59	18.876	65	19.161	47	33	16.003	39	17.017	74	11	8.306	15	10.380
21	58	18.820	64	19.119	48	32	15.803	38	16.868	75	11	8.306	14	9.899
22	57	18.761	63	19.075	49	31	15.593	37	16.711	76	10	7.722	14	9.899
23	56	18.699	62	19.029	50	30	15.372	36	16.547	77	9	7.108	13	9.394
24	55	18.633	62	19.029	51	29	15.141	35	16.374	78	9	7.108	12	8.863
25	54	18.565	61	18.980	52	28	14.898	34	16.193	79	8	6.463	11	8.306
26	53	18.493	60	18.929	53	27	14.643	34	16.193	80	8	6.463	11	8.306

年令	男 平均余命年数	男 係数	女 平均余命年数	女 係数
歳	年		年	
81	7	5.786	10	7.722
82	7	5.786	9	7.108
83	6	5.076	9	7.108
84	6	5.076	8	6.463
85	5	4.329	8	6.463
86	5	4.329	7	5.786
87	5	4.329	7	5.786
88	4	3.546	6	5.076
89	4	3.546	6	5.076
90	4	3.546	5	4.329
91	3	2.723	5	4.329
92	3	2.723	4	3.546
93	3	2.723	4	3.546
94	2	1.859	4	3.546
95	2	1.859	3	2.723
96	2	1.859	3	2.723
97	2	1.859	3	2.723
98	2	1.859	2	1.859
99	1	0.952	2	1.859
100	1	0.952	2	1.859
101	1	0.952	2	1.859
102			2	1.859
103			1	0.952
104			1	0.952

注：平均余命年数は「第20回生命表」による平均余命とした。

される「特別支給の老齢厚生年金」（報酬比例部分、定額部分）と、65歳以上の者に支給される「65歳以降の老齢厚生年金」および「老齢基礎年金」です。

図表3－Ⅶ－2　老齢厚生年金の給付体系図

60歳 ←特別支給の老齢厚生年金→ 65歳		死亡
報酬比例部分	65歳以降の老齢厚生年金	
	定額部分	老齢基礎年金

ただし、特別支給の老齢厚生年金の支給要件は、次の4要件を満たしている必要があります。

- 男性の場合、昭和36年4月1日以前に生まれたこと
  女性の場合、昭和41年4月1日以前に生まれたこと
- 老齢基礎年金の受給資格期間（10年）があること
- 厚生年金保険等に1年以上加入していたこと
- 60歳以上であること

現在、特別支給の老齢厚生年金は、性別および生年月日により、定額部分から引き上げられ（**図表3－Ⅶ－3**）、その後、報酬比例部分も引き上げられ（**図表3－Ⅶ－4**）、最終的には支給されなくなります。

図表3－Ⅶ－3　老齢厚生年金(定額部分)の支給開始年齢の引上げ(年月日は生年月日)

支給開始年齢	男性 (第2号～第4号厚生年金被保険者である女性を含む)	女性 (第1号厚生年金被保険者に限る)
60歳	昭和16年4月1日以前	昭和15年4月2日～同21年4月1日
61歳	昭和16年4月2日～同18年4月1日	昭和21年4月2日～同23年4月1日
62歳	昭和18年4月2日～同20年4月1日	昭和23年4月2日～同25年4月1日
63歳	昭和20年4月2日～同22年4月1日	昭和25年4月2日～同27年4月1日

支給開始年齢	男性 （第2号～第4号厚生年金被保険者である女性を含む）	女性 （第1号厚生年金被保険者に限る）
64歳	昭和22年4月2日～同24年4月1日	昭和27年4月2日～同29年4月1日
65歳	昭和24年4月2日以後	昭和29年4月2日以後

出所：堀勝洋『年金保険法』413頁（法律文化社、第4版、2017）

図表3－Ⅶ－4 老齢厚生年金（報酬比例部分）の支給開始年齢の引上げ（年月日は生年月日）

支給開始年齢	男性 （第2号～第4号厚生年金被保険者である女性を含む）	女性 （第1号厚生年金被保険者に限る）
60歳	昭和28年4月1日以前	昭和33年4月1日以前
61歳	昭和28年4月2日～同30年4月1日	昭和33年4月2日～同35年4月1日
62歳	昭和30年4月2日～同32年4月1日	昭和35年4月2日～同37年4月1日
63歳	昭和32年4月2日～同34年4月1日	昭和37年4月2日～同39年4月1日
64歳	昭和34年4月2日～同36年4月1日	昭和39年4月2日～同41年4月1日
65歳	昭和36年4月2日以後	昭和41年4月2日以後

出所：堀勝洋『年金保険法』413頁（法律文化社、第4版、2017）

　特別支給の老齢厚生年金は、定額部分の額と報酬比例部分の額を合算した額であり、次の計算式により求めることができます。

【定額部分の額】
　＝1,625円（平成29年度単価）×生年月日に応じた率×被保険者期間の月数[6]

【報酬比例部分の額】
　＝平均標準報酬月額[7]×報酬比例部分の乗率×平成15年3月までの被保険者期間の月数
　＋平均標準報酬額[8]×報酬比例部分の乗率×平成15年4月以降の被保険者期間の月数

　ただし、上記の式によって算出した額が次の式によって算出し

た額を下回る場合には、次の式によって算出した額が報酬比例部分の年金額になる（従前額保障[9]）。

＝(平均標準報酬月額×報酬比例部分の乗率×平成15年3月までの被保険者期間の月数＋平均標準報酬額×報酬比例部分の乗率×平成15年4月以降の被保険者期間の月数)×0.999[10]

定額部分の単価については、**図表3－Ⅶ－5**のとおりです。

報酬比例部分の乗率については、**図表3－Ⅶ－6**のとおりです。

6　定額部分については、上限が設定されており、昭和21年4月2日以後に生まれた者の上限は480月となる。

7　平均標準報酬月額とは、平成15年3月までの被保険者期間の各月の標準報酬月額の総額を平成15年3月までの被保険者期間の月数で除して得た額である。

8　平均標準報酬額とは、平成15年4月以後の被保険者期間の各月の標準報酬月額と標準賞与額の総額を平成15年4月以後の被保険者期間の月数で除して得た額である。
　　これらの計算にあたり、過去の標準報酬月額と標準賞与額には、最近の賃金水準や物価水準で再評価するために「再評価率」を乗じる。

9　従前額保障とは、平成6年の水準で標準報酬を再評価し、年金額を計算したもの。

10　昭和13年4月2日以降に生まれた者は0.997

図表3－Ⅶ－5　定額部分の単価表

生 年 月 日	定額単価
	1,625円×（平成30年度単価）
昭和2年4月1日以前	1.875
昭和2年4月2日～昭和3年4月1日	1.817
昭和3年4月2日～昭和4年4月1日	1.761
昭和4年4月2日～昭和5年4月1日	1.707
昭和5年4月2日～昭和6年4月1日	1.654
昭和6年4月2日～昭和7年4月1日	1.603
昭和7年4月2日～昭和8年4月1日	1.553
昭和8年4月2日～昭和9年4月1日	1.505
昭和9年4月2日～昭和10年4月1日	1.458
昭和10年4月2日～昭和11年4月1日	1.413
昭和11年4月2日～昭和12年4月1日	1.369
昭和12年4月2日～昭和13年4月1日	1.327
昭和13年4月2日～昭和14年4月1日	1.286
昭和14年4月2日～昭和15年4月1日	1.246
昭和15年4月2日～昭和16年4月1日	1.208
昭和16年4月2日～昭和17年4月1日	1.170
昭和17年4月2日～昭和18年4月1日	1.134
昭和18年4月2日～昭和19年4月1日	1.099
昭和19年4月2日～昭和20年4月1日	1.065
昭和20年4月2日～昭和21年4月1日	1.032
昭和21年4月2日以後	1.000

第3章 偶発債務
Ⅶ 年金民訴

図表3－Ⅶ－6　報酬比例部分の乗率

乗率は1000分の1表示です。

生年月日	報酬比例部分の乗率		従前額保障の年金額計算に用いている報酬比率部分の乗率	
	平成15年3月までの平均標準報酬月額に掛ける率	平成15年4月以降の平均標準報酬額に掛ける率	平成15年3月までの平均標準報酬月額に掛ける率	平成15年4月以降の平均標準報酬額に掛ける率
～昭和2年4月1日	1.875	1.875	1.875	1.875
昭和2年4月2日～昭和3年4月1日	1.817	1.817	1.817	1.817
昭和3年4月2日～昭和4年4月1日	1.761	1.761	1.761	1.761
昭和4年4月2日～昭和5年4月1日	1.707	1.707	1.707	1.707
昭和5年4月2日～昭和6年4月1日	1.654	1.654	1.654	1.654
昭和6年4月2日～昭和7年4月1日	1.603	1.603	1.603	1.603
昭和7年4月2日～昭和8年4月1日	1.553	1.553	1.553	1.553
昭和8年4月2日～昭和9年4月1日	1.505	1.505	1.505	1.505
昭和9年4月2日～昭和10年4月1日	1.458	1.458	1.458	1.458
昭和10年4月2日～昭和11年4月1日	1.413	1.413	1.413	1.413
昭和11年4月2日～昭和12年4月1日	1.369	1.369	1.369	1.369
昭和12年4月2日～昭和13年4月1日	1.327	1.327	1.327	1.327
昭和13年4月2日～昭和14年4月1日	1.286	1.286	1.286	1.286
昭和14年4月2日～昭和15年4月1日	1.246	1.246	1.246	1.246
昭和15年4月2日～昭和16年4月1日	1.208	1.208	1.208	1.208
昭和16年4月2日～昭和17年4月1日	1.170	1.170	1.170	1.170
昭和17年4月2日～昭和18年4月1日	1.134	1.134	1.134	1.134
昭和18年4月2日～昭和19年4月1日	1.099	1.099	1.099	1.099
昭和19年4月2日～昭和20年4月1日	1.065	1.065	1.065	1.065
昭和20年4月2日～昭和21年4月1日	1.032	1.032	1.032	1.032
昭和21年4月2日～	1.000	1.000	1.000	1.000

361

厚生年金保険の被保険者期間が10年以上ある場合、老齢基礎年金および老齢厚生年金については、次の計算式から年金額を算出します。

【老齢基礎年金】
　779,300円（平成29年度）×被保険者月数÷480

【老齢厚生年金】
　65歳以降の老齢厚生年金
　　＝報酬比例年金額＋経過的加算

　報酬比例年金額
　　＝特別支給の老齢厚生年金の報酬比例部分と同様

　経過的加算
　　＝特別支給の老齢厚生年金の定額部分の額
　　－779,300円（平成29年度）×昭和36年4月以降で20歳以上60歳未満の期間の厚生年金保険の被保険者期間の月数÷加入可能年数×12

　加給年金額[11]についても考慮する必要がありますが、この局面でこれらを把握することは極めて困難ですし、またそれを調査することによって、当該M&Aの取引過程であることが従業員に悟られてしまうリスクもあるため、これについては考慮しないものとします。
　なお、老齢厚生年金については、就労して報酬を得ているにもかかわらず老齢年金が支給される場合には、保険の趣旨に反し過剰となるため、標準報酬月額と老齢厚生年金とを合算した額が一定額を超えるときは、年金の一部または全部が支給されません。
　60歳代前半に支給される特別支給の老齢厚生年金の場合、基本的に

賃金で生活を営む就労期間であり、低賃金を補填するために支給されるものであるため、支給停止が開始される標準報酬月額と老齢厚生年金とを合算した額は、平成29年度においては、月28万円と低くなっているのに対して、60歳代後半については、年金で生活を営む引退期間と想定されているので、月46万円と高くなっています（以上、「在職老齢年金制度」という）。

3 確認する資料および目的

調査を実施するための資料および目的については、**図表3−Ⅶ−7**のとおりです。

図表3−Ⅶ−7　調査資料と目的

資料の名称	目　的
□ 就業規則	「所定労働時間・休日」から、1カ月の平均所定労働時間数を確認し、所定労働時間の4分の3時間が何時間にあたるか把握する。所定労働時間が4分の3以上あるにもかかわらず、社会保険に加入していない者の有無を確認する。
□ 賃金規程	社会保険の算定手続の正確性を把握するために、賃金締切日および支払日を確認する。また、賞与について、支払届が適切に届け出されていない場合、将来受給する年金額が減少するので、届出の有無もここで確認しておく。
□ 賃金台帳	4月、5月、6月の平均値を把握する。
□ 定時決定の決定通知書	適切に処理がなされているかを確認するため、4月、5月、6月の平均値と標準報酬月額を突合する。

11　厚生年金保険の被保険者期間が20年以上ある者が、65歳到達時点（または定額部分支給開始年齢に到達した時点）で、その者に生計を維持されている一定の配偶者または子がいるときに加算される年金。

	資料の名称	目的
☐	雇用保険資格取得確認通知書	社会保険と入社日の突合をする。
☐	労働者名簿、雇用契約書	社会保険加入漏れの労働者の生年月日、扶養義務のある配偶者の有無、所定労働時間の4分の3を超えて契約しているかの確認をする。
☐	タイムカード・ICカード	所定労働時間が4分の3を下回っていても、4分の3を超過して勤務する月数がどれくらいあるかを把握しておき、常用的関係が認められるか否かを検討する。

4 当てはめ

　そもそも保谷氏からの申出により、厚生年金被保険者資格取得手続を取らなかったわけであり、過失相殺の検討も必要かもしれませんが、一般に公法は法律行為の当事者の意思に従う必要のない強行法規ですし、また届出をしないという合意は公序良俗違反とも考えられるので、ここでは過失相殺を考慮しません。したがって、保谷氏は厚生年金保険法12条の適用除外に該当しないので、本人から保険に加入したくない申出があっても、その合意は無効であり、厚生年金保険の被保険者となります。

　保谷氏が50歳からの12年間、厚生年金保険に加入していた場合、60歳からは在職老齢年金、65歳からは老齢基礎年金および老齢厚生年金の受給権が発生します。ただし、保谷氏の標準報酬月額が36万円であったため、60歳前半に支給される在職老齢厚生年金は全額支給停止されます。したがって、65歳以降に支給される老齢基礎年金と老齢厚生年金を算出し、平均寿命まで生存することを前提に得べかりし年金額を確定した後、ライプニッツ係数を乗じて割り引いた額を損害として、保谷氏から請求された場合の会社が負担するおそれのある偶発債務として、以下の計算式から算出される額を偶発債務として認識することにします。

- 老齢基礎年金額
  = 779,300円 × 120 ÷ 480
  = 194,825円
- 老齢厚生年金額
  = 360,000円 × (5.769 ÷ 1,000) × 120
  = 249,221
- 得べかりし年金額
  = (194,825円 + 249,221円) × 12.462(62歳のライプニッツ係数)
  = 5,533,701

5 報告書作成例

年　月　日

労務デューデリジェンス報告書

株式会社□□□□ 御中

　　　　　　　○○社会保険労務士事務所
　　　　　　　　調査担当社会保険労務士 ○○○○
　　　　　　　　調査担当社会保険労務士 ○○○○

　株式会社 I 社の労務デューデリジェンス業務が完了いたしましたので、…ください。

※ P.47の例参照。

1. 潜在債務　　　　　　　　　　円

【内訳】
　　　　　簿外債務　　　　円

　　　　　　　　　　　（過去２年分の未納社会保険料）
　　　　　　偶発債務　　　　　5,533,701円

２．基準日
　　　　○○年３月31日

３．結果要約

No.	調査項目	違反事項・根拠条文等	調査資料等
1	社会保険料の未払賃金	社会保険の手続き懈怠　健康保険法３条、厚生年金保険法12条	就業規則、賃金規程、雇用契約書タイムカード、労働者名簿、雇用保険被保険者確認通知書
2	年金民訴	債務不履行、不法行為　民法415条709条	労働者名簿、賃金台帳

４．調査結果の根拠
　当事者間の合意の有無にかかわらず、厚生年金保険法12条の適用除外に該当しない限り、常用的使用関係がある者については、厚生年金保険の被保険者となります。Ｉ社の保谷氏については、常用的使用関係があるにもかかわらず、被保険者として資格取得手続がなされていませんでした。
　まずは、未納となっている社会保険料について、徴収時効の２年分である○○○○円（＝{標準報酬月額×健康保険料率＋標準報酬月額×厚生年金保険料率＋標準報酬月額×子ども・子育て拠出金率}×24カ月）を簿外債務として認識する必要があります。
　次に、事業主の保険料納付懈怠により、被保険者であった

者が年金を受給できなくなった場合、被保険者であった者は事業主に対して民事訴訟により逸失利益額を損害として賠償請求することが可能であるので、当該逸失利益額を偶発債務として認識する必要があります。

　保谷氏が、65歳から厚生労働省の平成28年簡易生命表による平均寿命（男性80, 98歳）まで生存したと仮定した場合に、約16年間は老齢年金を受給できる可能性があるため、保谷氏が50歳から60歳までの10年間、厚生年金の被保険者であったものとして算出した得べかりし年金額をライプニッツ係数で割り引いた次の額を、ここでは年金民訴のリスクとして偶発債務として認識します。

- 老齢基礎年金額
  = 779,300円 × 120 ÷ 480
  = 194,825円

- 老齢厚生年金額
  = 360,000円 ×（5.769 ÷ 1,000）× 120
  = 249,221

- 得べかりし年金額
  =（194,825円 + 249,221円）× 12.462（62歳のライプニッツ係数）
  = 5,533,701

　なお、インタビュー調査の結果から、保谷氏からの申出により社会保険（健康保険および厚生年金保険）に加入しなかったとすることが判明したため、過失相殺を検討する必要もありますが、一般に公法は法律行為の当事者の意思に従う

必要のない強行法規であり、また届出をしないという合意は公序良俗違反とも考えられるので、ここでは過失相殺を考慮しないこととします。

　さらに、保谷氏が余儀なく支払った国民年金・国民健康保険の保険料が被保険者として負担すべきだった厚生年金保険・健康保険の保険料を上回る場合、これも偶発債務として認識する必要もありますが、調査対象を国民年金保険料や国民健康保険料まで広げて自己負担した調査することによって、当該M&A取引が従業員に悟られるリスクもあることから、過剰に負担した保険料については偶発債務としての調査は行いませんでした。

　　　　　　　　　　　　　　　　　　　　　　　　以上

Ⅷ　無期転換申込権

1　事　例

> ターゲット会社J社において、月給20万円でテレフォンオペレーター業務に従事する契約社員の町屋氏は、有期労働契約が反復更新されて通算で5年を超えていました。町屋氏から無期転換への申込みはなされていませんでしたが、ターゲット会社のJ社では無期転換申込権を付与する前から、無期転換を行使した者を対象とする就業規則があり、そこには60歳を定年とする旨の定めがありました。

2　規範・ルール等の定立

(1) 無期転換申込権とは

　平成25（2013）年4月1日に施行された改正労契法18条により、同一の使用者の下で有期労働契約が反復更新され、通算で5年を超える場合、契約社員が当該使用者に対し、現に締結している有期労働契約の契約期間が満了する日までの間に、当該満了する日の翌日から労務が提供される、期間の定めのない労働契約の締結の申込みをしたときは、使用者は当該申込みを承諾したものとみなされ、期間の定めのない労働契約が成立します。労働契約の契約期間が通算5年を超える場合とは、例えば、1年単位の場合には5回更新され6回目以降の契約に至っている場合や、3年単位の場合には1回更新され2回目以降の契約に至っている場合です。その契約期間中（1年契約であれば6回目以降、3年契約であれば2回目以降）の契約期間満了日までに無期転換の申込みをすると、使用者は申込みを承諾したものとみなされ、6回目以降（3年契約であれば2回目以降）から無期労働契約が成立

することになります。

　改正労契法施行後5年経った平成30（2018）年4月1日から、同一の使用者の下で有期労働契約が反復更新され、通算で5年を超えた契約社員に対して無期転換申込権が付与されることになったため、直前に無期転換申込権が生じないように雇止めをしたり、また後述するクーリングを利用したりする企業が散見されました。

　なお、無期労働契約の労働条件については、別段の定めがあるときを除き、契約期間が無期になる以外は有期労働契約の労働条件と同一のものとなるとされている（労契法18条1項）ので、無期転換した際、労働条件を変更する場合には、合意を取り付けるか、あらかじめ無期転換した労働者が適用される就業規則等の「別段の定め」を用意しておくことが必要となります。例えば、無期転換した者の定年退職年齢に関する規定を定めておかなければ、一定年齢で自動的に退職させることができないので、当該就業規則に定年退職年齢を定めて工夫しているケースが見受けられます。

　ただし、定年後に有期契約で継続雇用される労働者については、平成27（2015）年4月1日に施行された専門的知識等を有する有期雇用労働者等に関する特別措置法（専門有期特別措置法）2条3項2号により、適切な雇用管理に関する計画を作成し、都道府県労働局長の認定を受けた場合、定年後引き続き雇用されている期間、無期転換申込権が発生しません[12]。

　また、有期労働契約期間とその次の有期労働契約期間に契約がない期間（空白期間）が6カ月以上あるときは、その空白期間より前の有期労働契約は通算しないことになります（クーリング）。この空白期間が6カ月未満の場合は、前後の有期労働契約期間は通算されることになりますが、有期労働契約の契約期間が1年未満である場合は、こ

12　無期転換申込権が発生した時点で60歳を超えている有期契約労働者に対しては継続雇用の特例は適用されません。

の空白期間についても、次のように短縮した期間が適用されます（**図表3－Ⅷ－1**）。

図表3－Ⅷ－1　クーリングに必要な無契約期間

カウントの対象となる有期労働契約の契約期間	無契約期間
2カ月以下	1カ月以上
2カ月超～4カ月以下	2カ月以上
4カ月超～6カ月以下	3カ月以上
6カ月超～8カ月以下	4カ月以上
8カ月超～10カ月以下	5カ月以上
10カ月超～1年未満	6カ月以上

（2）無期転換申込権の金銭的評価

　労務DDは、買い手が負担する可能性があるリスクをできるだけ金銭的価値に置き換えることを目的とするので、行使されていない無期転換申込権も偶発債務として金銭的価値に評価することが求められます。

　クーリングの6カ月と解雇予告の1カ月を合計した7カ月を月給に乗じて算出した額を偶発債務とみなすこともありますが、本節では、付与された者が無期転換申込権を行使した場合の定年までの賃金に着目します。仮に、無期転換申込権を行使された後、直ちに自宅待機を命じたとしても、民法536条2項により使用者の責めに帰すべき事由により就労不能になった場合には、労働者は賃金全額を請求することができます。しかし、民法536条2項後段によると、使用者の帰責事由によって就労不能となり賃金の支払いを受ける場合であっても、労働者が就労を免れたことによって得た利益は使用者に償還する必要があると定められいることから、これを考慮して、労基法26条の「平均賃金の100分の60以上の休業手当」を引用し、本節では休業手当を定年まで支払うものとして、当該休業手当を偶発債務と評価することにします。

3　確認する資料および目的

調査を実施するための資料および目的については**図表3－Ⅷ－2**のとおりです。

図表3－Ⅷ－2　調査資料と目的

	資料の名称	目　的
☐	労働契約書	勤続年数を確認し、無期転換申込権が付与された者の確認をする。偶発債務の計算のため賃金月額の確認する。
☐	就業規則（無期転換者用）	偶発債務の計算のため定年日を確認する。
☐	労働者名簿	勤続年数を算出するため入社日を確認する。
☐	雇用保険被保険者資格取得確認通知書	労働者名簿記載の入社日と資格取得日を突合し、整合性を確認する。勤続年数を算出するため。

4　当てはめ

冒頭の事例を当てはめると、J社の偶発債務は以下のように算出されます。町屋氏が無期転換申込権を行使したものとして、定年までの3年間の賃金総額に100分の60（0.6）を乗じた休業手当を偶発債務として認識します。

休業手当(偶発債務)＝20万円×12カ月×3年×0.6＝4,320,000円

5 報告書作成例

　　　　　　　　　　　　　　　　　　　年　月　日

　　　　　　　　労務デューデリジェンス報告書

株式会社□□□□　御中

　　　　　　　　　○○社会保険労務士事務所
　　　　　　　　　　調査担当社会保険労務士　○○○○
　　　　　　　　　　調査担当社会保険労務士　○○○○

　株式会社Ｊ社の労務デューデリジェンス業務が完了いたしましたので、…ください。

※P.47の例参照。

1．潜在債務
　　　　　　　　　　　　　　　4,320,000円

【内訳】
　　　　　　簿外債務　　　　調査対象外
　　　　　　偶発債務　　　　4,320,000円

偶発債務内訳

No.	調査項目	偶発債務額
1	無期転換申込権	4,320,000円

2．基準日
　　　　○○年3月31日

3．結果要約

No.	調査項目	違反事項・根拠条文等	調査資料等
1	無期転換申込権	労働契約法18条 労働基準法26条 民法536条2項	労働契約書、就業規則（無期転換者用）、賃金台帳、労働者名簿、雇用保険被保険者資格取得確認通知書

4．調査結果の根拠

　テレフォンオペレーター業務に従事する契約社員の町屋氏には、有期労働契約が反復更新されて通算で5年を超えているので、無期転換申込権が付与されます。当該申込権を金銭的価値に評価することについて、法定されていませんが、何らかの方法で金銭的価値に換算する必要があります。ここでは、町屋氏が無期転換申込権を行使したと仮定し、定年までの3年間について、自宅待機を発令した場合、当該休業に対しては、労働基準法26条で平均賃金の100分の60以上の休業手当の支払いを要請されていることから、当該休業手当を偶発債務として認識することにします。

　したがって、町屋氏の月額賃金20万円、定年までの年数3年であることから、次の計算式により偶発債務を算定いたしました。

　　休業手当(偶発債務)＝20万円×12カ月×3年×0.6
　　　　　　　　　　　＝4,320,000

以上

Ⅸ 定年後再雇用の労働条件

1 事 例

　ターゲット会社である大手運輸業Ｋ社の定年後再雇用制度では、再雇用基準を満たした場合、嘱託社員として定年前と同様の所定労働時間および日数で雇用契約を締結します。業務内容や社内の役割は定年前と同様であり、職種や勤務場所の変更なども定年前と変わらずに発生する可能性があります。賃金については、定年前賃金総額の50％程度に減額となるよう設定されているため、多くの再雇用者は高年齢雇用継続基本給付金を受給しています。

　一方、再雇用基準を満たさない場合はパート社員として再雇用されますが、提示される労働条件は様々です。いずれの雇用形態でも雇用期間は１年間の有期雇用契約で、本人が希望し、かつ更新条件を満たすことで65歳まで更新できる制度です。

　ドライバーであった目白氏と森下氏は３年前に定年を迎え、目白氏は人事評価の結果により再雇用基準を満たせなかったためパート社員としての労働条件（清掃スタッフ、時給1,000円、１日５時間、月21日勤務）を提示されましたが、不慣れな業務に就くことは希望せず、そのまま定年退職しています。森下氏は基準日時点で嘱託社員として在籍しており、定年前後の労働条件は以下のとおりです。

◆森下氏の労働条件

項　目	定年前（正社員）	再雇用後（嘱託社員）
基本給	330,000円（等級による）	198,000円（定年前の６割）
作業手当	70,000円（一律）	50,000円（一律）
住宅手当	20,000円（住宅費による）	なし　（一律）
食事手当	4,000円（一律）	なし　（一律）
通勤手当	6,000円（通勤距離による）	3,000円（一律）
賞与（年２回）	495,000円（基本給比例）	100,000円（一律）

賃金月額	445,000円	251,000円
賃金総額(年)	6,330,000円	3,212,000円
雇用継続基本給付金	―	37,650円

2 規範・ルール等の定立

定年後再雇用における労働条件の妥当性については、高齢者の雇用安定を趣旨とした高年齢者雇用安定法や不合理な労働条件を禁止する労契法20条への抵触、高年齢雇用継続基本給付金の支給有無を確認し検証を進めます。

(1) 高年齢者雇用安定法

高年齢者等の雇用の安定等に関する法律（以下、「高年齢者雇用安定法」という）では65歳までの安定した雇用を確保するために、定年（65歳未満のものに限る）の定めをしている事業主に対して、定年年齢の引上げ、継続雇用制度、定年の定めの廃止、これらいずれかの高年齢者雇用確保措置を講ずるよう義務付けています（同法9条1項）。このうち継続雇用制度については、平成25（2013）年4月より対象者を限定する制度が廃止[13]され、再雇用を希望するすべての従業員が継続雇用制度の対象となりました。なお、再雇用先は定年前の事業主のほか特殊関係事業主[14]とすることが認められており、その場合、事業主と特殊関係事業主の間で、定年退職者を特殊関係事業主が引き続き雇用することを約する契約を締結しておくことが求められます（同法9条2項）。

---

[13] 平成25年3月31日までに労使協定により継続雇用制度の対象者を限定する基準を定めていた場合は、経過措置として、対象者を老齢厚生年金の報酬比例部分の支給開始年齢以上の年齢の者とすることが認められている。
[14] 子会社、親会社、関連会社等、当該事業主と特殊の関係のある事業主として厚生労働省令で定める事業主。

再雇用後における労働条件については、事業主に定年前の労働条件もしくは定年退職者の希望に合致した労働条件での雇用を義務付けるものではなく、就業規則、個別労働契約等において自由に定めることができます。ただし裁判例によると「無年金・無収入期間の発生を防ぐという趣旨に照らして到底容認できないような低額の給与水準」や「社会通念に照らし当該労働者にとって到底受け入れがたいような職務内容」での再雇用条件の提示は、「通常解雇と新規採用の複合行為と他ならない」から解雇事由として相当な理由のない場合は違法となると解されています。

① 雇用後の労働条件に関する行政解釈

> 厚生労働省HP「高年齢者雇用安定法Q&A」
> 　「事業主の合理的な裁量の範囲の条件を提示していれば、労働者と事業主との間で労働条件等についての合意が得られず、結果的に労働者が継続雇用されることを拒否したとしても、高年齢者雇用安定法違反となるものではありません」

② 再雇用後の労働条件に関する裁判例

> トヨタ自動車事件（平成28年9月28日名古屋高判）
> 　事務職として長年従事した従業員が、定年後にパートタイムの清掃員（1日4時間勤務、時給1,000円）としての再雇用条件を提示されたことについて、給与水準は違法とされなかったが、相当な理由がなく従前と異なる業務内容を提示したことを違法と判断され、損害賠償が認められた事件。
> 　事業主が提示した労働条件が、（1）無年金、無収入の期間の発生を防ぐという趣旨に照らして到底容認できないような低額の給与水準、（2）社会通念上到底受け入れ難い職務内容を提示す

るなど実質的に継続雇用の機会を与えたとは認められないものであるときは、通常解雇と新規採用の複合行為と他ならないから、そのような条件提示は高年齢者雇用安定法の趣旨に反し許されない。

　労務DDでは、継続雇用制度の適法性および再雇用者の賃金水準、定年前後の業務内容、再雇用不成立の件数など、当該制度の妥当性を就業規則や労働契約書等の資料により確認する必要があります。
　また最低賃金法、労働契約法、パートタイム労働法等の法令や公序良俗に反する労働条件の場合、労務DDでは基準に満たない部分については簿外債務や偶発債務として認識する必要があります。

（２）労契法20条

　労契法では、労働条件に期間の定めがあることにより、①業務内容、責任の程度（以下、「職務内容」という）②職務内容・配置の変更の範囲、③その他の事情を考慮して不合理と認められる労働条件を定めることを禁止しています（同法20条）。行政通達によると、本規定は民事的効力を有しており、不合理とされた労働条件の定めは無効とされ、判例では無期契約労働者の労働条件と同一のものとなるものではないと補充的効力を否定しましたが、無期契約労働者と同じ労働条件が認められると解されています（平成24年8月10日基発0810第2号）。また不法行為として損害賠償が認められ得るため、不合理性の高い労働条件は偶発債務として認識しておく必要があります。
　人材活用の仕組みの違いから生じる労働条件の差については一定の合理性を有しますが、単に人件費抑制を目的として正社員と契約社員の労働条件について賃金のみに差をつける等の取扱いは本規定の趣旨に反しますので不合理とされる可能性は高いといえます（**図表３−Ⅹ−１**）。

第3章　偶発債務
Ⅸ　定年後再雇用の労働条件

図表3－Ⅹ－1　期間の定めの有無による労働条件格差と不合理性の関係

分類	労働条件格差の不合理性判断基準		当該格差の不合理性※		
	①職務内容 ②職務・配置の変更の範囲	③その他の事情	格差小	格差中	格差大
類型Ⅰ	同一	特になし	高	高	高
類型Ⅱ	同一	あり	低	中	高
類型Ⅲ	相違あり	特になし	低	中	中
類型Ⅳ	相違あり	あり	低	低	低～中

※　総合的に不合理性が低いと判断される場合であっても、部分的には賃金項目の趣旨を個別に考慮し、不合理と判断される場合がある。

　定年後再雇用による賃金の低下を、期間の定めによる不合理な労働条件の相違として争われた裁判例（長澤運輸事件）では、再雇用による賃金の低下は一般的に社会通例として行われていることであって、③のその他の事情に該当し、一部の手当を除いては不合理とまではいえないとされています（類型Ⅱに該当）。

　また、他の裁判例（ハマキョウレックス事件、日本郵便事件）では、例えば食事手当、通勤手当、健康保持を目的とした休暇（夏季・冬季休暇、病気休暇）など、性質上期間の定めの有無による相違がなじまない労働条件の格差については、個別に検証を行い部分的に不合理と判断される場合があります（類型Ⅲまたは Ⅳに該当する場合でも、個別の労働条件が部分的に不合理となる場合がある）。

> **長澤運輸事件（平成30年6月1日最判）**
> 　定年前後で労働契約法に定める①職務内容②職務内容・配置の変更の範囲については差がないとしながらも、③その他の事情として、賃金引下げが社会通例となっていること、定年時に退職金を支払っていること、労働組合と協議を重ね格差是正に努めたこと、会社の赤字状況、同規模企業の減額幅との関係などを理由とし、2割程度の賃金減少は不合理ではないとされた。ただし、有

期雇用である嘱託社員に対する精勤手当の不支給は、不合理な労働条件の相違とされ、損害賠償が認められた。

ハマキョウレックス事件（平成30年6月1日最判）
　正社員と契約社員の賃金格差是正を求めた事件で、労働契約法20条に反するとして、契約社員のみに適用される手当不支給の一部を違法と認めた。

【不合理】（職務内容に大きな差がない）
　無事故手当、作業手当、給食手当、皆勤手当、通勤手当

【不合理とはいえない】（正社員には転店を伴う配転が予定されているため）
　住宅手当

【格差容認】（個別に言及されていない）
　家族手当、定期昇給、一時金（賞与）、退職金

　以上より労務DDでは、再雇用を嘱託社員や契約社員など有期雇用契約で行う場合、以下の内容を確認したうえで総合的に不合理性を判断し偶発債務の算定を行います。

■　労契法20条における不合理性の判断要素

① 職務内容
② 職務内容・配置の変更の範囲
③ その他の事情
　・会社の業績（赤字の有無）

・労働組合との協議の過程
・無期雇用者との格差是正の措置　　等

（3）高年齢雇用継続基本給付金

　高年齢者雇用安定法による65歳までの継続雇用制度とあいまって、雇用保険では定年後の再雇用による賃金の大幅低下を補うため、高年齢雇用継続基本給付金が設けられています（雇用保険法61条）。60歳到達時点以降離職せずに雇用を継続している被保険者（被保険者期間が5年以上ある者に限る）が60歳到達時賃金月額と比べて実際に支払われた賃金額が61％以下に低下した場合に、65歳に到達するまでの間、60歳以降の賃金額の15％が支給されます（**図表3－Ⅸ－2**）。60歳到達時からの賃金低下率が61％を超え75％未満であるときは、当該比率に応じて逓減する15％未満の率を乗じて得た額が支給されます。なお、60歳到達時賃金月額には臨時の賃金、3カ月を超える期間ごとに支払われる賃金は含まれません。

図表3－Ⅸ－2　賃金低下率と給付金支給率

賃金低下率	給付金支給率
61％以下	15％
61％以上75％以下	15～0％へ逓減*
75％以上	0％

＊賃金低下率＝65％以上75％以下の支給率計算式

$$支給率 = \frac{-183 \times 低下率(\%) + 13{,}725}{280} \times \frac{100}{低下率(\%)}$$

　支給申請は、最初の支給対象月の初日から起算して4カ月以内に、事業所管轄の職業安定所に対して賃金月額登録および受給資格確認手続きを行い、「高年齢雇用継続給付支給決定通知書」が交付されます。

労務 DD では、再雇用後の賃金格差について偶発債務を認識する際は、実際に高年齢雇用継続給付の支給を受けている場合、当該支給額を偶発債務から控除して算出します。

3 確認する資料および目的

調査を実施するための資料および目的については、**図表3－Ⅸ－3**のとおりです。

図表3－Ⅸ－3　調査資料と目的

資料の名称	目的
□ 就業規則 □ 労使協定 □ 定年後再雇用に関する規程	ターゲット会社の高年齢者雇用確保措置の内容を確認する。 継続雇用制度について再雇用を希望するすべての従業員が対象となっているか、違法な対象除外条項がないか等、就業規則の該当箇所を確認する。同時にヒアリングを行い、ルールと実態が伴っているかの確認を行う。
□ 労働者名簿 □ 就業規則 □ 再雇用前の面談記録	労働者名簿等により、定年年齢に到達した者で再雇用されずに退職した従業員を確認する。本人が再雇用を希望しなかった場合はその理由を確認し、提示された労働条件が不当なものでなかったか確認する。本人都合による退職以外であるときは、解雇・退職事由以外の事由は違法となるので注意が必要。
□ 労働者名簿 □ 特殊関係事業主との契約書	労働者名簿により、定年年齢に到達した者で、かつ調査時点で在籍していない従業員（退職者を除く）についてその所在を確認する。関係会社での再雇用であれば特殊関係事業主との契約書を確認し、ターゲット会社による雇用確保措置の履行状況を確認する。
□ 賃金台帳 □ 源泉所得税の領収書	直近または基準日の属する月の賃金台帳と当該賃金台帳に応じて所得税を納付した人数を突合して、提供された賃金台帳の信用度を担保する。
□ 就業規則 □ 賃金台帳 □ 労働契約書	定年前後に適応される規定を比較し、労働契約法に定める①職務内容②職務内容・配置の変更の範囲を確認する。

	資料の名称	目的
		あわせて定年前後の給与規定および賃金台帳を確認し、支給項目、計算方法、支給額の相違について妥当性を検証する。その際に、最低賃金を満たしているかも確認。
☐	労働組合との協議の記録	再雇用後の労働条件設定における合意とその過程を、労働協約、暫定労働協約、団交申入・回答書、議事録等で確認し、合意形成の合理性、有効性を検証する。
☐ ☐	損益計算書 法人税確定申告書 （別表1、4）	再雇用後の賃金が減少する場合、ターゲット会社の業績を考慮して当該条件引下げの妥当性を検証するため、損益計算書にて過去3年度程度の利益項目を確認する。確定申告書と突合することで損益計算書の信頼性を担保できる。 ※実務上、損益計算書の信頼性は財務・税務DDで検証しますので、通常、労務DDでは確定申告書の確認は省略。
☐	高年齢雇用継続給付支給決定通知書	対象となる従業員について、高年齢雇用継続基本給付金の支給実績を確認する。既に支給された金額については偶発債務より控除。

4 当てはめ

事例によると目白氏は、提示された再雇用後の業務内容が定年前と異なったために再雇用を希望せずに定年退職していることから、当該業務内容を提示するに至った事情と通常解雇の妥当性を検証したうえで偶発債務を算出します。

また基準日時点で在籍している森下氏については、定年前後で賃金額および支給基準に相違があることから、個別労働条件ごとに不合理性の検証を行い、最終的に賃金総額も検証したうえで当該差額を偶発債務とします。

（1）再雇用時に提示された労働条件の妥当性判断

K社の定年後再雇用制度では、人事評価の結果により再雇用後の労

働条件が異なります。このことのみをもって違法とはいえませんが、目白氏に対してなされた再雇用後の業務内容の提示は、従来とは全く異質の清掃業務であったため、「継続雇用の実質を欠いており、むしろ通常解雇と新規採用の複合行為にほかならない」と判断される可能性が高いといえます。その場合、清掃業務の提示に至った人事評価の結果が解雇事由として相当であるかが問題となるわけですが、森下氏は定年までは特筆すべき問題なく従前業務に就いており「従前の職種全般について適格性を欠く」とまではいえず、解雇事由としては成立しません。したがって、再雇用時になされた業務変更は違法性が高いと判断します。なお、賃金、就業時間・日数等の労働条件については、過去の裁判例に鑑み違法性は低いと判断します。

(2) 業務変更を理由とした再雇用不成立による偶発債務の算出

上記（1）より、目白氏になされた再雇用時の業務変更の提示は不当と判断し、トヨタ自動車事件（平成28年9月28日名古屋高判）を参考に業務変更がなければ今も雇用されていたはずである再雇用後の賃金相当額を偶発債務として算出します。なお、計算期間は不法行為による損害賠償請求権の消滅時効である3年（36カ月）とします。

不当な労働条件提示による偶発債務
= 1,000円 × 5時間 × 21日 × 36カ月 = 3,780,000円

(3) 再雇用後の賃金格差における不合理性判断

森下氏の再雇用後賃金に関して、事例では労契法20条に定める①職務内容、②職務内容・配置の変更の範囲に相違はなく、③その他の事情については、定年後再雇用という事情以外に特筆すべき点がないことから、裁判例等をふまえ**図表3－Ⅸ－4**のとおり不合理性の判断を行い、偶発債務の発生事由を特定します。

図表3－Ⅸ－4　個別労働条件の不合理性判断

項　目	再雇用後（嘱託社員）	不合理性の判断
基本給	定年時の6割	労働条件の差に特段の理由はなく、減額は不合理
作業手当	50,000円（一律）	業務内容に連動すべき性質であり、減額は不合理
住宅手当	なし	嘱託社員には転居を伴う配転が予定されていないため、不支給に一定の理由あり
食事手当	なし	日々の労務提供を補助する性質を有しており、不支給の取扱いは不合理
通勤手当	3,000円（一律）	日々の労務提供を補助する性質を有しており、減額は不合理
賞与（年2回）	100,000円（一律）	将来の労働への意欲向上策としての意味も有しており、減額および一律額の支給に一定の理由あり

（4）個別労働条件の修正と再雇用後の賃金格差による偶発債務の算出

上記（3）の検証により、基本給、作業手当、食事手当、通勤手当の不支給および減額については不合理性が高いと判断し、行政通達（平成24年8月10日基発0810第2号）を参考に以下のとおり個別労働条件の修正を行い、差額を偶発債務として算出します（**図表3－Ⅸ－5**）。ただし、減額された再雇用後賃金に対して高年齢雇用継続基本給付金が支給されているため、算定した偶発債務からは当該支給額を控除します。なお、計算期間は不法行為による損害賠償請求権の消滅時効である3年（36カ月）とします。

図表3－Ⅸ－5　再雇用後賃金の修正と偶発債務の算出

項　目	修正前賃金	修正後賃金	差額（＝偶発債務）
基本給	198,000円	330,000円	132,000円
作業手当	50,000円	70,000円	20,000円
住宅手当	0円	0円	0円
食事手当	0円	4,000円	4,000円

項目	修正前賃金	修正後賃金	差額（＝偶発債務）
通勤手当	3,000円	6,000円	3,000円
賞与（年2回）	100,000円	100,000円	0円
賃金月額	251,000円	410,000円	159,000円
賃金総額（年）	3,212,000円	5,120,000円	1,908,000円
雇用継続基本給付金	37,650円*	0円	▲37,650円

*雇用継続基本給付金の算定
- 低下率＝251,000円÷445,000円＝56.40％
- 低下率≦61％であるため、支給率＝15％
- 支給額＝251,000円×15％＝37,650円／月

　個別労働条件を修正した場合の再雇用後賃金総額は、定年前賃金総額の8割程度に減少しており、減額幅としては一般的水準の範囲内にあるといえます[15]ので、算出額にて偶発債務を確定します。

　賃金低下による偶発債務
　＝（159,000円－37,650円）×36ヵ月＝4,368,600円

5　報告書作成例

　　　　　　　　　　　　　　　　　　　　　　　　　　年　月　日

　　　　　　　　　労務デューデリジェンス報告書

株式会社□□□□　御中

　　　　　　　　　　　〇〇社会保険労務士事務所
　　　　　　　　　　　　調査担当社会保険労務士　〇〇〇〇

---

[15] 独立行政法人労働政策研究・研修機構「改正高年齢者雇用安定法の施行に企業はどう対応したか」によると、定年再雇用後の年間給与水準は従前を100とした場合で平均値68.3、中央値70.0（手当、賞与を含み、公的給付は含まない）。また仕事内容は定年前と変わらない場合が80％を超え、勤務日数・時間はいずれも定年前から変わらない場合が75％を超えている。

第3章　偶発債務
Ⅸ　定年後再雇用の労働条件

調査担当社会保険労務士　○○○○

　株式会社K社の労務デューデリジェンス業務が完了いたしましたので、…ください。

※ P.47の例参照。

1．潜在債務
　　　　　　　　　　　　　　　8,148,600円

【内訳】
　　　　簿外債務　　　　　調査対象外
　　　　偶発債務　　　　　8,148,600円

偶発債務内訳

No.	調査項目	偶発債務額
1	不当な労働条件提示	3,780,000円
2	定年後再雇用における賃金格差	4,368,600円

2．基準日
　　　○○年3月31日

3．結果要約

No.	調査項目	違反事項・根拠条文等	調査資料等
1	不当な労働条件提示	再雇用における不当な労働条件の提示 高年齢者雇用安定法61条	労働者名簿、就業規則、労使協定、再雇用前の面談記録
2	定年後再雇用における賃金格差	不合理な労働条件の禁止 労働契約法20条 行政通達（平成24年	賃金台帳、源泉所得税の領収書、就業規則、労働者名簿、労働契約書、損益計算

No.	調査項目	違反事項・根拠条文等	調査資料等
		8月10日基発0810号第2号） トヨタ自動車事件（平成28年9月28日名古屋高判）	書、労働組合との協議確認資料、高年齢雇用継続給付支給決定通知書

4．調査結果の根拠

　高年齢者等の雇用の安定等に関する法律（以下、「高年齢者雇用安定法」という）では、定年（65歳未満のものに限る）の定めをしている事業主に対して、定年年齢の引上げ、継続雇用制度、定年の定めの廃止、これらいずれかの高年齢者雇用確保措置を講ずるよう義務付けています(同法9条1項)。継続雇用制度における再雇用後の労働条件は、就業規則、個別労働契約等において自由に定めることができますが、到底容認できないような低額な給与水準、社会通念上到底受け入れ難い職務内容を提示するなど、実質的に継続雇用の機会を与えたとは認められないものであるときは、当該労働条件の提示は通常解雇と新規採用の複合行為にほかならないものとして違法となる場合があります。

　また、継続雇用制度により有期雇用契約で再雇用を行う場合は、無期雇用労働者との間での不合理な労働条件の相違に注意が必要となります(労契法20条)。不合理性の判断としては、①職務内容②職務内容・配置の変更の範囲③その他の事情を考慮して行われると定められていますが明確な基準は明示されておらず、裁判例では個別労働条件ごとに不合理性を判断する場合があります。有期雇用契約者に対する職務や能力に関連のない手当（食事手当、通勤手当など）の不支給および減額は、違法とされる可能性が高いです。

IX 定年後再雇用の労働条件

(1) 不当な労働条件提示による偶発債務

再雇用前の面談記録、労働者名簿の確認および担当者のインタビューによると、K社では過去に定年後再雇用の対象者であった目白氏に対し、人事評価の結果を理由としてパート職での再雇用条件を提示していました（労働条件は以下のとおり）。もともとドライバーであった目白氏は不慣れな業務に就くことは希望せず、そのまま定年退職しています。調査によると、業務変更の提示に至った人事評価の結果から、目白氏は「従前の職種全般について適格性を欠く」とまではいえず、解雇事由としては成立しないことから、再雇用時になされた業務変更は違法性が高いと判断し、再雇用後の賃金相当額を偶発債務として算出します。なお、計算期間は不法行為による損害賠償請求権の消滅時効である3年（36カ月）とします。

■ 再雇用時に提示された労働条件

業務内容	清掃スタッフ
時　給	時給1,000円
所定労働時間	5時間
所定就業日数	21日

不当な労働条件提示による偶発債務
　＝1,000円×5時間×21日×36カ月＝3,780,000円

(2) 賃金格差による偶発債務

基準日において、株式会社K社では定年後再雇用制度により森下氏と嘱託社員として有期雇用契約を締結しています。賃金台帳、就業規則、労働契約書による確認および担当者へのヒアリングによると、再雇用後の労働条件については正社

員時と比べ職務内容等の人材活用の仕組みに変わりはなく、賃金については定年前賃金総額の5割程度に引下げられています。

■ 再雇用後の労働条件

- 職務内容、職務内容・配置の変更の範囲は再雇用後も正社員時と変わらない。
- 再雇用後の賃金総額を定年前の50％程度に設定しているが、減額の理由は特にない。
- 定年前は支給していた住宅手当、食事手当を不支給としている。
- 基本給は定年前の6割へ、作業手当は定年前の70,000円から50,000円へ、通勤手当は定年前の実費支給から一律3,000円へ、賞与は基本給比例から一律100,000円へ減額している

■ 再雇用後における個別労働条件の妥当性の検証

項　目	検証結果
基本給、作業手当、食事手当、通勤手当	格差は不合理
住宅手当、賞与	格差に一定の理由あり（不合理とはいえない）

以上より、再雇用後の基本給、作業手当、食事手当、通勤手当の格差については違法とされる可能性が高いといえます。したがって、以下のとおり再雇用後の賃金を修正し、当該差額から既に支給された高年齢雇用継続基本給付金を控除した額を偶発債務として算出します。計算期間は不法行為に

よる損害賠償請求権の消滅時効である3年（36カ月）とします。なお、違法とされ得る賃金格差を算出するにあたり、本来は各月の賃金額と定年前の賃金額の差を算出し合計額を集計して算出しますが、当該調査では、労務DD契約で事前に合意したとおり、調査期間を短縮するため簡易的に基準日における対象従業員の賃金額と定年到達時の賃金額とを比較し36ヵ月の期間を乗じて算出する方法により算出しています。

■　偶発債務の算出

項　目	修正前賃金	修正後賃金	差額（＝偶発債務）
基本給	198,000円	330,000円	132,000円
作業手当	50,000円	70,000円	20,000円
住宅手当	0円	0円	0円
食事手当	0円	4,000円	4,000円
通勤手当	3,000円	6,000円	3,000円
賞与（年2回）	100,000円	100,000円	0円
賃金月額	251,000円	410,000円	159,000円
賃金総額（年）	3,212,000円	5,120,000円	1,908,000円
雇用継続基本給付金	37,650円	0円	▲37,650円

賃金低下による偶発債務
　　（159,000円－37,650円）×36ヵ月＝4,368,600円

以上

第3章の参考文献

- 安西愈 著『トップ・ミドルのための採用から退職までの法律知識〔14訂〕』(中央経済社)
- 日労研労働時間研究会編『割増賃金計算の実務必携〔2005年増補改訂版〕』(日労研)
- 野中健次 著『M&Aの人事労務管理』(中央経済社)
- 水町勇一郎 著『労働法〔第6版〕』(有斐閣)
- 村中孝史・荒木尚志編『労働判例百選〔第9版〕別冊ジュリスト230』(有斐閣)
- 下田敦史 著「『労働者』性の判断基準 ─取締役の『労働者性について』」(判例タイムズ1212号34頁以下)
- 荒木尚志 著『労働法〔第3版〕』(有斐閣)
- 菅野和夫 著『労働法〔第11版〕』(弘文堂)
- 田中亘 著『会社法』(東京大学出版会)
- 東京弁護士会労働法制特別委員会企業集団/再編と労働法部会編著『M&Aにおける労働法務DDのポイント』(商事法務)
- 社会保険労務士法人 野中事務所 編『M&Aの労務デューデリジェンス〔第2版〕』(中央経済社)
- 高井重憲 著『残業代請求訴訟 反論パターンと法的リスク回避策』(日本法令)
- 山口寛志 著『裁判事例から見える労務管理の対応策』(新日本法規出版)
- ロア・ユナイテッド法律事務所 編『労災民事訴訟の実務』(ぎょうせい)
- 堀勝洋 著『年金保険法〔第4版〕』(法律文化社)
- 野中健次 著「偶発債務(年金民訴)」(ビジネスガイド846号(2017年11月号)・日本法令)

執筆担当一覧表

【第1章：標準手順書】

	タイトル	担当者氏名
1	労務デューデリジェンスとは	野中　健次
2	労務DDの標準手順書	
3	労務DDの反映	
4	民法改正に伴う留意事項と未払賃金の支払いに伴う債務	片岡　正美

【第2章：簿外債務】

	タイトル	担当者氏名
Ⅰ	時間単価の算出・除外賃金・割増率の調査①（月給者）	髙山　英哲
Ⅱ	時間単価の算出・除外賃金・割増率の調査②（日給者・時給者）	濱田　京子
Ⅲ	最低賃金との比較	森　大輔
Ⅳ	1時間未満の時給の切捨て	竹森　誠
Ⅴ	みなし裁量労働者および管理監督者の深夜労働	遊佐　圭介
Ⅵ	就業規則上の割増率	遊佐　圭介
Ⅶ	年俸社員	遊佐　圭介
Ⅷ	変形労働時間制における中途入退社した者	遊佐　圭介
Ⅸ	退職給付債務	野中　健次
Ⅹ	厚生年金基金	本澤　賢一
ⅩⅠ	社会保険　　　　　　　　　　　　　　　　　[ⅩⅠ-1]　被保険者の範囲　　　　　　　[ⅩⅠ-2]　特定適用事業所　　　　　　　[ⅩⅠ-3]　2カ月以内の期間を定めて使用される者	森　大輔
	[ⅩⅠ-4]　社会保険料の基礎となる報酬に含めるもの	佐藤　和之
ⅩⅡ	労働保険	髙野　安子
ⅩⅢ	年次有給休暇	本澤　賢一
ⅩⅣ	障害者雇用数と雇用給付金	野中　健次

【第3章:偶発債務】

タイトル	担当者氏名
Ⅰ　労基法上の労働時間	
［Ⅰ-1］　始業前・終業後の時間帯等	髙野　安子
［Ⅰ-2］　裁量労働制	牧野　恵子
Ⅱ　管理監督者の該当性	野中　健次
Ⅲ　取締役の労働者性の調査	片岡　正美
Ⅳ　個人請負型就業者の労働者性	森　大輔
Ⅴ　解　雇	野中　健次
Ⅵ　労災民訴	野中　健次
Ⅶ　年金民訴	野中　健次
Ⅷ　無期転換申込権	野中　健次
Ⅸ　定年後再雇用の労働条件	小山　健二

執筆者紹介

編 者

野中 健次（のなか けんじ）

特定社会保険労務士、M＆Aシニアエキスパート、日本労働法学会会員。社会保険労務士法人野中事務所 代表社員。一般社団法人東京事業主協会 代表理事。東京都社会保険労務士会「事業戦略会議」委員。
1965年生まれ。青山学院大学卒業、同大学院法学研究科修士課程修了。
著書に、『M＆Aの人事労務管理』（中央経済社）、『厚生年金基金の解散・脱退Q＆A50』（日本法令）、『M＆Aの労務デューデリジェンス』共著（中央経済社）、『M＆Aの人事デューデリジェンス』共著（中央経済社）等多数。

執筆者：人事労務デューデリジェンス研究会　　　　　　　　　　　（50音順）

片岡 正美（かたおか まさみ）

特定社会保険労務士。あしば社労士事務所 代表。
東京大学法科大学院修了。鉄道会社などに勤務し、様々な規模・業種の企業の労務監査や人事労務のサポート業務等に従事。個別労働関係紛争の労働者側あっせん代理人の経験等も活かし、実務に即したリスク評価を行う。元東京労働局働き方・休み方改善コンサルタント。日本テレワーク協会専門相談員。執筆に、月刊企業実務2018年4月「いま問われているセクシャル・ハラスメント対応」（日本実業出版社）、『シニア社員の戦力を最大化するマネジメント』共著（第一法規）等がある。

小山 健二（こやま けんじ）

社会保険労務士。
商社、人材サービス会社に勤務後、2017年より社会保険労務士法人ガルベラ・パートナーズに所属。人材サービス会社在籍時に、労働者派遣事業、M＆A業務に従事。その他、事業会社では労務管理、採用担当を歴任。2013年、社会保険労務士登録。

佐藤 和之（さとう かずゆき）

社会保険労務士。社会保険労務士法人名南経営所属。
1985年生まれ。愛知県出身。大学在籍中に社会保険労務士試験に合格。大学

卒業後、2008年に名南経営に入社。入社後は、人事労務のオールラウンドプレーヤーとして、上場企業から中小企業まで多種多様な企業に幅広い支援を重ねている。中でも近年は、労務デューデリジェンスや労務監査、海外進出企業における海外赴任者や外国人雇用に関する支援に注力している。

髙野　安子（たかの　やすこ）
特定社会保険労務士。第一種衛生管理者。
大手自動車メーカー、日米合併CATV会社などでの勤務を経た後、のべ17年間にわたる大手法律事務所在籍中に社会保険労務士登録（2014年）。就業規則等の作成、法改正に対応した改定などを中心に、中小企業の労務管理をサポート。会社の目線・労働者の目線の両方を尊重した労務相談を心がけている。

髙山　英哲（たかやま　えいてつ）
特定社会保険労務士。髙山社会保険労務士事務所 所長。
大学卒業後、約10年間サラリーマンとして勤務。メーカーの営業職、一部上場企業での社員教育担当などを経て1998年開業。顧問先は飲食業・外食産業を中心としIT関連、建設業など業種は多岐にわたる。企業が抱える悩みとしての長時間労働、残業代の未払いリスク解消に向けた定額【固定】残業代制度の設計・構築・運用、その他労務管理のサポートに精通。

竹森　誠（たけもり　まこと）
北九州中央社会保険労務士法人　社員社会保険労務士。
1982年生まれ。福岡県出身。大学卒業後、2005年に社会保険労務士試験合格。税理士事務所に2年間勤務の後、江口社会保険労務士事務所に3年間勤務し、2011年に北九州中央社会保険労務士法人を設立。社員社会保険労務士に就任し現在に至る。

濱田　京子（はまだ　きょうこ）
特定社会保険労務士、エキップ社会保険労務士法人代表社員。㈱ゴルフダイジェスト・オンライン　社外監査役。東京紛争調整委員会あっせん委員。
自身が大手企業、大手企業グループ会社、ベンチャー企業に勤務した経験から、ステージに応じた現実的な対応策の提案を得意とする。事務所スタッフ全員が社会保険労務士（東京会登録）であり、企業の人事労務担当者を全面的にサポートできる体制を構築していることが事務所の強みのひとつとなっ

ている。著者に，『最適な労働時間の管理方法がわかるチェックリスト』（アニモ出版）がある。

本澤　賢一（ほんざわ　けんいち）
特定社会保険労務士。社会保険労務士本澤事務所代表。
1970年生まれ。中央大学経済学部産業学科卒業。金融機関、IT企業管理部門勤務を経て、2005年11月開業。M&A成立後の円満な組織つくりの実現のため、人事・労務面での支援が信条。中小企業においても一般的になりつつあるM&Aにおいて、取引を行う企業の目的達成に貢献するため、人に関する事前調査（人事・労務デューデリジェンス）と、事後フォローに取り組む。

牧野　恵子（まきの　けいこ）
特定社会保険労務士。
早稲田大学第一文学部哲学科卒業。東京大学大学院総合文化研究科に2年間在籍後、中小・ベンチャー企業数社で法人営業から管理部門まで幅広い業務を経験。2016年以降、りそな総合研究所にて人事制度構築支援、認証取得支援（Pマーク、ISO27001等）、情報管理体制構築支援等に従事。人事労務管理、社内規程整備、文書管理、法務、取締役会運営、行政対応等、実務経験に基づいた管理部門支援を得意とする。

森　大輔（もり　だいすけ）
社会保険労務士、産業カウンセラー、第一種衛生管理者。ふくすけサポート社会保険労務士事務所 代表。
1975年生まれ。都内の労働基準監督署で2年間勤務。約4,000件の労務相談、980件の就業規則のチェックを担当。その後、顧問先600社以上の会計事務所が母体の社会保険労務士法人に約10年勤務。2015年5月、ふくすけサポート社会保険労務士事務所を銀座に設立。
別名「すまいる亭ふく助」という落語家社労士です。

遊佐　圭介（ゆさ　けいすけ）
特定社会保険労務士（平成16年合格、平成19年付記）。社会保険労務士遊佐事務所　所長。前職のホテル勤務経験を活かし、ホスピタリティーのあるサービスを心掛け、働く人と会社が共に栄える環境をつくる事、感謝されるのではなく感動のある仕事を提供する事がモットー。

| M&A 労務デューデリジェンス標準手順書 | 2019年2月1日　初版発行 |

検印省略

編　者	野　中　健　次
著　者	人事労務デューデリジェンス研究会
発行者	青　木　健　次
編集者	岩　倉　春　光
印刷所	東　光　整　版　印　刷
製本所	国　　宝　　社

〒101-0032
東京都千代田区岩本町1丁目2番19号
http://www.horei.co.jp/

（営　業）	TEL	03-6858-6967	Eメール	syuppan@horei.co.jp
（通　販）	TEL	03-6858-6966	Eメール	book.order@horei.co.jp
（編　集）	FAX	03-6858-6957	Eメール	tankoubon@horei.co.jp

（バーチャルショップ）http://www.horei.co.jp/shop
（お詫びと訂正）http://www.horei.co.jp/book/owabi.shtml

※万一、本書の内容に誤記等が判明した場合には、上記「お詫びと訂正」に最新情報を掲載しております。ホームページに掲載されていない内容につきましては、FAXまたはEメールで編集までお問合せください。

- 乱丁、落丁本は直接弊社出版部へお送りくださればお取替えいたします。
- 〈出版者著作権管理機構　委託出版物〉
  本書の無断複製は著作権法上での例外を除き禁じられています。複製される場合は、そのつど事前に、出版者著作権管理機構（電話03-3513-6969、FAX 03-3513-6979、e-mail: info@jcopy.or.jp）の許諾を得てください。また、本書を代行業者等の第三者に依頼してスキャンやデジタル化することは、たとえ個人や家庭内での利用であっても一切認められておりません。

Ⓒ K. Nonaka, Jinjiroumu due diligence kenkyukai 2019. Printed in JAPAN
ISBN 978-4-539-72631-0